U0010567

鄒 族

1
鄒族的祭舞嚴肅莊嚴

2

3

❷ ❸ ❹

❹ 鄒族敵樓（望樓）

❸ 鄒族男子冠飾帝雉羽毛為原住民特殊之佩飾

❷ 馬雅斯比祭典是鄒族最盛大的祭典

4

台灣原住民系列47

鄒 族
神話與傳說

【布農族】

達西烏拉彎·畢馬 著

（漢名：田哲益）

晨星出版

【推薦序】
龐大深邃的原住民口傳文學

一九九五年田哲益君應廣西民族研究所，邀請台灣學者到廣西從事學術交流，並展開壯族與苗族的田野考察，從此我們建立了良好的持續性的學術交往。

一九九六年吾亦經國務院對台辦公室批准，到台灣進行學術訪問，考察台灣原住民的歷史文化與風俗習尚。在台期間承蒙哲益君鼎立相助，研究順利，收穫豐碩；深情厚誼，刻骨銘心，終生難忘也。

哲益君是吾所認識在民族文化沃野辛勤耕耘的學者之一；哲益君是研究民族文化與民間文學著作頗豐的台灣布農族學者，其已出版成書的著作有二十多部，著作類型非常廣泛，研究領域包括台灣原住民、中國少數民族、中國民俗學、中國科學等。

哲益君海郵寄來五千頁的書稿，是其已經撰述完成的巨型著作之一，是一套台灣原住民神話與傳說口傳文學叢書，計分為十冊：《泰雅族神話與傳說》、《賽夏族神話與傳說》、《鄒族神話與傳說》、《布農族神話與傳說》、《排灣族神話與傳說》、《魯凱族神話與傳說》、《卑南族神話與傳說》、《阿美族神話與傳說》、《達悟族神話與傳說》、《邵族神話與傳說》等。

知悉哲益君又完成了多部著作，心裡非常欣奮，哲益君要我寫個序文，樂意之至。在大陸雖然也有一些有關台灣原住民民間口傳文學的著作，但是由於並非實地調查，對於台灣原住民文化的認識不夠，因此，閱後總有隔山望水之感。台灣也有一些台灣原住民的民間口傳文學著作，不過都是「總」的撰述，對於各族的民間口傳文學只能予人模糊而不完整的輪廓與概念。

　　無疑的，哲益君撰寫多年的這套台灣原住民神話與傳說口傳文學叢書，是目前大陸與台灣地區，用力最多也最深切的著作，而且是十族分別撰述與詮釋，對於研究台灣原住民文化將是最重要的參考資料。

　　仔細拜讀后，有以下體會，略寫于后，供海內外讀者與學術界、文化界參考：

　　原住民神話與傳說叢書具有龐大的訊息量與資訊，包含巨大的學術容量，給人以多方面的啟迪，方便吾人以後繼續作深入的研究。

　　原住民神話與傳說叢書收集龐大的材料，不管是書籍的、報章的、雜誌的、日據的、現代的、日人的、國人的、作者的皆所收錄，為目前原住民民間口傳文學收錄最多者，是作者數十年來收集積累的成就。

　　原住民神話與傳說叢書的每一則神話傳說故事都是實錄，沒有增添臆測或加油添水，忠於事實的真相與本質，這是民族人類學研究者最基本的學術態度。

　　原住民神話與傳說叢書以族群為主體分別撰述，作者把握該族群的文化特色，加以詮釋與註解，便於族外人理解。

　　原住民神話與傳說叢書的每一則神話傳說故事，作者皆作分析與說明，使故事的意義明朗易解。

　　原住民神話與傳說叢書對於同類型式的神話傳說故事會作比較之研究，使故事內涵更明白易懂。

　　原住民神話與傳說叢書，作者運用了夾敘夾議的手法，適度的提出批評與討論，有時亦會褒貶撻伐故事中的人物，體現了正直學者的學術良知。

　　原住民神話與傳說叢書，作者善於運用該族的文化以解釋該族傳說故事的內容與意義，此種以文化解釋民間口傳文學的功

力，實非長期研究與觀察者所能為之。

　　原住民神話與傳說叢書，作者以該族文化為主體釋意，這樣對於口傳文學的解釋就不致偏離軌道，甚至牛頭不對馬嘴。因此作者對於該族口傳文學的詮釋，無懈可擊。

　　原住民神話與傳說叢書，作者會投入民族情誼，表示讚賞與認同，並且有積極性的建議與觀點。表明了作者身為原住民的一員的鮮明態度，表達了作者崇高的情操和深切的人文關懷。

　　原住民神話與傳說叢書，作者均投入民族感情，又不帶民族偏見與民族溢美。作者雖有原住民布農族身分背景，而最大的忌諱之一便是以民族偏見去研究本民族，而導致只視優長之處而無視於缺點的溢美問題，作者顯然正視此問題，對於其所見之缺點，絕不護短，該指責則貶之，體現了作者作為一個學者的科學、求實的態度。

　　原住民神話與傳說叢書，貫穿了作者濃郁的民族憂患意識，表達了一位原住民學者對民族文化發展前途的殷切期望，對於他深厚的民族責任感，我們深受感動。

　　原住民神話與傳說叢書，作者建立了理論體系，台灣原住民民間口傳文學的理論構架系統從模糊臻於明確化。

　　原住民神話與傳說叢書，分類獨具一格，符合台灣原住民各族的歷史實際，為學術界深化對原住民歷史與文學的認識有所斐益，也為民族人類學界和歷史學界研究中國和世界各民族民間口傳文學提供了頗有典型意義的實例，豐富了中國少數民族研究的資料寶庫。

　　原住民神話與傳說叢書，從各書章節的標題可以看出，結構設置條理基本掌握住了原住民各族群的社會與文化的主要內容，構思是全面與周詳的，對讀者了解台灣原住民歷史發展的脈絡頗具參考價值。

原住民神話與傳說叢書，作者謀篇佈局周詳，與作者對材料的熟悉程度密切相關，這又得益於作者長期研究與厚實田野調查的積累，體現一個民族學者的特殊關注。

原住民神話與傳說叢書，表現了一個客觀的人類學者調查和研究各民族的文化，需要正確對待和慎重處理的態度，顯然作者的論述，符合了這個條件。

原住民神話與傳說叢書，作者運用了社會學、語言學、文化人類學、醫學、地質學、考古學、歷史學、地理學、科學等學科旁證，以增加說服力。這些特點在各書中都有生動的體現。作者正是依靠多學科材料的梳理辨析，從線索中解釋口傳文學，得出科學、可靠的學術結論。

原住民神話與傳說叢書，作者十分重視這些神話傳說故事中蘊藏的歷史真實與史料價值，透過分析考證某些具體的歷史問題，是民族學者習用的研究方法，作者能夠得心應手，運用自如，加以辯證之。

原住民神話與傳說叢書，作者微觀論析具體，顯然做到了駕馭和使用各類原始材料的能力。如果作者沒有很好的文學修養，顯然是不行的。因此閱讀作者的每一部著作，文筆流暢，讀之順暢無礙。

原住民神話與傳說叢書，作者既有宏觀的整體把握，又有微觀的細部深入，宏觀與微觀兩者進行辯証統一的研究，構成了這位原住民學者的一個顯著研究特色。

原住民神話與傳說叢書，作者發揮其身為原住民布農族的優勢，為民族文化與文學的發展、繁榮做出了重要貢獻。

原住民神話與傳說叢書，作者以樸實、流暢的文字為我們描繪了一幅幅生動鮮活的畫卷，一步一步導引我們走入原住民的心靈世界，使我們深切地感受到原住民的生命意識與熱愛生命的氣息。

　　原住民神話與傳說叢書，作者收錄材料豐富，描述細致、具體，但沒有給人以臃贅之感，實為難得之佳作。作者論述頗中肯綮，實為不刊之論。

　　總而言之，我從哲益君的著作中，獲益匪淺，我們對於哲益君這部台灣原住民神話與傳說叢書著述的評語：這是一部台灣布農族學者寫作的台灣原住民族民間口傳文學，優秀的民族學與文學著作，作者體現了他熱愛民族的抱負；台灣原住民神話與傳說叢書是頗有學術份量與說服力的巨著，在中國民族學學科領域增添了新鮮的材料，作出了可貴的貢獻。我們也看到了台灣少數民族學術隊伍的實力，我們衷心地祝賀哲益君的學術成就。

覃聖敏 序於廣西民族研究所

2003.06.13

【作者序】
記錄原住民文化的瑰寶

　　從日治時代至今不知有多少中外人士在不同的時間與空間進入了台灣土著原住民族的生活領域，進行人類學研究調查訪問，搜集原住民族的口述歷史文化史料與文學材料，俾便整理出原住民的發展來源與進化的歷史過程，經過科學分析與研究，從而整理出原住民的發展史、來源、語言、藝術、文學、宗教、信仰、道德、法律、風俗、習慣等，將研究成果公諸於世，原住民神秘的歷史文化於是日臻明朗化，這些成果皆歸功於這群默默辛勤調查研究的前輩學者們。

　　人文社會科學研究，總是在前賢的基礎上前進的，有了前人筆路藍縷的開拓，後人才有平坦寬廣的大道；有了前人種樹，後人才有乘涼的地方；有了前人深入不毛之荒涼境地開拓學術領域，才有後人的開花結果。

　　前賢探索原住民的民間口傳文學，或從宏觀的角度去研究，或從細部的微觀深入，兩者都已經有了相當的成績，從而自民間口傳文學中獲得一個民族的族群發展、社會制度、經濟生活、信仰祭儀、生命禮俗、生活習尚、藝術表現、邏輯思維等等的大致輪廓。

　　後人便踩踏著前人的足跡，就前賢的成績，繼續豐富之，又據新的材料使之更為充實與完整；這一套台灣原住民神話與傳說叢書即是前賢研究成績的完滿呈現，是前賢們的集體成就。

　　台灣原住民自古以來即無書寫文字，因此口耳相傳的神話傳說故事就成了傳遞民族文化、歷史薪火的唯一工具，所以研究原

住民的文化歷史，研究民間口傳文學是最直接的途徑之一。

　　冀望本叢書能夠對於台灣原住民的文學、歷史與文化的研究有所助益，願望原住民繁衍不息，如烈日般熊熊發亮，原住民的智慧永續承傳，原住民的生活快樂健朗。

　　謝謝恩師政治大學中文研究所黃志民博士引領進入中國民俗學的研究領域，謝謝曾經指導過我田野調查的俄羅斯漢學家李福清B.Riftin博士。

　　謝謝文化大學中文研究所金榮華教授以及逢甲大學歷史與文物管理研究所陳哲三教授對於拙著台灣原住民神話與傳說叢書的指導與提出許多寶貴的意見，使本書更具價值；亦謝謝廣西民族研究所研究員覃聖敏先生的飛函推薦，使筆者備感榮幸。

　　台灣原住民神話與傳說叢書，得以成書，感謝內子全妙雲女士不畏風雨與辛勞陪伴著我到部落田野訪查，充擔我的私人司機，使我能夠安心從容的從事民族文化的研究工作，更感謝的是長期關注原住民的晨星出版社陳銘民先生，以及編校筆者台灣原住民神話與傳說叢書的薛尤軍小姐。

　　筆者資材駑鈍，恐多疏漏與未逮之處，祈願拋磚引玉之效，尚祈海內外專家學者與讀者，不吝指導與糾正，祝福您生活美滿。

田哲益 於山水居

2003.06.13

鄒族

目次

神話與傳說

CONTENTS

【導讀】
原住民的神話與傳說 田哲益

　　「文化」一詞，可以說是生活的總稱，是一個綜合的整體，為一個民族的根與文治教化。人類社會由野蠻而至文明，其努力所得之成績，表現於各方面者，為科學、藝術、宗教、信仰、道德、法律、風俗、習慣等，以及其他作為社會一分子所獲得的任何能力與習慣，其綜合體，則謂之「文化」。

　　文化可看作是成套的行為系統，而文化的核心則是由一套傳統觀念，尤其是價值系統所構成，由此而形成一個民族的特殊表現。

　　一個民族，「文化」正是其根本命脈；一個民族如果沒有文化，便等同滅族了，相對的，一個民族要興旺，必須讓自己的文化特質，使之發揚光大。

　　原住民的歷史信史時代雖然只有短短的四百年，但是其神話與傳說故事內涵稱得上博大精深、淵遠流長。

　　不過原住民與漢系文化交融以及在西洋文化的衝擊下，原住民文化的內涵，幾乎就要漸漸淡出，如何讓固有優良文化，得以保留和傳承，甚至發揚光大，確實有待吾人努力。

　　台灣原住民是沒有文字的民族，其文學和文化的傳承即是靠口耳相傳的神話與傳說故事。

　　原住民神話傳說故事是台灣文學的一部分，也是原住民文化重要的部分。原住民的民間文學傳述的方式都是口耳相傳，因此很容易散失，在這樣的情況之下，原住民的文學一定要在自己歷史文化的脈絡裡面建構出自己的系統。台灣的文學如果沒有原住民的文學，尤其是神話傳說等作為基礎的話，對台灣文學的發展是一個非常嚴重的遺憾。

　　今日時局，原住民文化的內容多只強調文物的展示而已，而忽略了文物內涵中的風化與教化作用；換言之，在整個文化內涵的表現上，只有實物等部分的呈現，而「風化」與「教化」的影響，卻一點都看不出來；族人的文化氣質並沒有提昇，原住民社會依然充滿了各種迷惑、失落與媚外的現象，令人擔心與憂懼。

　　台灣原住民文化從何源起？其文化特色為何？有趣的是，台灣本島原住民族群並非由單一民族所構成，按語言、風俗、習慣、生理特質與民族性，都有其截然明顯的分界。本套叢書則是以各族群為主體，透過個別化來處理，以避免在理論架構上犯了概念籠統的忌諱。

　　神話是一個民族的夢，台灣原住民的神話傳說非常純真與無邪，是追求理想與企圖突破困境的渴求；原住民的神話與傳說故事是構成其文化的最主要依據，內涵豐富繁多，其有諸多之特色：

　　原住民的神話與傳說故事在許多不同之族群或地方上的觀念是共通的，也有許多神話與傳說故事是相同的。

　　原住民的神話與傳說故事雖然不是長篇巨構，但是情節豐富複雜。

　　原住民的神話與傳說故事不離於道，即「真理」與「因果」，凡事皆顧慮到「天理人情」，闡明因果真理，因此能夠產生移風易俗的「風化」與教化作用。

　　原住民的神話與傳說故事強調群性的勸戒與教化，絕少標榜個人與師心自用，以免陷入自我為主與不顧天理人情、不講因果，甚至違背真理之事實。

　　照現代台灣原住民的生活上面觀察，原住民同胞很開朗、健壯、誠實、擅長歌舞與運動等等，其神話傳說故事亦粗獷、原始、幽默有趣、真心誠摯。

　　原住民神話傳說故事是原住民日常生活實踐行為的準則，傳說中有許多禁忌信仰與宗教儀式故事等，皆是族人的行儀規範；原住民的禁忌信仰蘊藏著經驗智慧的思考，他們就是靠著這些傳說故事避過一次又一次的天災人禍；古代原住民知識未開，因此沒有辦法以進化論和生物學的觀點告誡子孫，因此藉神話傳說故事、禁忌信仰，告誡子孫不要違反自然的規則；這樣的思考，以今天生態學的發展過程來看，是非常進步的一種生態思考。

　　原住民的神話傳說故事蘊藏著很獨特的思維模式，其中蘊含了一種對上天的尊敬；人只是生命網路中的一部分，不是生命界的全部，只有和自然界保持和諧，才能夠找到救贖。

　　原住民神話傳說故事多具勸戒性，這顯然就是希望藉諸一些人為的創作來從事改變部落社會的塑造功夫；當然，成效如何，關鍵就在於人為的力量怎樣去強力實施與實踐。

　　原住民神話傳說故事裡祖先的教訓，是無時無刻存在的，用以強化口傳的權威性與實踐面；族人的行為習俗有了既定的規範，和可循的方針，就不致發生驚世駭俗逆倫之事。

　　原住民神話傳說可以說是原住民各族群整個歷史動力的來源，原住民各族群皆有豐富的族群創世說、來源說及發展說等神話與傳說故事。

　　原住民神話傳說故事是一種集體性的創作力量，並進而成就一個族群做為主體所具有的「個體性」；原住民各族群難免有許多相似或重疊的神話與傳說故事，但是其所存有的意涵卻不盡相同，都有其個別且特殊的意義。

　　原住民神話傳說故事有其個別的、具體的獨特性。三百多年前，西班牙及荷蘭時代使用懷柔、愚惑政策，企圖以宗教教義歸化原住民，明鄭及滿清時代雖略有經營，但成效不彰；日治時代之隔離與奴化政策，也使「順良日本臣民」的「皇民化」陽謀付

諸東流，而原住民文化千百年的傳統獨特性，卻沒有消失或變質，僅是在生活起居上微波盪漾，稍有變異而已，這就是靠著神話傳說故事繼續著其文化的延續。

原住民神話傳說故事具有外塑的力量，潛移默化，讓部落族人一體遵行，並且有因果與神罰的意識。

原住民神話傳說故事具有「人文化成」的人格論，著重個人的修養、努力與成就，例如織布、狩獵、道德修養、英勇禦敵等成績，皆為族人所敬重。

原住民神話傳說故事，男子狩獵於林野間等於是他們生命與自信的泉源，狩獵文化對原住民而言，扮演了生命禮俗及社會組織化的實質過程；透過生態教育認清自己的渺小，而更謙卑仁厚地跟萬物相處，尊重每一物種的生存權，適度地運用而不巧取豪奪。

原住民神話傳說故事，歌謠與舞蹈是原住民族長久以來情感與肢體協調及精神氣度活化的結晶，原住民的歌舞與神話傳說文化的脈絡有著緊密關係，他們唱歌不僅僅是要表現個人的情感，很多的部分其實是集體向天神表達其虔誠的心聲。

原住民神話傳說故事，自古以來即重視男女兩性教育，實施軍事教育、宗教教育、禁忌教育、倫理教育、工藝與技藝教育、生活教育、狩獵漁撈與農耕教育等等；不容否認的，原住民神話傳說故事中的宗教教育與禁忌教育，影響原住民最深刻也最重大。

原住民神話傳說故事，祖靈崇拜（祭祖）涵蓋著原住民的人生觀、價值觀與社會觀和邏輯觀。

原住民神話傳說故事如日常生活所用的服飾、裝飾與器用等等具物質性介體之背後，都有其象徵意涵；可惜原住民豐富的文物，在缺乏認識、鑑賞及運用下，失去文化推廣、教育與利用功

能，殊為遺憾，畢竟人類諸多偉大的藝術與發明，都是啓發自這些智慧文物。

原住民神話傳說故事具有道德與倫理的涵育與實踐，例如：親情的倫理與道德、民族的倫理與道德、父子的倫理與道德、母子的倫理與道德、兄妹的倫理與道德等等。

原住民神話傳說故事具有生命境界的培育，大凡一個人自出生開始即必須透過各種進階人生的生老病死，死後還有「善界」、「祖靈之境」、「鬼界」、「鬼靈之界」等概念。

原住民神話傳說故事對於整體人類具有反省、有批判、有想像、有創意、且有特色的反應。

原住民神話傳說故事對於勤儉善良者予以褒獎，暴戾者予以懲罰，甚至使之消聲匿跡，隔離人寰。

原住民神話傳說故事的本質是具集體性的，所以其內容則必然是跨世代的，即從上一代傳給下一代，而且，可以連續好幾代一直流傳下去。

原住民神話傳說故事可知古代原住民是過著群體生活的社會，服從、互助、協調性極高，是樂天知命的民族。

原住民神話傳說故事具有用集體的力量來成就整體，基本上是運用透過種種具體性的社會制裁來推動，最後付之實踐，使它具形化，展現這樣具形化的現象，最具體而微的就是表現在生活方式上面。

原住民神話傳說故事具有企圖透過神話政治的手段來捍衛土地與經濟利益，推動部落政治體制的基本歷史形式。

某些原住民神話傳說故事具有創造階級屬性的特殊形式，例如排灣族、魯凱族之貴族與平民制度，卻帶動了整個部落的活潑氣息與發展，舉凡雕刻藝術、建築藝術等蓬勃展開。

從原住民神話傳說故事中可以看出，原住民生活中不變的核

心價值觀念是土地、植物、動物和同族群的和諧，原住民的小孩從小時候起就被教育要在土地、植物、動物和同族群族人之間保持和諧。

台灣原住民的經濟在歷史發展的過程中，絕對不會離開它的基本生產要素——土地，亦即在台灣這塊土地上種植農作物、畜養牲畜、涵養森林和撒網捕魚；因此原住民各族群都有大量與土地、農耕、作物、狩獵、動物、植物等相關的傳說故事。

原住民各族群由於居住的地區與地域不同，就產生不同的文化，這些都很明顯的反映在神話傳說中的慶典、宗教、建築、藝術、物產、語言、風習以及歷史傳統上。

從原住民神話傳說故事中可以看出，原住民各族群是互助、分享的社會生活方式，是將有限的自然資源做最有效的分配和分享。

從原住民神話傳說故事中可以看出，原住民各族群尊重大自然，學習與大自然、土地共榮共存，這是現今全球對人類反省的共識和人權主張的原則；自然界擁有繁複多樣的生態資源，人類的生命來自大地，原住民對於所賴以安身立命的大自然恆常存有一顆感恩、敬畏的心與孺慕的情懷；原住民神話傳說故事之創作、孕育者，都滿懷著自然生態的思考。

從原住民神話傳說故事中可以看出，古代原住民對於大自然的各種災禍例如：洪水、地震、海嘯、颱風、瘟疫等等，有著危機處理的意識和應變的能力。

台灣原住民分布的範圍很廣，因為區域性的不同，因此文化的表現也不盡相同，本叢書對於不同的原住民族群，考慮其獨特性與個別性，予以分別詮釋，亦即將原住民十個族群分別立說，以使各族群的文化有一個完整的輪廓形象與整體的觀念思維。

自古以來，台灣原住民社會一直持續的變化，不同時期的原

住民社會環境和社會關係不斷的改變；原住民納入複雜社會後，社會形式改變，而其原來社會與文化的基礎已然處於消失和脫離的狀態，由於進入當代社會之後，原住民在社會體系層面受到外在社會的影響，文化的象徵面相便顯得特別重要。本叢書纂述台灣原住民十族神話與傳說故事，即是冀望原住民傳統文化表徵之重現，而原住民獨特的傳統神話、傳說、故事，實為建構原住民文化與生活的依據之一。

明末延平王鄭成功東征，驅逐荷蘭人，重兵屯墾，台灣始正式編入中國閩粵文化的版圖；自清朝閩粵移民入台至日人的強奪，台灣可說歷盡滄桑，而原住民也就在近代由原始生活的狀態下，在短時間裏捲入文明社會的洪流裏；無疑地，生長在此時代的原住民同胞們，生活形態正面臨著另一種空前急遽的變遷。

際此同時，原住民文化必須面對新的挑戰，最主要的是在現代化急流中原住民文化將何去何從？她將以甚麼姿態繼續繁衍下去？這是吾人所最關心的問題，本叢書是將原住民最精華的神話傳說故事文化整理出有系統的一系列套書，對於原住民文化、文學、神話、傳說、故事、生活、宗教、政治、祭儀等等的研究，或可造成影響與貢獻。

在今日社會一般評價原住民所給予低劣的印象，譬如嗜酒、不善儲蓄、自卑、過著沒有前瞻性的生活，這種蓋棺論定的評論，在邅變的原住民社會中，實在令人不敢苟同，將過度時期之特例視為原住民文化千百年來之傳統代表，不但以偏概全，而且論斷之幼稚令人莞爾；過去的原住民在未受到現代大文化的衝擊時，絕不是過著嗜酒、不善儲蓄、自卑的生活，反而是過著自信與積極的生活態度；論者不但沒有給予關心與伸出友誼的關懷，企圖解決原住民當前的困境，尋求原住民的出路與未來，甚至可以說是污衊了原住民的先人。

　　一個國家，不論是由一個或多個種族所組成，一旦成為一個國家，便應存異求同，形成多元一體的文化。

　　台灣原住民文化亦是台灣文化重要的資產，如何整頓、提倡、維護、澆灌，實為當務之急，而不是淪為口號。

　　以關愛國家提倡文化，這才是「智者」的行為，今日，國人多有自卑而崇洋的現象而忽略了自己本身的文化之美，更忽略了少數族群或民族的優美文化。

　　社會的發展乃一整體性的演進，雖然原住民社會的一些舊秩序，將不可避免要面對絕望的、悲劇的、無能為力的、逐漸被消化殆盡的下場，為了防範淪為滅族的命運，揆諸各民族都不免帶有自尊的成份與優越的色彩，尤其原住民族更應拿出自信心，相信自己的歷史文化，堅守優良的傳統，並自信有能力解決所遭遇的任何荊棘與困頓。

　　用心關懷原住民，舉凡文物的維護與保存、民俗的提倡與發揚，具體地在各鄉鎮設立原住民文物館、各縣市設立原住民文化中心或研究開發中心等等，原住民文化的再生與再造開拓才有可能；本叢書本著歷史性的契機與文化深耕的舞台，務使原住民文化重整旗鼓與發揚光大。

　　本叢書在原住民優美文化涵育下建立原住民神話與傳說口傳文學完整體系，冀望原住民文化薪火永續。

　　由於台灣地區的原住民沒有自己的文字、文化背景特殊、生活環境資源貧乏，導致原住民社會逐漸解體，文化瀕臨消失，本叢書的撰述，對於原住民的文化教育，希望產生啟迪的影響作用。

　　過去對於原住民的探討，非常缺乏從原住民的神話與傳說的民間口傳文學觀點去了解原住民的文化，台灣原住民各族嚴格說是一個尚未創作文字的民族，因此其所賴以生存的文化空間即存

於神話與傳說中和由此空間所形成之民族個性與表現；本叢書即是企圖將原住民的深層文化展現出來，除了從外在社會去檢討外，更從原住民內部的文化去著手詮釋，如此原住民社會的親族制度、部落制度、經濟制度、宗教制度、社會制度、傳統風俗、思想邏輯等等，都將提供很好的思考切入點。

原住民文學不僅在內容上可以豐富台灣文學，在語言的譯解運用上，亦能使漢系族群文學的構辭及修辭意涵，得到更多的創造空間。

台灣是多元文化的社會，多元文化所賦予的符號意義是什麼呢？基本上就是「差異」，因此創造多元文化的意義，就是創造具有美感的「差異」。

多元文化之原則是基於尊重各原住民族傳統風俗、信仰與文化差異，使各民族與各族群保有各自獨特的生活方式與文化，並在一個相互依存、尊重、平等及包容的關係上共同互賴生活。

當前台灣原住民面對的真正困境可能還不是發展的問題，而是民族生存的問題，只有落實多元文化價值，原住民本身自立自強，才能建立雙贏互利。

尊重原住民族傳統對文化孕育之土地、場所，應該予以保存，並培養國民尊重、鑑賞不同民族文化之態度與觀念。

尊重原住民的歷史、語言，促進多元民族文化，肯定原住民族維護與發展自己民族的社會、文化、財產、政治、與價值觀的自主權力；只有尊重原住民文化，才能對台灣的文化內涵做出貢獻。

為了原住民的生存與延續，不管在政治、經濟、教育、文化與語言方面的扶持，都應以國家的力量特別予以保護。

確認原住民族是台灣歷史的起點，台灣任何有關的主張與宣示，必須從這個本質與演變的脈絡概念開始，進行台灣歷史詮釋

的認識和基礎，整體政策規劃的權利重組才有真正的族群正義。

　　協助編輯原住民各族的鄉土文化教材，以促進原住民文化保存與傳承，整合資源，促使原住民部落歷史重建、文化藝術及語言復振，有系統發揚原住民族的文化。

　　政府應依原住民族意願與尊重、平等、多元而發揮社會正義精神，絕對保障原住民族教育文化權，充分發展原住民教育，並保有其持色及文化傳統，建立多元發展的教育制度。

　　國民教育應納入多民族文化之差異，相互尊重等概念，在現行教育體制下，儘速增設原住民文化教育機構，以推廣與保存文化機制，有效傳承與發揚原住民優良傳統文化，培育原住民多方面的人才；事實上，原住民族教育政策不僅在於民族文化的「挽救」，更在於促進民族文化的再生。

　　文化的重要性，在於它是各種制度的生命內涵，在於它是一個民族和社會精神之所依托，所以世界上任何一個文化如果不能夠建立自主性，則其亦不能自我向上昇華。

　　台灣由於特殊的歷史環境與歷史的經驗，台灣文化最早的根源是南島語系的原住民文化以及閩粵文化，讓台灣的文化景象非常的多元，充滿生命力、創造力與充滿多元性。

　　台灣的文化如同一道絢爛的彩虹，原住民文化也是其中亮麗的一種色彩，如果少了這樣的色彩，彩虹就不再美麗與燦爛。

　　由於現代文明的引入，使原住民文化在久經壓制與衝擊之後，有逐漸流失和衰頹的趨勢，但是學術界和民間團體的長期關懷和努力，使原住民文化仍能達到相當程度的保存，然而這種保存僅是一種靜態的文物展示和學術研究資料，仍缺乏一種動態性生機和前瞻性的開展，如果原住民教育的目標僅著重於「維護」文化，顯示它仍是一種靜態的、被動的、非生機性的目標，欠缺積極發展的功能；當前原住民族群的當務之急，不僅是如何透過

教育制度來維護、傳遞、擴散文化，更需要透過教育來融合外來文化，創造文化，開展文化的生機，當然守住自己的文化也是要靠自己自我意識的覺醒與努力。

　　我們期盼生活在台灣的原住民各族群人民，能夠正視自己優良的傳統文化，重構自己的根，大聲的唱著自己的歌，乃至於宗教儀式、藝術活動、傳統手工藝、道德價值觀、宇宙觀等等都能復振起來，以原住民文學藝術與生活樣態，特別是以神話傳說與宗教為素材的音樂、舞蹈、文藝、影藝等創作，也如雨後春筍般的出現。

第一章

鄒族創世神話口傳文學

　　鄒族人在其長久的繁衍歷史，留下了爲數眾多的口傳歷史、神話傳說及傳奇故事，是建立部落歷史的重要資料，從神話傳說裡，能夠使人體會一個族群的內在思想與情感。

　　台灣的原住民族皆各自相信他們在台灣的創生神話，也各自有一套完整的宇宙觀。

　　鄒族的創世神話中由hamo創造人類和其他事物，洪水的故事表現人群分類、族群分野的原初型態、解釋信仰與各種衝突之起源、人際與群際關係的特殊狀況，神話與傳說在權力繼承及其合法化中鋪陳基礎。①

　　鄒族《鄒訊》主編鄭信得〈鄒族的歷史與傳說〉說：「鄒族爲台灣原住民中之少數民族，人口約六千人。然而從學術眼光：人類學或語言學等之角度探究的共同結果，鄒族蘊含著自古傳承下來的豐富口述文化，卻鮮少有族人投入紀錄的工作，文化傳承的使命、落實，著實令人擔憂。……今日鄒族已經嚴重喪失口述神話、傳說的場所和習俗，然而族人卻愈加重視神話傳說對歷史呼應的價值，縱使暫不以其眞實性爲主要考量，而重在傳承鄒族之生活性格，藉以找回族群本身之凝聚、認同，以及對自然環境之尊重」。

　　由於年代的久遠，加上沒有一套文字系統記錄民族的源流，鄒族肇生和繁衍的過程中，只有距今三、四百年左右的演變事實是稍能掌握的，更早的民族史都只寄託在渺茫已失的時空和撲朔迷離的口傳資料之中。充分表現了沒有文字以傳遞文化的無力感和無奈，所謂十口相傳之謂古，口傳方式終究在馱載能力上是不能匹敵於書面文字的。②

壹、鄒族山崩地裂說傳說故事

　　傳說上古時代，山崩地裂而造出了鄒族的祖先。

　　本則傳說故事謂，由於上古時代的一場山崩地裂中，造就了鄒族人的祖先。雖然故事情節短，但是意義深重。

貳、鄒族樹生說傳說故事

　　「樹神」的崇拜，在台灣的原住民族中，算是較爲流行的，這主要是緣於他們信仰始祖是「樹生」的關孫，而原住民的樹神信仰中，「曹（鄒）族」則是比較有普遍而具體的傳統。③

　　鄒族達邦社傳說：

　　　　太古的時候，哈莫hamo大神，降臨大地。哈莫大神用力搖動一顆大樹，樹葉落地成人，是爲鄒族及馬雅maya族的祖先。

　　　　第二次搖動大樹，樹葉亦落地成人，爲漢人的祖先。

　　本則傳說故事情節要述如下：

一、哈莫大神降臨大地。

二、哈莫大神用力搖動一顆大樹，落地的樹葉變成鄒族與馬雅族的祖先。

三、哈莫大神第二次搖動大樹，落葉變成了漢人。

　　按本則傳說故事未說明哈莫大神搖動的大樹是何種樹？按馬雅maya族是當時嘉義平原的原住民。

　　　　太初之時，哈莫大神降臨地上，祂搖撼著楓樹，楓樹的樹子落地變成人，是鄒族及馬雅maya族的祖先。

　　　　哈莫大神又搖了茄苳樹，樹葉落地變成人，是漢人的祖先。

　　本則傳說故事情節要述如下：

一、哈莫大神搖撼楓樹，掉落的「樹子」變成鄒族與馬雅族之祖先。

二、哈莫大神又搖撼茄苳樹，其「落葉」變成漢人。

　　按哈莫大神所搖撼的樹不同，因此所產生造就的人種亦有所不同。

浦忠成〈阿里山鄒族口傳故事‧樹果變成人〉載：④

　　古時候哈莫天神搖撼著楓樹，楓樹的果實掉落地上，就變成人，是鄒和馬亞族人的祖先。

　　後來哈莫天神又搖撼茄苳樹，茄苳樹的果實掉落地上，也變成人，那是布杜（漢人）的祖先。

本則故事與上則故事相同，惟鄒、馬亞人、漢人，都是「樹果」變成人。鄒族與馬亞人是楓樹的樹果變成的；漢人是茄苳樹的樹果變成的。

　　有關瑪雅有一則傳說：

　　在洪水時期，人們避水期間，製作了「瑪雅斯比」戰爭祭儀和祭歌，凝聚了族群意識和團結精神。當洪水退去，跟瑪雅人道別，以箭為記，後來瑪雅人到達了嘉義平原。

按鄒族人有謂當族人從玉山分途下山定居，鄒族之兄弟瑪雅則到平原居住，當離別之際，以箭為記，他們就是住在嘉義平原的瑪雅人。

《大陸雜誌》引自《鄒族信仰體系與宗教組織》，杜而未：⑤

　　有一天ninewu神搖動樹木，落下來的葉子都變成了女人。當時世界已有了男人，可是那些女葉人不願和男人一起，ninew便主張飲酒聯歡，可是女葉人不肯喝酒，ninewu最後將兩種人互為婚姻。

　　ninewu平日是住在天上，不過他時常會探望人間的夫婦，人們便請求祂再多造些人，於是ninewu便去請教祂父親造人的方法。

　　父親叫他搖動樹木，但從樹上落下的葉子不多，所以鄒族的人數並不多。inewu又告訴人們除了狩獵野獸外，還可以種田為業。

　　自此時ninewu認為他已經完成創造的使命，並囑咐人們保護他們的子女，如同祂在保護他們，祂不能時常到世界來了，只能從天上向下觀看。

本則傳說故事情節要述如下：

一、本故事搖樹造人的是ninewu神。

二、ninewu神搖動樹木，落下來的葉子都變成了女人。

三、在ninewu神搖動樹木造女人之前，當時世界上已經有了男人。

四、ninewu神造了女葉人之後，那些女葉人不願意和男人在一起。

五、ninewu神為讓男人與女葉人聯誼，舉行飲酒聯歡，可是女葉人不肯喝酒。

六、最後ninewu神將兩種不同性別的人互為婚姻。

七、人們請求ninewu神再多造些人。

八、ninewu神搖動樹木，但是從樹上落下來的葉子並不多，所以鄒族的人數並不多。

九、ninewu神告訴鄒族除了要狩獵野獸外，還要種田為業以養活自己。

十、ninewu神完成造人後升天，祂囑咐人們善護子女，如同祂在保護他們，祂不能時常到世界來了，只能從天上向下觀看。

《政大學報》六（1962），引自《鄒族信仰體系與宗教組織》（1988），胡耐安、劉義棠：⑥

　　大神來到大地，用力搖動大樹，第一次樹葉落地即

成爲人,是曹族及maja(嘉義當時的原住民)族的祖先。

第二次搖動大樹,其葉落地後,亦成爲人,是漢人的祖先。

本則傳說故事情節要述如下:

一、曹族、maja族、漢族都是樹葉落地變成人。

二、曹族、maja族是大神第一次搖樹,樹葉落地即成爲人。

三、漢族是大神第二次搖樹,樹葉落地即成爲人。

《民間知識》(1960),引自《鄒族信仰體系與宗教組織》,丁歧之:⑦

哈莫神降臨阿里山,用手搖動楓樹,樹葉落地便長出曹族的祖先。然後,哈莫神又到平地搖動茄冬樹,落在地上的茄冬葉,便長大而成爲漢人。

本則傳說故事情節要述如下:

一、哈莫神在不同的地方、不同的樹,搖造出了不同的人種。

二、哈莫神在阿里山搖動楓樹,樹葉落地長出曹族的祖先。

三、哈莫神在平地搖動茄冬樹,樹葉落地長出漢人的祖先。

參、鄒族神造說傳說故事

遠古時代,天神「尼佛奴」降下玉山,曾經在玉山的山頂上造人,這就是鄒族最早的祖先。

本則故事謂尼佛奴神降下玉山,祂在玉山的山頂上造人,祂所造的人就是鄒族最早的祖先。本故事意含「玉山」是鄒族始祖的發祥地。

太古時代,天神「哈莫」從天上降落在玉山,在玉山製造人類,因此玉山成爲鄒族的「聖山」。

侯子孫繁衍以後，分散到各處覓食維生。後來發生洪水，大家又跑回到玉山頂避難，動物百獸也都逃到玉山高處，以免被淹沒，這時族人靠捕捉野獸爲生，洪水退去後，族人才又下山。

本則傳說故事情節要述如下：

一、哈莫天神降下玉山造人。

二、鄒族人相信其最初的初祖始源於玉山山頂，因此自古以來，玉山就是鄒族人心目中的「聖山」。

三、鄒族始族在玉山侯子孫繁衍以後，分散下山到各處覓食維生。

四、又傳說遠古發生洪水氾濫的時候，鄒族人曾又回到玉山頂上避難洪禍。

五、當時動物百獸也都逃難到玉山高處，這時鄒族人靠捕捉野獸爲生。

六、洪水退去後，鄒族人才又從玉山頂上下山遷居各地。

據說北鄒族即從玉山西麓附近往西面移棲，自陳有蘭溪而濁水溪，復繞經嘉義一帶平原，抵達阿里山山區。

因爲鄒族有許多藝術文化都與玉山有密切關聯，因此鄒族人視「玉山」爲聖山，是始祖發源之地，也是文化初創萌芽之地。

肆、鄒族神播種說傳說故事

(一) 哈莫大神播種人種

浦忠成〈阿里山鄒族口傳故事・天神播種人種〉載：⑧

古時候哈莫天神從天上降臨特富野社，播植人種。祂播下的種子從土地裡長出來，就成爲現在人類的祖先。

所以「人」亦叫做「滋木非多久阿」，意思就是

「從土裡長出來的」。

　　　天神造人，就是最初的那一次，以後的人都是由泥
土中長出來的人相互交配而漸漸繁殖增強的。

本則傳說故事也可謂「土生說」，本故事情節要述如下：

一、哈莫天神降臨特富野社播植人種。

二、哈莫天神播種人種於土裡，此即人類之祖先。

三、鄒族亦稱人為「滋木非多久阿」，意即「從土裡長出來
　　的」。

四、人從泥土中長出來，相互交配漸漸繁殖增強。

《政大學報》六（1962），引自《鄒族信仰體系與宗教組織》
（1988），胡耐安、劉義棠：⑨

　　　太古之時，hamo（大神）神負著播種人種的使命來
到大地，將人種播種於地下，於是人從土中生長出來，
就是現在人類的祖先。之後那些土生人繁殖交配，成為
眾人，曹族亦是其中之一。

本則傳說故事敘述：

一、hamo神負著播種人種的使命來到大地，將人種播種於地
　　下。

二、hamo神播種的人種從土中生長出來。

三、所有人種都是土生人繁殖交配而成各種種族，曹族（鄒
　　族）就是其中之一。

《民族所集刊》（1956），引自《鄒族信仰體系與宗教組
織》，許世珍：⑩

　　　太古時，大神hamo降臨圖富雅社，播種人類。其種
由地中生長成為今人之祖。故人亦名為tsamuh　tsojoua
（由土生長者）

本則故事謂哈莫大神於圖富雅（特富野）播種人種。按鄒族

此類神播種人之傳說亦有謂是尼弗奴nivenu女神所播種。

林道生編著《原住民神話故事全集（一）》載〈神播種人〉：⑪

　　太古時候，天界的萬物之神，有一天看到地界無人類，覺得是創造中的缺失，因此命令哈车大神，肩負著播種人類的使命，從天界降臨到大地。

　　哈车大神到了地界，找了個地方把從天界帶來的人種播種在地上。不久，從地上長出了人類，他們就是現在人類的祖先。

　　人類的祖先相互交配繁殖成爲眾人，人口增加後原先的居地越來越擁擠。

本則傳說故事敘述天界的萬物之神看到地界無人類，覺得是創造中的缺失，因此命令哈车大神帶著人種來到凡間地界播種人種，人類興焉。

（二）尼弗奴nivenu女神播種人種

浦忠成《台灣鄒族的風土神話》：⑫

　　尼弗奴神用播種的方式，創造出二個鄒族的始祖，他們繁衍後代子孫，尼弗奴神教人們認識粟米、打獵、捕魚、編器，並指示鄒人所應活動的區域，接著就離開了。

本則傳說故事情節要述如下：

一、尼弗奴神用播種的方式，創造出二個鄒族的始祖。

二、尼弗奴神教人們認識粟米、打獵、捕魚、編器等。

三、尼弗奴神指示鄒人所應活動的區域。

四、尼弗奴神完成播種人種及指導各類生活技能之後，圓滿達成任務就離開了。

伍、鄒族蛇生說傳說故事

《政大學報》六（1962），引自《鄒族信仰體系與宗教組織》
（1988），胡耐安、劉義棠：⑬

　　　　古時有一平地青年，入山狩獵，遇一大鹿，青年放
　　箭射鹿，鹿負傷而逃，青年尾追而至，不知覺中進入深
　　山，但天色已晚，青年不小心失足落入深谷，昏迷不
　　醒。

　　　　翌日清醒，發現身旁有一大蛇，正為己療傷，事後
　　為感蛇之救命恩，遂結夫婦。

　　　　一年之後蛇生下子女數人，皆為人形，一家共居於
　　山中。此後，又經多年，青年厭倦山中生活，且不願與
　　蛇為夫婦，便藉口出獵逃回平地。

　　　　大蛇見情郎負義，便吞食子女為報復，當時剛好有
　　子女一人，離母較遠，乘機逃脫，是曹族祖先。

本則傳說故事情節要述如下：

一、鄒族始祖創生之前，漢族人即已經存在。

二、平地青年，入山狩獵，追逐負傷之鹿，不慎跌落深谷。

三、翌日晨發現巨蛇正為己療傷，為感念蛇的救命之恩，遂
　　結夫婦。

四、一年後生下子女數人，皆為人形。

五、丈夫開始厭倦山中與蛇同居的生活逃回平地。

六、大蛇見情郎負義，便吞食子女為報復。

七、有一子女離母較遠乘機逃脫，此即鄒族之祖先。

陸、鄒族茅草生說傳說故事

〈台灣土蕃傳說〉《東京人類學會雜誌》，伊能生著，劉佳麗
譯：⑭

　　　　從前，我族祖先的神祇，從天而降，占據草原爲
居。一日，以茅草作了二具偶像，並變成活的男女二
人，其後繁衍子孫，建立各部落，成爲始祖。
本則傳說故事情節要述如下：
一、鄒族的神明從天而降，占據草原爲居。
二、神祇以茅草做了茅草人偶像，結果變成了活的男女眞
　　人，是爲鄒族始祖。
三、男女始祖繁衍子孫，建立鄒族各部落。

柒、鄒族泥造說傳說故事

《政大學報》六（1962），引自《鄒族信仰體系與宗教組織》
（1988），胡耐安、劉義棠：⑮

　　　　從前有uimunu女神，是百神之中最能幹的，她用泥
土造男女各一人，並給予其生命。

　　　　女神對此一對男女說：你們應好好生活，並後傳子
孫。是鄒族的祖先。
本則傳說故事情節要述如下：
一、鄒族uimunu女神是百神之中最能幹者。
二、uimunu女神用泥土各造男女一人，並給予其生命。
三、uimunu女神指導土造男女好好生活，並後傳子孫。

捌、鄒族岩石生說傳說故事

林道生編著《原住民神話故事全集（一）》載〈吃米、沙的
神〉：⑯

　　　　古時候，從岩石中的一個石柱誕生了一位女神，那
時候地上還沒有什麼食物，生活很困苦，因此女神求天
神賜給食物，天神聽了便授予女神各種食物，當中有魚

類也有獸類，還有米。女神將一粒米剖成兩半，拿其中
的一半放進鍋裡就煮成了一鍋飯。

　　本則傳說故事敘述一位女神從岩石中的一個石柱誕生，本故
事也敘述食物神授說，「那時候地上還沒有什麼食物，生活很困
苦，因此女神求天神賜給食物，天神聽了便授予女神各種食物，
當中有魚類也有獸類，還有米」。當時的生活也是極樂的，「女
神將一粒米剖成兩半，拿其中的一半放進鍋裡就煮成了一鍋
飯」。

【註釋】

① 王嵩山《阿里山鄒族的歷史與政治》，台北，稻鄉出版社，1990.10。
② 浦忠成《台灣鄒族的風土神話》，台北，台原出版社，1993.6。
③ 簡榮聰〈台灣原住民的「樹神」崇拜：曹族篇〉，台灣新生報。
④ 浦忠成〈阿里山鄒族口傳故事〉，民眾日報，1992.11.29。
⑤ 尹建中《台灣山胞各族傳統神話故事與傳說文獻編纂研究》，1994.4。
⑥ 同⑤。
⑦ 同⑤。
⑧ 同④。
⑨ 同⑤。
⑩ 同⑤。
⑪ 林道生編著《原住民神話故事全集（一）》，台北，漢藝色研文化事業有限公司，2001.5。
⑫ 同⑤。
⑬ 同⑤。
⑭ 同⑤。
⑮ 同⑤。
⑯ 同⑪。

第二章

鄒族來源說口傳文學

　　阿里山鄒族原住民的由來有各種說法,其中最普遍的說法是
「平原說」與「玉山說」和「海上飄來說」三種。

壹、鄒族平原來源說傳說故事

　　據說,昔日阿里山鄉鄒族人遠在滿清時代聚居在台
南縣東山白河一帶以及嘉義市郊外,舊稱為「諸羅山」
社口一帶。

　　後來因為漢人移入者日多,而鄒族人口較少,加上
生活習慣較適應於天然環境,於是乃逐漸移入深山,最
先聚居於特富野以及山美兩個地方。

　　鄒族人原來住在平地,由於漢人入墾,鄒族人乃由
平地平原被迫遷入深山,他們先聚居於山美以及特富野
兩地,嗣後才分散至樂野、達邦,繼之擴展到來吉、里
佳、新美、茶山等地。

本則傳說故事情節要述如下:

一、滿清時代鄒族人聚居在台南縣東山白河一帶以及嘉義市
　　郊外,舊稱為「諸羅山」社口一帶。

二、漢人移入者日多,鄒族祖先由平地平原被迫遷入深山。

三、鄒族祖先先遷居山美以及特富野兩個地方。

四、嗣後鄒族人又分散至樂野、達邦。

五、其後鄒族人又擴展遷居到來吉、里佳、新美、茶山等
　　地。

　　傳說中描述的鄒族人曾經活躍於廣大的嘉南平野。鄒族在中
古世紀時期,曾經佔據了台灣中南部廣大的平原區域,後來因為
受到其它民族擴展移動的影響,居住範圍逐漸縮小。

　　流行的口碑中,早在傳說中的大洪水之前,鄒人已活躍在嘉
南平原一帶,千百年來的輾轉遷徙,最後定居於阿里山山脈與曾

文溪、濁水溪上游流域。新近考古發現指出這個地區一千五百至二千年左右已有活絡的人群活動。

　　傳說荷蘭人登陸台灣的時候，鄒族人曾經跟荷蘭人談判，荷蘭人要求的土地只要一張皮的面積，並且給予淡水飲用。

　　荷蘭人的要求，「安」家的人同意了，但是荷蘭人把皮剪成細條連串成長條，便開始圍起來，因此整船的人便都上岸了。

　　荷蘭人與鄒族人開始共同生活，居住在台南地區鄒人稱之為「荷蘭水」的地方。

本則傳說故事情節要述如下：

一、鄒族人曾經居住在台南，他們稱之為「荷蘭水」的地方。

二、荷蘭人登陸台灣曾與鄒族談判。

三、荷蘭人要求的土地只要一張皮的面積，並且給予淡水飲用，「安」家的人同意了。

四、荷蘭人把皮剪成細條連串成長條，便開始圍起來，因此整船的人便都上岸了。

五、荷蘭人與鄒族人曾經在台南地區共同生活。

本故事為荷蘭人與鄒族人接觸的故事，同時也是鄒族人曾經居住在「台南」的傳說故事。

阿里山一帶是原住民鄒族的居住地，漢人自從西部平原被開發殆盡，漸漸往淺山地帶開墾，便常常與原住民發生土地上的爭執，鄒族被迫更往深山遷徙。

明鄭政權，鄭氏治台三世，僅二十三年，其致力於西部平原，然其治理終隨滅亡而終結，明鄭政權對鄒族原住民的社會結構造成了重大的影響。

鄭氏行屯田制，挾軍隊武力以開拓土地，曾及於山麓地帶鄒族之領域，原住民無法抵抗，當時中埔鄉的山腳平地一帶已全部變成漢人之墾地。

至清初，承襲明鄭舊制，在原住民部落設置土官及通事，並隨著漢民族的增加，接觸愈頻繁，衝突事件也就愈多。

滿清時代漢族與鄒族的衝突多半起自於經濟剝削的關係，有名的「吳鳳事件」就是在這樣的背景下發生的。

漢族自從清朝康熙年間，就在原住民所屬之地沿邊，每隔數十里，立石爲界，以隔絕漢原，稱爲蕃界。

清季以來，漢族在山陰之地，設置隘勇線置兵駐守。而漢原雙方入山出山的要道就是今日的番路鄉，當時稱其地爲番仔路，設置有望高寮監視之。

日本據台之後亦襲用清制隘勇制度，在此設隘警戒，以隔絕往來；到現在尙存有望高寮的遺跡。

日據時代對鄒族傳統部落生活、文化體系產生更大的影響，日人認爲生活在台灣山地的原住民，在生活方式上自外於台灣社會，所以總督府採取使其「近代化」的強制手段徹底改變原住民生活方式，所以「理蕃工作」是討伐反抗、安撫、增產等各方面同時並進。

日本政府之強制手段，鄒人卻一直未曾與日人有過重大的衝突，其最主要的原因或與日人初據台灣，特富野社頭目即率部族與日人磋商有關，使鄒人對日政權未產生反感而排斥之。

以前鄒族對於台南安平（扎哈姆）十分熟悉，上下的捷徑就是沿著曾文溪。對於嘉南平原，鄒族的神話裏說到那是天神踩平的，原本它和東邊的地形一樣有一高山深谷，嘉義一帶鄒語是「麥巴由」，一直到雲林的斗六，也都曾是鄒族熟悉的。當然並非大多數鄒族的人口曾遷移到平原，但安、溫等氏族確有居住過平

原，甚至到達海邊的經驗（安氏就曾居住在社口庄長達二百多年）。由於地形的因素和鄰族對峙的關係，使鄒族對於領地認知的特色更能突顯，大致對於東西兩方的認知是極清晰的。①

　　鄒族人自玉山分途下山後，浦忠成《台灣鄒族的風土神話》中指出：「另外，也有一些氏族就順著河流向下走到平原，甚而到達海邊，像jasijungu（安）這一氏族。依照他們氏族的傳說，他們的祖先曾在海邊（大約就是安平）與紅毛人遭遇而相處一地，後來他們在平原的發展並未如想像中順暢，最後還是慢慢的遷移到山地，歸入已經建立的鄒族聚落裏」。②

貳、鄒族玉山來源說傳說故事

　　「玉山說」為鄒族源於玉山，再循著溪流遷移至今日鄒族所居住之各地。按現在鄒族分佈在南投縣信義鄉、嘉義縣阿里山鄉以及高雄縣三民鄉和桃源鄉一帶：

　　　　傳說鄒族的祖先原本散居在各處，有一次洪水氾濫的時候，鄒族祖先集體逃難，集中到玉山山頂上。

　　　　直到洪水退去之後，才分別順著濁水溪、曾文溪、荖農溪等走下玉山，然後定居在現在居住的地方。

　　　　從此，鄒族人就將玉山視為發源地，也成了鄒族族人心中的聖山。

本則傳說故事情節要述如下：

一、鄒族的祖先原本散居在各處。

二、鄒族的祖先因為有一次洪水氾濫逃難到玉山山頂上。

三、洪水退後，祖先分別順著濁水溪、曾文溪、荖農溪等走下玉山定居現址。

　　按本則傳說，鄒族原本也不是居住在玉山的，而是因為集體避難洪水，才到達了玉山，後來又慢慢分散至現在居住的地方，

因此鄒族人將玉山視為發源地，玉山也成了聖山。

按鄒族人從玉山走下來，順著山勢走到陳有蘭溪、楠梓仙溪、曾文溪與清水溪沿岸，建立起和社、魯富都社、達邦社、特富野社……等部落。一部分則遠徙至高雄縣三民鄉與桃源鄉，與布農族混居。

和社與魯富都社位於南投縣信義鄉，和社hosa就是「大社」之意，今和社已為漢人所居住，魯富都社已與布農族混居。

鄒族原住民原先有數十個族社，大約於明鄭時代，因天花等傳染病肆虐，致部份族社慘遭滅族的厄運，迄今嘉義縣阿里山鄉只剩達邦、特富野二個族社。

依據相傳的神話，特富野是鄒族最古老的聚落，在洪水之後（亦有謂洪水之前此社即已存在）。傳說洪水係由特富野開始，各古老氏族由玉山分別循著陳有蘭溪himev-tsi-chumv、楠梓仙溪eamasiana、清水溪等向下遷徙，途中曾建立尼比干nibiei、曼阿那magana（近鹿林山）、伊西基阿那iskieana、伊擬雅那inicana、擬亞古帕nia-kvba、跌發teva等聚落，而特富野的建立，則是靠梁氏nia-hosa邀石家等陸續遷入而完成。現在的來吉、樂野相對於特富野都稱作denohiu，就是離開大社暫居於社外的意思，所以兩者的關係十分密切。因此，追溯特富野的聚落史是瞭解鄒族的重要步驟。③

鄒族現存的氏族相傳就是當初分途下山時的遷移單位，後來由這些古老氏族又衍生出更多的亞氏族。這些氏族是jasijungu（安）、jakumangana（楊）、jaisikana（石）、judunana（湯）、niahosa（梁）、javaiana（汪）、tapangu（方）、peongsi（汪、方）、jataujongana（高）等氏族，這些鄒族的祖先有的順著陳有蘭溪，到鹿窟山附近轉到阿里山西坡，此時，有一部分人繞過塔山到達邦、特富野；也有一部分人循著清水溪下山而到達平原。有的是

順著楠梓仙溪南下，在「曼阿那」mangana停止，後又分別，一支直接向西到達「伊擬亞那」jingiana，一支向南到達「伊西基亞那」jiskieana；一支也同樣向南，到達新望嶺，再向西轉到北方。這三支遷移隊伍都在最後轉入曾文溪的流域裏。最後一路是由玉山先翻越馬鞍嶺，到「飯包服山」（柏卓卓阿那pcocongana下，到達伊西基雅那和伊擬雅那。④

　　考據鄒族前期的傳說，跟許多民族一樣是與洪水故事結合的，有一則巨鰻堵塞溪河，致使大地氾濫成災的傳說：

　　　　從前有一隻巨大的鰻魚，在溪水裏橫臥著，溪水因此被牠巨大的身軀堵塞了，由於溪水無法流到大海，洪水就氾濫整個大地，大地變成了一片汪洋，台灣的高山都沉浸在水中裡。

　　　　鄒族人因爲逃避洪水而逃到了玉山的山頂，所有的野獸也都到玉山頂上逃難。

　　　　在玉山頂上，鄒族人與各類禽獸一起生活了一段漫長的時間。後來有一隻巨大的螃蟹用牠的巨螯夾住堵塞溪河的巨鰻，巨鰻一轉身，洪水就退去了。

　　　　大地又恢復原來的樣子，族人們再從玉山頂上順著溪流分別下山，逐步建立了鄒族人生息繁衍的天地，歷經征戰、瘟疫、遷移、併社，才有了現今的居住地以及規模，並且也建立氏族、政治組織和親族制度、祭祀制度等。

本則傳說故事情節要述如下：

一、一隻巨鰻在溪水裏橫臥堵塞溪水，造成洪水氾濫整個大地。

二、鄒族人及各類動物逃難到玉山山頂。

三、經過一段漫長的時間，有一巨蟹夾住堵塞溪河的巨鰻，

洪水以退。

四、鄒族祖先從玉山頂上順著溪流分別下山建立生息繁衍的
　　天地。

五、現今鄒族之部落是歷經征戰、瘟疫、遷移、併社，才有
　　之規模。

六、鄒族自玉山下山後開始建立氏族、政治組織和親族制
　　度、祭祀制度等。

按鄒族人，分佈於玉山西惻，高雄山地的卡那卡那布與沙阿
魯阿，包括南投縣信義鄉，嘉義縣阿里山鄉（原稱吳鳳鄉）和高
雄縣三民、桃源二鄉部分山區。

鄒族部落內人口聚居密度高，居住之海拔自五百公尺至一千
五百公尺之間，鄒族早期的文獻稱為曹族。

以前也把南投縣魚池鄉日月潭的「邵」族歸為鄒族之一，後
來發現兩者語言與部分風俗習慣不同，才又分出「邵族」。

鄒族傳統的領地裡，玉山是最具神聖性質不容侵犯的聖山，
玉山曾是天神降臨創造人類的高山，成為人類得以逃離洪水災禍
的避難所，又是祭儀文化的發祥地，昔日鄒族的出草馘首就是肇
生於山巔，同時譜出了原始歌曲。

傳說玉山的北峰，還留存了三根石灶，是鄒族先民遺留下來
的遺跡。鄒族先民稱呼玉山為patunkuonu，後來轉為北側的八通關
草原地名。

還有傳說當鄒族祖先洪水避難玉山，大螃蟹取得人們所贈的
特殊報酬後，用大螯足夾住堵河的大鰻，水退之後，大地乾了，
人們從玉山頂分途而下，才建立了各個生存據點，逐步設立了部
落的中心男子聖所庫巴，從這裡可看出玉山在鄒族人心目中的神
聖地位。

鄭信得〈鄒族歷史與傳說〉載：⑤

　　某一天，大地久雨不停，並且水位不斷上升，鄒族人們一直撤退到玉山山頂，後來才知道原來是一隻非常巨大的鰻魚堵在出海口，正當鄒族族人無策之時，一隻螃蟹自告奮勇聲稱可以解決此問題，然而牠卻有一個不合理的要求，那就是牠只要女人的陰毛。

　　眾人無計可施只好順從螃蟹的意思，而螃蟹也高高興興地潛入水中。後來只見牠大螯一剪，大鰻魚感覺劇痛，一個翻身，洪水就慢慢地流出海中。

　　在玉山山頂時，當時一共有八個大家族，當水退了以後，族人乃跟隨著hamo（天神）腳印遷移。

　　首先到達特富野的家族是na-hosa（梁家），因為他們先到達，所以後來的家族為了尊敬先來者，就推崇其家族德高望眾者為部落首領袖，世代都以世襲制承傳。

　　然而傳至某一人，其行為因過拔扈，後經部落長老決議乃罷免之。後來梁家才被現代的特富野kaudoana（汪家）所取代。後來梁家因不受歡迎而四處奔波。

　　曾經活躍於嘉南平原的氏族是maaya以及yasiyungu兩家族，後來由於漢人的入侵，逐漸地退遷到山區。

　　根據長者的描述：鄒族的口傳領域北至濁水溪南至高屏溪流域，由此可以証明鄒族的領域範圍曾經是相當的大。

本則傳說故事情節要述如下：

一、巨鰻堵住出海口，鄒族人逃難玉山山頂。

二、巨蟹要求特殊的禮物女人的陰毛即為人們退洪水。

三、巨蟹潛入水中用大螯一剪巨鰻，鰻因疼痛翻了一個身，洪水就慢慢地流出海中。

四、在玉山頂上時，一共有八個大家族，洪水退後乃跟隨著

hamo天神的腳印遷移。亦即鄒族人現今之居住地是hamo
天神所示意之地也。

五、首先到達特富野社的家族是na-hosa（梁家），因此成爲
部落首領，世襲制承傳。

六、特富野社的部落首領傳至某人，因爲過於拔扈，被長老
罷免之，由kaudoana（汪家）所取代。

七、居住於嘉南平原的氏族maaya以及yasiyungu兩家族，後
來由於漢人的入侵，逐漸地退遷到山區。

北鄒族以玉山爲發祥地，而許多小氏族，各自傳承其遷徙之
途徑。渠等傳說，從玉山下山後，以若干小氏族爲一團，或小氏
族各自紛紛遷徙，遂形成最初之根據地。綜合其說，地址概在曾
文溪上游。但其獵場，有時竟能伸長至中央山脈以東之地。另一
支則由veyio（今屬tufuya領域）向東北開進，出於陳有蘭溪流域沿
途吸收各氏族，遂形成dufutu部族。相傳，當時該地有號稱mu-
mutsu族之先住民，曾與dufutu戰，傷亡慘重，殘餘者逃往北方而
去。其年代雖不得而知，按布農族之郡社傳說，曾攻擊is-mumuso
族於郡大溪上游，幾使其全滅一事，is-mumuso族可能係mu-mutsu
族也。（註）劉枝萬《南投縣沿革志開發篇稿》

浦忠成《台灣鄒族的風土神話》亦載：⑥

古時候，一條巨鰻橫臥溪中，溪水爲之堵塞到處泛
濫，大地變成汪洋，人們紛紛逃上玉山。

但水勢繼續上升，快到達玉山頂，使人們憂心忡
忡，此時有隻大螃蟹跑來，向人們要禮物說牠可以使洪
水退。

人們問牠要什麼，牠看了看正在烤火的婦女的下
陰，婦女弄懂牠的意思拔下幾根陰毛交給牠，螃蟹就高
興的走開。

　　　牠找到鰻魚之後，用螯爪夾住鰻魚的肚子，鰻魚驚

慌之下轉身，水漸退，大地再現。

　　本則傳說故事亦謂大螃蟹獲得了特殊的禮物：婦女陰毛之

後，就前去找鰻魚用螯爪夾住鰻魚的肚子，洪水以退。

　　相傳「玉山」是鄒族的發源地，他們有一首「玉山之歌」描

寫一棵生長在玉山頂上的杉樹，不畏寒風澈骨，昂然挺立於大地

之巔，象徵鄒族強盛的生命力。⑦

　　洪水時代後，鄒族以氏族為單位沿河流分途遷徙擴散，各氏

族為求生存，經過兼併與媾合，從而形成部落，後來北鄒形成特

富野、達邦、伊姆諸、魯富都等四大社。

　　惟鄒族在近三百年來逐漸縮小，而相臨之布農族則逐漸擴

大。至於鄒族生活之地理領域，或曾沿溪流遷徙，曾移往平原發

展。

　　台灣在地質史上有過與亞洲大陸幾度相連與分離的滄桑變

化。大約一萬年前，冰川消溶，形成滔滔洪水，注入台灣海峽。

空前的海浸，造成滅頂之災，不難想像，原始初民與洪水曾經進

行了怎樣長期的痛苦的鬥爭，因而原住民大量創造的洪水神話，

可以理解為這是遠古冰川洪水時代的追憶與曲折反映。早期的洪

水神話真實地描繪了人類與動物同舟共濟，患難與共，跟洪水展

開生死搏鬥的情景。⑧

　　陳千武譯述《台灣原住民的母語傳說》：⑨

　　　祖先從玉山出來，分成達邦社、知母勝社和魯特

社，到維佑住下來的時候，有兩個人去狩獵，卻沒有回

來。

　　　社裡的人去找，來到兩個人狩獵的地方，還是找不

到。我們去問牟牟茲人，牟牟茲人不回答。一定被牟牟

茲人殺死了，卻不招供。

社裡的人逼他們招供，並要求「給我們土地」，他
們不但拒絕要求，加之把我們地界的標石推倒。

我們看被推倒的標石，再建起來。但是，標石又被
推倒了。我們很生氣。年年茲人確實殺死了那兩個人。
我們為了維佑，建立了標識，發現了兩個人的骨骸，但
沒有頭。

我們回去維佑，製造弓箭，決定和年年茲打戰。我
們包圍年年茲，殺死了很多年年茲人，把年年茲的頭帶
回維佑。搬不了的頭放在路邊，再回來搬。

我們佔領了年年茲的好土地，把馬達巴拿、特特散
拿、那海達拿等地區開墾為旱田，種植甘藷和粟子。

從這馬哈拿移住在佛保，蓋新的房子住下來，這裡
才不生病，可以住久。從此繁衍下來。

鄒族前期的傳說與許多民族一樣，是與洪水故事相結合的，
其中自不免玄怪的說法，但是考察早期鄒族遷移的始點卻又都是
由玉山向西、西南、南方向推展，所以到目前為止，還沒有更合
理的推測能取代這個聯繫著這遠古傳說和實際遷徙路途的鄒族自
身觀念。⑩

自古昔以來，鄒族對於其所活動地域的認知，可以藉著現實
的遷徙、居留等情況及神話、傳說的內涵去觀察。鄒族傳統的領
地裏，玉山是最具神聖性質的高山，它是天神降臨以造人之地，
在洪水時期也是人類得以避居的處所，許多文化藝術的源起，應
當也是與玉山有密切關連的。⑪

按玉山也是布農族的發源地，浦忠成《台灣原住民的口傳文
學》云：「在它的東北方可以找到布農族最古老的家鄉，如今它
的子民向東、北、南方向遷徙，建立許多嶄新的家園。鄒族人就
在它的西南方居住，由於地緣的關係，兩個民族的洪水神話不約

而同的都以玉山爲逃避洪水的地點」。⑫

參、鄒族海上飄來說傳說故事

傳說，上古的時候，洪水氾濫大地，鄒族的祖先由海上漂來。

本則傳說故事若以台灣原住民來自大陸的觀點，揆其說法頗吻合帝堯十九年至八十八年的洪水期間，中土人民順水漂流而至定居，成爲今日該族。

台灣的開闢，嘉義縣一帶，早在明鄭、荷蘭人來台以前，大致是原住民鄒族及平埔族和安雅的活動範圍。

台灣在漢人移入以前，在血統上，屬於原馬來族（protp-malay），語言與文化上屬於印度尼西亞系，他們分批進入台灣；居住在中央山脈和東部狹谷和海岸地區的即今稱「原住民」；居住在東北部和西部平原地區的即爲「平埔族」。而與嘉義縣有地緣關係者爲鄒族與平埔族和安雅。嘉義縣的古地名「諸羅」，便是依和安亞族諸羅山社（tirosen）的漢字音譯。

鄒族傳說中自玉山到嘉南平原一帶流徙。在荷人到台灣之前，已逐漸在阿里山一帶形成部落，僅少部分仍留在嘉南平原，但是都與外界甚少接觸，首先接觸到的便是漢人。鄒族遷入山地的原因除了受到漢民的侵逼外，也爲了迴避瘴氣的侵害。

阿里山鄒族現僅存特富野與達邦兩個主要大社，在荷蘭人進佔台灣時期，當時這個特富野與達邦大社的名稱便已出現在一六五○年的台灣土民戶口表上，所以特富野與達邦大社，至少在三百多年前就已然建立。

至於平埔和安雅族，過去散居在諸羅山、打貓（民雄）、大莆林（大林）、他里霧（斗南）一帶；由於與漢人的接觸頻繁，在強勢文化下漢化日深，明鄭以後便逐漸受同化而消失。

【註釋】

① 浦忠成《台灣鄒族的風土神話》，台北，台原出版社，1993.6。

② 同①。

③ 浦忠成《鄒族特富野社Kuba重建落成大典Mayasvi》，特富野Mayasvi手冊，1993.2.15～16。

④ 同①。

⑤ 鄭信得〈鄒族的歷史與傳說〉，載於行政院原住民委員會第二屆《全國原住民大專青年文化會議記錄》。

⑥ 尹建中《台灣山胞各族傳統神話故事與傳說文獻編纂研究》，1994.4。

⑦ 姚瑞中〈天籟之音：鄒族麥亞士比Mayasvi祭儀〉。

⑧ 范純甫主編《原住民風情》（下），台北，華嚴出版社，1996.8。

⑨ 陳千武譯述《台灣原住民的母語傳說》，台北，台原出版社，民1995.5。

⑩ 同①。

⑪ 同①。

⑫ 浦忠成《台灣原住民口傳文學》，台北，常民文化，1996.5。

第三章

鄒族部落與地名口傳文學

鄒族地名的產生，也有許多跟民間故事的內容有關。此類地名可謂「典故型地名」，饒富趣味。

壹、鄒族「古咿阿那」傳說故事

浦忠成《台灣鄒族的風土神話》：①

　　從前有一戶人家父母要到他處參加飲宴，留孩在家，出門前叮囑孩子聽到「咕伊」的聲音，千萬別學著叫。

　　父母剛走，四週就有聲音不停的叫，起初孩子聽父母的話，不去學著叫，但後來便忘了父母的叮囑，便學著「咕伊！咕伊！」的叫聲。

　　這時在屋外發聲的鬼怪就來擊打孩子，甚至把其中的一個孩子剁成肉塊，放置在一堆。

　　這時候父母回家了，父親便拿起矛槍來刺殺鬼怪，並用腰刀把牠剁成一塊塊的肉骨，每剁一塊肉就地化成鳥口叫著「咕伊！」地飛走。

　　而被剁的孩子因肉被置於一塊竟能復生，那個地名就被叫做「古伊阿那」。

本則是鄒族地名「古咿阿那」的傳說典故。本故事情節要述如下：

一、父母要到他處參加飲宴。

二、父母叮囑孩子留在家裡聽到「咕伊」的聲音，千萬別學著叫。

三、孩子聽到四週的聲音便學起「咕伊」的聲音。

四、在屋外發出鬼怪聲者就來擊打孩子，還把其中一個孩子剁成肉塊，放置在一堆。

五、父親回來用矛槍刺殺鬼怪，又用腰刀把牠剁成一塊塊的

肉骨，每剁一塊肉就地化成鳥口叫著「咕伊！」地飛走。

六、被鬼怪剁的孩子竟能復生，那個地名就被叫做「古伊阿那」。

貳、鄒族「布阿烏」傳說故事

浦忠成《台灣鄒族的風土神話》：②

從前在特富野附近一個小社叫阿也要，那裡的人請特富野人飲宴，其中包括善勇戰猛的征將尤蘇古和內八腳的禪將佛尤。

在大家酒醉之餘，征將的妻子發現似乎有敵人在窺探，連忙接丈夫回社，在途中就聽見淒慘的叫聲。

回社之後征將的妻子叫醒眾婦女來舂米作糕，等工作完成叫醒他們的丈夫為小社的死難報仇，在長老卜吉凶之後，追擊的隊伍出發了。

而敵人一夜撤軍不見特富野社的追擊，鬆懈了意志時，特富野社人已經在後頭直追，近晚時在長溪，他們見敵人在溪中洗浴，兩方便開始交戰。

征將先取得敵眾首領的頭顱，禪將慢一步，便沿著草叢的血跡去追趕敵人，先殺了個有腿傷的人，聽有異聲，又去追擊，那敵人已翻山越嶺，禪將只得忍著痛苦走回去。

戰後清點人數發現禪將不見，眾人大聲呼喝，只聽見一微弱的回聲，眾人沿途呼喊聲音愈來愈近，等了大半天禪將終於趕上，但兩股間已血肉模糊，因他追趕敵人也不知覺間走了很長的一段路。

直到現在，聽到禪將回音的地方叫「布阿烏」（野

青鳩），因爲眾人在聽見裨將的回音像野青鳩。

　　回社途中敵酋的頭顱在與征將咒罵説自己靈魂旺盛，在舉行敵首祭典時，那頭顱冒出火花，燒到聖樹雀榕上。

　　有一段時間，雀榕物枯萎，據説是敵酋靈魂極強造成的。

本則是鄒族地名「布阿烏」（野青鳩）的傳説典故。本則傳説故事情節要述如下：

一、特富野征將尤蘇古和裨將佛尤有一天到阿也要小社飲宴，酒醉之餘，征將的妻子發現似乎有敵人在窺探，連忙接丈夫回社，在途中就聽見小社凄慘的叫聲。

二、回社之後征將的妻子叫醒眾婦女來舂米作糕，這是爲勇士出征作戰所準備的糧食。

三、出征隊伍在長溪見敵人在溪中洗浴，兩方便開始交戰。

四、征將先取得敵眾首領的頭顱。

五、裨將沿著草叢的血跡追趕敵人殺了個有腿傷的人，聽有異聲，又去追擊。

六、戰後清點人數的時候，不見裨將，眾人大聲呼喝，等了大半天裨將終於趕上，但兩股間已血肉模糊，因他追趕敵人也不知覺間走了很長的一段路。

七、至今，眾人呼喝裨將聽到裨將回音的地方叫「布阿烏」（野青鳩），因爲眾人在聽見裨將的回音像野青鳩。

八、出征隊伍戰勝歸來，舉行敵首祭，敵酋頭顱冒出火花，燒到聖樹雀榕上。有一段時間，雀榕樹枯萎，據説是敵酋靈魂極強造成的。

按本則傳説故事並沒有説明此次與特富野社作戰的敵人是什麼族群的人。

浦忠成在《台灣原住民的口傳文學》裡也有類似的記述：③

　　鄒族有一地名叫「布阿鳥」，那是相傳在一回出征時，一位勇猛征將因緊追逃走的敵人而不捨，同行的人集合點名要返回時，發現缺他一人，全體便一同呼嘯叫喚，他大聲回應，但距離太遠，聲音只像微弱的野鴿，所以他回應的山頭，如今仍叫「布阿鳥」（野鴿）。

參、鄒族「柏也柏彭卡那」傳說故事

浦忠成《台灣鄒族的風土神話》：④

　　從前有一個獵人上山打獵，獵到一隻鹿，當時天色已晚，把鹿抬回獵寮支解，就放幾個地瓜火堆中烤，等熟時想要來吃，卻找不到地瓜。

　　他又放了幾個地瓜在火堆中，但仍舊找不到，他知道有妖怪在那裡惡作劇，便拿出隨身攜帶的磨刀石在火中烤。

　　這回妖怪，發現地瓜太燙了，想要放在溪中冷卻一下，獵人知道妖怪來偷，便取出佩刀在石頭上磨了一下，妖怪聽見聲音很慌張的摔了一跤，放下了磨刀石逃跑。

　　所以那個地方叫「柏也柏彭卡那」，意思就是妖怪跌跤的地方。

本則是鄒族地名「柏也柏彭卡那」的傳說典故。本則傳說故事情節要述如下：

一、獵人上山打獵在火堆中烤地瓜，等要吃時，卻找不到地瓜。

二、獵人又放地瓜於火堆中烤，要吃時，又找不到地瓜。

三、獵人發現是妖怪惡作劇，這次改以磨刀石在火中烤。

四、妖怪又重施故技偷盜，牠不知他拿到了磨刀石，所以非

常燙，想要放在溪中冷卻一下。

五、獵人取出佩刀在石頭上磨了一下，妖怪聽見很慌張的摔了一跤，放下了磨刀石逃跑了。

六、後來那個地方叫「柏也柏彭卡那」，意思就是妖怪跌跤的地方。

浦忠成《台灣原住民的口傳文學》：⑤

鄒族也有鬼欲偷走獵人所烤蕃薯，卻拿到獵人施計放入火中的磨刀石，鬼怪想衝到河裡沾濕減溫，在半途聽到獵人磨刀的聲響，竟心慌而摔跤，其地亦以此故事命名。

肆、鄒族「塔塔」與「和社」傳說故事

在南投縣南陲今新中橫公路附近的塔塔tataka，是鞍部的地形，原意為「曬物架棚」；久美社東面的「和社」hosa是「大社」的意思。

伍、鄒族「阿里山」傳說故事

阿里山的地名源由傳說：

相傳在二百多年前，達邦社的頭目名叫「阿巴里」的男子，他是一位非常英勇的人物，平時以打獵為業，甚獲得族人的尊敬與佩服。

阿巴里由達邦翻山越嶺到今之阿里山打獵，每次均滿載而歸，後來常率領族人前來狩獵，富足了鄒族原住民的生活。

後來，族人將此地（阿里山地區）列為狩獵地區，阿巴里去逝後，族人為了紀念他，便將此狩獵區稱為「阿里山」。

　　按阿里山區的開發，最早是日本人爲要開採林木資源，其名稱卻是鄒族一位頭目叫阿巴里者因勇於打獵，且常出沒阿里山這片獵場，故族人稱其專屬獵場，名「阿里山」。

　　范純甫主編《原住民傳說》（上）載〈阿里山的傳說〉：⑥

　　　　從前，阿里山叫禿山，因爲它渾身上下不長一棵樹、一棵草、一朵花。那麼，這座禿山是怎樣有了樹木和花草呢？又爲什麼改名阿里山呢？當地流傳著這樣一個故事。

　　　　聽老人說，從前，在這座禿山北面的一個溝岔上，住著一個靠打獵爲生的小伙子，名叫阿里。有一天，阿里在北山坡上打獵，突然，看見山下有一隻老虎，正在追趕兩個採花姑娘。阿里急忙從山坡上跑下來，一下跳到虎背上，手起刀落，只聽「卡嚓」一聲，老虎腦袋被砍落在地上，兩個採花姑娘得救了。

　　　　他剛要回北山坡上打獵，又見從天上落下來個手拿龍頭拐杖的白鬍老頭。老頭一邊笑，一邊拽著兩個姑娘的胳膊往南山坡上拉，阿里見這兩個姑娘剛脫離虎口，又遭到這壞老頭子的耍戲，心裡一陣火起，大喝一聲：「住手！」說完，就一個箭步衝到那個壞老頭的面前，奪下龍頭拐杖，照著那老頭的前額狠狠打了一下。

　　　　那老頭的前額立刻起了個大疙瘩，他痛得大喊一聲，放開那兩個姑娘，一甩袖子，向空中飛去，一轉眼，就不見了。

　　　　沒過多久，晴天響起了雷聲，那雷聲由遠而近，越來越大，只見那兩個採花姑娘嚇得渾身亂顫，她們焦急地說：「壞事了！壞事了！」

　　　　阿里奇怪地問：「這是怎麼回事？」兩個姑娘說：

「我倆本是天宮的仙女，聽說台灣島風景優美，就偷偷來到這裡。不想，遇見了惡虎，多虧你救了我倆的性命。都怪我們眼饞，一路遊玩，誤了時辰。玉帝派老壽星下來捉拿我倆回天宮治罪。我們害怕玉帝刑法，不想回天宮。正在老壽星拉我們的時候，你跑過來把他打跑了。他把這件事告訴了玉帝，玉帝肯定要下令讓雷神來燒死這一帶的生靈。」

阿里聽她倆這麼一說，吃驚不小：「難道就沒有什麼辦法，搭救這一帶生靈嗎？」

兩個仙女說：「只要有捨身去死的人，跑到南面那座禿山頂上，把雷火引開，使雷火不能漫延，就能保住這一帶生靈了。阿哥你遠遠躲開，我倆到禿山頂上去引雷火吧！」

阿里搖著頭說：「不，老壽星是我打的，禍是我惹的，還是讓我去引雷火吧！」他說著，就拿著那個龍頭拐杖，急忙向南邊的那座禿山上跑去。他跑得很快，不大一會兒，就登上山頂。

他高喊道：「雷神噢！老壽星是我打的，那兩個仙女是我放的，禍是我惹的，與別人無關，你那雷火，朝我身上打吧！」

這時，雷神正好來到禿山上空，他舉起雷鑽和閃錘，只聽「轟隆」二聲雷響，把阿里的身體打了個粉碎，雷火在禿山頂上熊熊燃燒起來。雷神轉身到天宮交差去了。因為這座山上沒有樹木和花草，雷火還沒燃燒到半山腰，就熄滅了。

阿里雖然被雷火打死了，他死後，這座禿山的滿山遍野，卻長出了一片片樹木。人們都說，這些樹木，是

阿里被雷火打碎了的皮肉和頭髮變成的。那棵神木呢？
就是老壽星的那根龍頭拐杖變成的。

那兩個仙女，見到這種情景，感動極了，兩個人核
計了一下說：「阿里是為咱們倆和大伙死的，他死後，
皮肉頭髮都變成了樹木、為人民造福。我們倆就變成了
花草，好給阿里作伴，也能為人們造福。」

從此以後，這座禿山才有了樹木和花草。人們為了
紀念阿里，就把這座山改名為「阿里山」。

按本故事應該是漢人的原住民故事，本則傳說故事情節要述
如下：

一、從前，阿里山叫禿山，因為它渾身上下不長一棵樹、一
　　棵草、一朵花。

二、從前有個靠打獵為生的小伙子，名叫阿里。

三、有一天阿里在北山坡上打獵，看到山下有一隻老虎在追
　　趕兩個採花姑娘。阿里急速跑下山「卡嚓」一聲殺死老
　　虎救了兩位姑娘。

四、阿里又回北山坡上打獵，又見從天上落下來個手拿龍頭
　　拐杖的白鬚老頭拽著兩個姑娘的胳膊拉，阿里衝向前奪
　　下龍頭拐杖狠狠打他。老頭被打痛一甩袖子，向空中飛
　　去轉眼不見了。

五、沒過多久響起雷聲，此時阿里才知道兩位採花姑娘是天
　　宮的仙女，因為聽說台灣島風景優美，就偷偷來到這
　　裡，眼饞一路遊玩，誤了時辰。

六、仙女遇到老虎被阿里所救，手拿龍頭拐杖的老壽星下來
　　捉拿兩位仙女回天宮治罪，卻被阿里打跑，現在雷神要
　　來燒死這一帶的生靈。

七、搭救這一帶生靈，只要有捨身去死的人，跑到南面那座

秃山頂上，把雷火引開，使雷火不能漫延，就能保住這一帶生靈了。

八、兩位仙女叫阿里遠遠躲開，準備到秃山頂上去引雷火。

九、阿里扛起責任說老壽星是我打的，禍是我惹的，還是讓我去引雷火吧！就拿著起龍頭拐杖，迅速跑至南邊秃山登上山頂。

十、雷神舉起雷鑽和閃錘，「轟隆」二聲把阿里的身體粉碎，雷火在秃山頂上熊熊燃燒起來。

十一、阿里死後，秃山滿山遍野卻長出了一片片樹木，這是阿里被雷火打碎了的皮肉和頭髮變成的，那棵神木則是老壽星的龍頭拐杖變成的。

十二、兩位仙女感動極了說：「阿里是為咱們倆和大伙死的，他死後，皮肉頭髮都變成了樹木、為人民造福。我們倆就變成了花草，好給阿里作伴，也能為人們造福。」

十三、阿里繁衍成樹木，兩位仙女變成了花草，從此以後，這座秃山才有了樹木和花草。

十四、人們為了紀念阿里，就把「秃山」改名為「阿里山」。

陸、鄒族「阿里山姊妹潭」傳說故事

范純甫主編《原住民傳說》（上）載〈阿里山姊妹潭〉：⑦

阿里山的姊妹潭，位於距阿里山車站西南一千公尺處的低窪地帶，為山上名勝之一。遊人打從千歲檜附近的樹靈塔東北行去，途中經過一段梯田，又穿過一個實驗林場，便遠遠地望見一池潭水，平滑如鏡，那兒有大、小兩個天然池子，潭水澄澈，水藻隱約，游魚可

數。遊人到這兒小佇潭邊，看游魚來去，幾有忘我之情。姊妹潭水終年不涸，嵐光山色，倒影潭中，似幻似真，如入畫圖，兩池相距一百多步，面積都不大。姊姊潭佔地一百六十三坪，妹妹潭則僅二十多坪而已。但是潭水清秀，美如花朵。據傳從前曾有山地姊妹二人在這兒殉情，故事悱惻感人，故名「姊妹潭」。

今日潭邊的介壽亭，和潭中的八卦亭遙遙相對，形勢至佳，再加以「兄弟樹」在潭側陪伴，這便構成了一幅美麗的畫面，後來森林管理處又在這潭水的附近，新闢了一處勝景，名叫「馴虎潭」，這一來，更平添了不少的光彩。至於潭中，還架了一座木橋，青林碧水，氣氛極為寂靜。在兩千多公尺的高山上，還有這樣美好的潭水，真是不可多得，如能選個月明之夜，約上兩三好友，結伴來這兒遊樂一番，清風拂面，涼月照人，仙境亦不過如此！

又潭畔的大樹根上建了一亭，樹的根部一直深入到潭水裡，而上部橫切成案形，年輪清晰可數，不失為本地風光的特色。

據阿里山上老族人的傳說，這對姊妹花都是為全族人的生存，這才挺身出來犧牲的。

那是很久以前了，在阿里山上的大森林裡，散居著四十八社之多。其中有位酋長，他有兩個女兒，姊姊名叫「阿娃娜」，妹妹叫「阿娃嘉」，姊妹倆長得非常美麗可愛，她們尤其喜歡唱歌跳舞，在阿里山的長林幽谷中，不時都有她倆蹁躚起舞的倩影。因此族人都稱她們為「阿里山公主」。

住在阿里山上的，另外一族的酋長，他生有一個兒

子名叫「莫古魯」。莫古魯生性殘忍而凶暴，經常四出打獵，或殺害善良的別族人。因此，大家便稱他為「阿里山之熊」了。

有一次，莫古魯走出社外去打獵，當他走到大森林的東盡頭時，忽地看見一群輕盈美麗的少女，正在那兒唱歌跳舞，表現出無比歡樂的樣子，他就跑了過去，不知羞恥地動手動腳要欺負這些女孩子。

女孩子們一看來頭不對，都紛紛逃避一空，那時只有阿娃娜和阿娃嘉兩人十分勇敢地走了出來，對著莫古魯說：「我們在這兒唱歌跳舞，又礙著什麼事？告訴你，我們女孩子自己玩自己的，請你趕快走開！不要在這兒擾亂我們！」

莫古魯聽了，拉下臉說：「你是什麼人？竟敢要我走！難道你不知道我是阿里山之熊嗎？」

一面說著，莫古魯一面把兩隻眼睛，朝著阿娃娜、阿娃嘉的美麗臉龐看個不停。後來索性向前邁了一大步，一把摟住她姊妹倆的細腰，竟然毛手毛腳起來。

阿娃娜真是又羞又怒，一出手，「啪！」的一聲，狠狠地打了莫古魯一記耳光，然後同她的伙伴們分別跑回自己的家裡去。

莫古魯愕了一愕，看著她們走了之後，用腳在地上一跺，恨恨地說：「好，等著瞧吧，我要讓你們知道我『阿里山之熊』的厲害！」

過了幾天，莫古魯派人前來告訴阿娃娜的父親說：「現在山神經常生氣，年成不好，獵獲也不豐，所以我們必須要用一百個人頭來祭供一番。這樣吧！你們這一社自動獻出五十個來。不然的話，山神就會用天火來燒掉

你們的房屋和財產，最後還把男女老幼殺光，把人頭割
下來祭拜。」

　　這個消息一經傳布，大大地震驚了阿娃娜全族的
人，他們都非常著急，誰也想不出一個好辦法來，只好
聽天由命，等候山神來降給他們災害。

　　阿娃娜和阿娃嘉兩人聽了，心裡非常著急難過，她
倆想了一晚，也想不出一個好辦法來，又因這事本是由
她倆惹來的，為了挽救自己的族人，她倆就下定決心，
雙雙走到森林的空地去，跪在那裡，向上天虔誠地祈
求：「天神啊！你是慈悲的，應該保護我們善良的族
人，不要讓莫古魯那些壞人，來殺害他們。至於我們姊
妹兩人甘願犧牲自己的生命，來接受山神降給我們的一
切災難，絕無怨言！」

　　姊妹倆的祈求，終於感動了天神，就把她倆哭出來
的晶瑩的淚水，變成了兩個很大的水潭，而且潭與潭之
間，還相連著，以擋住莫古魯他們進攻本社的道路。

　　可是，這兩位阿里山公主，也就在潭水不斷地高漲
擴大中，被淹沒了那美麗的倩影。

　　過了不久，當莫古魯終於帶著許多凶惡的社丁，手
裡拿著刀槍或弓箭，殺氣騰騰地前來索取那五十個人頭
的時候，忽然發現路上冒出兩個大水潭來，他正感詫異
時，忽然看到阿娃娜和阿娃嘉姊妹倆，好像仙女一樣地
漂浮在水面上，那山風正拂動著她倆的長髮和裙褸，清
澈的潭水，浸濕了她倆的玉腿。

　　大公主阿娃娜提高了嗓門，對莫古魯一行說道：
「你們從前往往假借山神的名義，殺人搶劫，做了許多壞
事，現在又要來殺害我們的族人，天神一定會處罰你們

的。」

可是，莫古魯一點都不相信，還是我行我素，立即命令部下準備游水過去。當他們游到了水潭中央的時候，忽然天色暗了下來，跟著電光閃閃，雷聲隆隆，一陣狂風過處，夾雜著傾盆大雨，照頭劈腦地潑了下來。這時候，潭水中央，更掀起三尺多高的巨浪，嘩啦嘩啦地洶湧個不停，使他們每個人的眼睛都模糊了，風雨如晦，四野茫茫，迷失了方向。

一些較精明的部下，趕快往回游，像火燒尾巴似的，沒命朝自己的族社逃。就這樣，莫古魯的部隊解體了，紛紛地四散，除了莫古魯之外，這時連一個人影都沒有了。從此，莫古魯深深地感到，天神是會處罰那些作惡的人，於是便改邪歸正了。

後來，住在阿里山上的人們，為了紀念這兩位偉大的姊妹花為保全族人的生命財物，毅然決然犧牲自己的行為，就把這個澄澈的水潭，定名為「姊妹潭」，以迄於今。

又據說在發生這件事情以後，每逢陰曆十五日晚上，這對姊妹花就會從潭中漫步出來，在清風和明媚的月光下，唱著歌，跳著舞，那婉轉的歌聲，配合著優美的舞姿，更增加了阿里山姊妹潭神秘動人的風光。

本則傳說故事情節要述如下：

一、從前曾有山地姊妹二人在「姊妹潭」這兒殉情，故事悱惻感人。

二、這對姊妹花是為了全族人的生存挺身出來犧牲的。

三、阿里山上散居著四十八社之多，其中有位酋長，他有兩個女兒，姊姊名叫「阿娃娜」，妹妹叫「阿娃嘉」，長

得非常美麗可愛，尤其喜歡唱歌跳舞，人稱「阿里山公主」。

四、另外一族酋長之子名叫「莫古魯」，生性殘忍凶暴，經常四出打獵，或殺害善良的別族人，人稱「阿里山之熊」。

五、有一次莫古魯出外打獵，看見一群輕盈美麗的少女唱歌跳舞，他就跑了過去，不知羞恥地動手動腳要欺負這些女孩子。

六、阿娃娜和阿娃嘉兩人勇敢地走了出來，請莫古魯離去，勿擾亂。

七、莫古魯一把摟住她姊妹倆的細腰，毛手毛腳起來。

八、阿娃娜出手「啪！」的一聲，狠狠地打了莫古魯一記耳光，然後同她的伙伴們分別跑回自己的家裡去。

九、莫古魯亟思報復，不數日，派人前來告訴阿娃娜的父親說：現在山神經常生氣，年成不好，獵獲也不豐，所以你們這一社自動獻出五十個人頭祭供。

十、阿娃娜和阿娃嘉兩人聽了，心裡非常著急難過，為了挽救自己的族人，決心犧牲自己的生命。

十一、兩姊妹的祈求感動了天神，就把她倆哭出來的晶瑩的淚水，變成了兩個很大的水潭，也就在潭水不斷地高漲擴大中，淹沒了她們那美麗的倩影。

十二、莫古魯帶著凶惡的社丁，手持武器殺氣騰騰欲索五十個人頭，發現路上冒出兩個大水潭來，看到阿娃娜和阿娃嘉姊妹倆像仙女漂浮在水面上。

十三、莫古魯立即命令部下游水過去殺她們。

十四、他們游到水潭中央，天色昏暗起來，電光閃閃，雷聲隆隆，一陣狂風，傾盆大雨，潭水中央，掀起巨浪，

使他們眼睛模糊迷失方向。

十五、莫古魯的部隊紛紛地四散逃走。

十六、人們為了紀念這兩位偉大的姊妹花為保全族人的生命
　　　財物，毅然決然犧牲自己的性命，就把這個澄澈的水
　　　潭，定名為「姊妹潭」。

十七、據說每逢陰曆十五日晚上，這對姊妹花就會從潭中漫
　　　步出來，在清風和明媚的月光下唱著歌，跳著舞。

柒、鄒族「達邦」傳說故事

達邦的設立年代約三百年前，達邦與特富野兩大社各有其附
屬之小社及獵場和漁場。

達邦之建社有一則傳說：

　　古代，依稀卡那社的人上山打獵的時候，他們所攜
帶的獵狗突然失蹤了。過了幾天，這隻失蹤的獵狗，自
動回家了。

　　不過卻又再度失蹤，村人們到處尋找，最後發現獵
狗原來是躲在達邦村現址產下小狗，族人都認為這是神
意，於是遷居於此地生活，慢慢的人口漸多，形成了大
社。

本則傳說故事情節要述如下：

一、依稀卡那社人上山打獵，獵狗失蹤了。過了幾天，獵狗
　　自動回家了。

二、獵狗又再度失蹤，村人最後發現獵狗在達邦村現址產下
　　小狗。

三、族人認為獵狗示意遷居於此地生活是天意，慢慢的人口
　　漸多，形成了大社。

原來居住在特富野東南約八公里處之yisikiana的niyaujongana

吳氏和noatsatsiana莊氏族人，因打獵時所攜帶的獵犬在目前達邦
大社所在地產下一小狗，獵人將狗牽回到yisikana，獵狗卻老是再
回到達邦一地梭巡。兩氏之人視此爲某種徵兆，因而有人遷到達
邦，成立小社。其後再有tosuku杜氏、yashiyungu安氏、uchina溫
氏等氏族之人先後加入，並且由niyaujongasna和noatsatsiana回去
yisikiana的會所取來一木柱和頭顱到達邦成立會所，持續到現在。
社內的tapanngu方氏、ujongana吳氏、noatsatsiana莊氏、
yakumangana楊氏、yashiyungu安氏等氏，在建設大社及擴展中有
特殊的表現，因此在達邦社享有較高的社會地位。ujongana氏原爲
達邦社掌有部落首長peongsi一職的氏族，其權力獲得與演變的情
形如下：由於ujongana氏和noatsatsiana氏同爲最早到達邦設立會所
（kuba）的家族，因此二氏的祖先便以（一）先獵獲山豬帶至會所
中處理，（二）先獵獲宿敵isbukunu的人頭者，（三）看誰家先有
平地人budu進門等三個條件，做爲策立部落首長以及會所主人的
要求。這三個條件，都爲ujongana氏所達成，因此ujongana便成爲
達邦社早期的部落首長家族。而由平地前來的budu則另立一家，
由於是ujongana氏所tutsa（立苗讓他長大）的，因此屬於ujongana
氏之家屋emo的hahu（大屋旁的小房子），成爲ujoaana氏族的一份
子。爲ujongana氏所養大的平地人budu一支，後來不但分支到伊姆
茲大社去開墾，建立功績，而且後來又有重返達邦居住的。由於
回達邦者驍勇善戰，遂被族人稱之爲tapanngu（驍勇善戰之意，取
用爲家名）。其後ujongana因人少而日漸衰落，部落首長一職爲其
同氏族的tapanngu聯合家族所繼任，這一支tapanngu氏遂改名爲
peongsi，一直延續到今日。然ujongana氏在達邦社的部落儀式中，
一直掌有至高無上的權力。在傳統儀式的執行過程，建社的
ujongana是各項決策的擬定者，noatsatsiana氏則以建社和氏內多出
征帥eozomu，也享有較高的權力，而在mayasvi的歌舞中居領頭地

位，達邦社的部落首長之權，主要是呈現在有關粟播種及粟收獲homeyaya的儀式之上。在這些儀式裡面，儀式由部落首長擇定日期，首先行動，其他各大家族之後才跟隨進行。⑧

捌、鄒族「特富野」傳說故事

特富野設立年代約三五○至四○○年前，特富野與達邦兩大社各有其附屬之小社及獵場與漁場。

特富野大社是現今存在鄒族部落中成立最早者。最先到達特富野社地建立會所的是梁姓氏族（niya-hosa，niya意謂「古」、「舊」）。大約在梁姓氏族到特富野建社的同時，隔著曾文溪上游對岸居住著yataujongana高氏，kautoana汪氏住在teba之地，tosuku氏原來在niyakuba地建社成立會所，後來遷到yisikiana。其後，niyahosa氏邀集在其周圍居住的各氏族yataujongana高氏、jaisikana石氏、tosuku杜氏、javaiana陽氏、tutuhsana朱氏等加人其社，綿延至今，由於創社的建立者及部落生活中的各項功績，不久niyahosa、kautoana、yataujongana、jaisikana和tosuku便成為特富野社中有特殊社會地位的五大聯合家族。niyahosa氏原為特富野建社、會所的領導者，因此被尊為peongsi，社會地位高於其他的氏族；但由於連續幾任首長行為偏差橫暴而漸不孚眾望，遂被武勇的akei-jamumuua所取而代之成為部落的首長。akei-jamumuua之後三代絕嗣，便從其同氏族之kautoana聯合家族中選了一個優秀的男子jaipuku入繼為養子，繼任部落首長之職，時期約在清朝初年（一七四○）年左右。特富野社領域擴張的全盛時期，就在jaipuku領導權勢鞏固之時，直到今日，代為peongsi的kautoana氏男子之命名，每一代都會有以jaipuku命名的孩童，藉以紀念其功績偉業，視之為族人武勇的歷史典範。而kautoana之姓氏也改為peongsi。⑨

關於特富野的創社傳說：

　　古代特富野的頭目來到此地狩獵，發現這個地方的
山產豐富，而且這個地方的地勢攻守俱佳，因此就決定
在此地建社，後來逐漸成為大社。

特富野形成大社的原因：

一、此地山產豐富。

二、此地地勢攻守俱佳。

林道生編著《原住民神話故事全集（一）》載〈特富野社的起
源〉：⑩

　　鰻魚橫臥在河中成了堰堤阻斷了水流，成了湖，淹
沒了山。部落的人都往高處逃亡，他們逃往最高的patun
kuonu（玉山），那邊聚滿了tsou（鄒人）和maji（馬雅
人）。

　　由於人太多了，不久就吃光了小米，只好改吃鹿
肉。那時候玉山有好多的鹿供他們吃。大家分開找住
所，當找到了一塊新住地duftu（魯富特），就暫時搭屋
住了下來，分開的人也陸陸續續被找回來，在新地方建
立了家。這個地方就是今天的玉山鄒族特富野社。

本則傳說故事情節要述如下：

一、因為鰻魚橫臥在河中成了堰堤阻斷了水流，成了湖，淹
　　沒了山。鄒族祖先逃往玉山。馬雅人也逃到這裡。

二、族人避居玉山以吃鹿肉維生。

三、洪水退大家分開找住所，找到了一塊新住地duftu。

玖、鄒族「來吉」傳說故事

來吉之創社有一則傳說：

　　傳說有一位特富野社的獵人，有一天發現來吉這個

地方水源充沛、土質肥沃，試以小米種植之，這位獵人把家裡的人都帶到這裡定居，他們勤勞耕種小米，結果收穫良好。不久，越來越多的族人也前來開墾居住，於是漸漸形成聚落。族人努力建造耕種，農田成了美麗的梯田景觀。

本則傳說故事情節要述如下：

一、來吉村民自特富野社遷徙而來。

二、吸引特富野社遷住來吉的原因是此地水源充沛、土質肥沃。

三、首先遷移到來吉者是特富野社的一位獵人，他把全家人都帶到這裡定居。

四、這位獵人勤勞耕種小米，結果收穫良好，引來許多族人前來開墾居住，漸漸形成聚落。

拾、鄒族「茶山」傳說故事

關於茶山的地名，有一則傳說：

傳說，古代的時候，曾經有一支原始部落在此定居，但因為傳染病的緣故，原居民幾乎全族滅絕，倖存者則被後來遷入的阿里山鄒族所同化。

傳說鄒族人剛剛移民到這裡的時候，看見到處都是埋著石板棺，並且還經常鬧鬼，村民索性就叫這裡為墳場，鄒族話「煩阿瑪曼」，日據時改諧音「煩鴉嗎」，寫成漢字就變茶山了。

本則傳說故事情節要述如下：

一、在鄒族人遷徙居住於茶山之前即已有人在此居住，不過因為傳染病的緣故，原居民幾乎全族滅絕，倖存者則被後來遷入的阿里山鄒族所同化。

二、鄒族人初遷徙居住在茶山時到處都是埋著石板棺，還經常鬧鬼，村民索性就叫這裡為墳場「頰阿瑪曼」，日據時改諧音「頰鴉嗎」，寫成漢字就變茶山了。

茶山村有六成是鄒族原住民、三成漢族、一成布農族人，不論那一族，都不能算是茶山的「原住民」。

據當地人傳說：

> 傳說大埔最早的原住民是布農族，但是約在百年前，因為染上天花而全族滅絕，只有漢姓曹、蒲兩名男子因為被特富野鄒族招贅，才逃過一劫。五十年前鄒族人才由新美、特富野一帶遷移至茶山村，此地人氣才漸漸旺盛起來。

本則傳說故事敘述大埔最早的原住民是布農族，因為天花而全族滅絕，只有漢姓曹、蒲兩名男子因為被特富野鄒族招贅，才逃過一劫。

拾壹、鄒族「里佳」傳說故事

浦忠成《台灣鄒族的風土神話》載〈里佳立社的傳說〉：⑪

> 在伊西基亞那社的溫氏家族有兩個兄弟：哥哥叫莫哦，弟弟叫阿發伊，平常兩人分別到不同的地方打獵，哥哥就翻山越嶺到了這裏打獵，也順道尋找肥沃而可種植作物的地方。每當他出門的時候，總會隨手攜帶著蕃薯蔓條或者粟米，在這裏上頭的大石附近種下，後來種的越來越多，因此知道此地的土壤很適合種植作物。
>
> 就這樣過了很久，有一年又到了粟收成的祭典，到了這個時候每個家族的成員都要回到大社去團聚，而哥哥卻沒有像往年一樣趕回去，父親覺得納悶，就派弟弟前來查看。

　　弟弟循著哥哥常走的山徑一路走來，翻過山頭，向下一看，見那大石下的緩坡有一大片金黃光彩的成熟粟米，哥哥的獵屋裡，也早已有一大堆已曬乾的一把把粟。

　　這時他才知道哥哥早就想在這裏開闢新的家園，於是便跑回家取來一隻圓形藤簍，交給哥哥，並說：「父親交待我轉告你，以後就不必常常回到伊西基亞那的老家，在這裏住下好啦！」哥哥也就真的留居此地，父親還對哥哥說：「以後你的名字就叫莫也尼亞烏基那！」（尼亞烏基那社的莫哦）。

　　哥哥莫哦遷來之後，由於這裏土地肥沃，野地裏也有很多的野獸可以獵捕，所以安氏、汪氏也隨後遷到這裡，這裏的人也越來越多。

　　後來有一條狗喜歡由大石頭向下跑，並在一處地勢較緩的坡地上產了幾隻小狗。眾人發現那裏的土地更好，於是從大石頭旁的坡地下遷，遷到現在村落的位置。

　　當時這裏的人口雖然越集越多，但是並沒有部落的首長，有人死了，要通知大社，獵到野豬也要將豬牙送回大社，到了粟收成祭典也都會趕回去參加，並且攜帶粟、酒、肉等贈送給大社裏的親友。

　　後來經過這裏的長老與大社的長老協商，在這裏也設了部落首長（peongsi別雍西），第一任是烏俄恩也別雍西，第二任是雅巴蘇有烏別雍西，現在是村長之父汪傳發先生擔任。

本則傳說故事情節要述如下：

一、在伊西基亞那社的溫氏家族有兩個兄弟：哥哥叫莫哦，

弟弟叫阿發伊，平常兩人分別到不同的地方打獵。

二、哥哥來到里佳打獵，在大石附近種下蕃薯蔓條或者粟米。

三、有一年粟收成祭典，哥哥沒有回來，父親就派弟弟去查看。

四、弟弟看到大石下的緩坡有一大片金黃光彩的成熟粟米，獵屋裡也有一大堆已曬乾的一把把粟。

五、弟弟回家取一隻圓形藤簍，交給哥哥說：「父親交待我轉告你，以後就不必常常回到伊西基亞那的老家，在這裏住下好啦！」哥哥就真的留居此地，父親還對哥哥說：「以後你的名字就叫莫也尼亞烏基那！」（尼亞烏基那社的莫哦）。

六、隨後安氏、汪氏也遷到這裡，這裏的人也越來越多。

七、後來有一條狗喜歡下跑，在一處較緩坡地上產了幾隻小狗。眾人發現那裏的土地更好，又從大石頭旁的坡地下遷至現在村落的位置。

八、這裡的人口越來越多了，可是沒有部落首長，有人死了要通知大社，獵到野豬也要將豬牙送回大社，到了粟收成祭典要趕回大社去參加。

九、後來經過這裏的長老與大社的長老協商，在這裏也設了部落首長別雍西。

【註釋】

① 尹建中《台灣山胞各族傳統神話故事與傳說文獻編纂研究》，1994.4。
② 同①。
③ 浦忠成《台灣原住民的口傳文學》，台北，常民文化，1996.5。
④ 同①。
⑤ 同③。

⑥ 范純甫主編《原住民傳說》（上），台北，華嚴出版社，1996.8，一版。

⑦ 同⑥。

⑧ 王嵩山《阿里山鄒族的歷史與政治》，台北，稻鄉出版社，1990.10。

⑨ 同⑧。

⑩ 林道生編著《原住民神話故事全集（一）》，台北，漢藝色研文化事業有限公司，2001.5。

⑪ 浦忠成《台灣鄒族的風土神話》，台北，台原出版社，1993.6。

第四章

鄒族氏族口傳文學

仔細觀察鄒族的氏族名，他原來都是有典故與歷史意義的，其傳說故事亦膾炙人口。

壹、鄒族馘一首即可立一氏傳說故事

據說鄒族古代只有一個氏族，馘首之風興起，凡勇士馘一首即可立一氏，因此鄒族就有愈來愈多氏族了。

古代鄒族人為激發族人愛家愛族的情操，形成團結的結合體，因此對於保家衛族的英雄，給予最高的鼓勵，即可以另立一新氏族，以表彰其英勇的事蹟。

《嘉義縣志稿》（1962）引自《鄒族信仰體系與宗教組織》（1988），嘉義縣政府：①

> 古時天神哈冒，降臨玉山，創造人類，經年繁殖子孫，分散各地覓食，忽洪水泛濫，平地成海，人們避難玉山。

> 是時無穀可食，只好以獸為食。一日欲殺犬食之，斬其頭，刺以竹竿插在地上，顧而樂之。

> 乃殺猴亦如是做，轉念若是人頭效果必佳，適社有惡童，乃殺之，插其頭於竹上，眾大樂。

> 洪水退後，人們分散各地，互相疏遠，乃互相獵首。

> 鄒族原本只有一氏族，自有獵首風俗，凡戰士取一人頭，即可立一氏，以被馘首或首之名為氏族，所以今日方有如此多氏族。

本則傳說故事情節要述如下：

一、鄒族人洪水時期逃難玉山上以獸為食。

二、有一天殺犬食之，斬其頭，刺以竹竿插在地上，顧而樂之。殺猴亦如是做。

三、一日突發奇想若是人頭效果必佳，適社有惡童，乃殺
　　之，插其頭於竹上，眾大樂。

四、洪水退後，人們分散各地，互相疏遠，乃互相獵首。

五、自有獵首風俗，凡戰士取一人頭，即可立一氏。

本則故事謂鄒族人遠古創氏的源起，而新創一氏必須得先馘
獲一人首，方可創氏。本則故事也敘述了鄒族人馘首的起源，緣
於娛樂。

貳、鄒族「柏伊哲努氏」傳說故事

浦忠成〈阿里山鄒族口傳故事〉載「浦氏的源起」：②

　　從前有一回暴風雨過後，「雅達烏有阿那氏」（高
氏）族有個人到田裡查看，看見所種的香蕉樹都被強風
吹倒，只有一棵立著。

　　他過去一看，樹上有一個十歲左右的男孩抱著香蕉
面垂下，「雅達烏有阿那氏」便把他扶下來，並問他從
那裡來。

　　男孩回答：「我是風神的孩子，昨天刮了大風，把
你所種的香蕉樹都吹倒了，我的父親十分內疚，所以派
我來當你的養子，來補償你的損失。但是我的父親每年
都會來看我一次。」

　　「雅達烏有阿那氏」就帶男孩一起回家，認作養
子。等到孩子長大了，就為他成家，原先為他取了一個
姓叫「柏也別雅那」，有人說不太好，後來又改為「柏
伊哲努」。

　　自從「雅達烏有阿那氏」撫養那個孩子之後，每年
總會有一、二次的暴風雨，而且只有他們的家被風吹刮
得厲害，大家都說一定是孩子的父親來看他的孩子。

本則為鄒族「柏伊哲努」氏族（浦氏）的起緣故事。本則傳說故事情節要述如下：

一、暴風雨過後，「雅達烏有阿那氏」（高氏）族有個人到田裡查看，看見香蕉都被強風吹倒，只有一棵立著。

二、未被吹倒的香蕉樹有一個十歲左右的男孩抱著香蕉面垂下。

三、「雅達烏有阿那氏」抱下孩子問話。

四、男孩說其為風神之子，因為風神把你的香蕉樹都吹倒了十分內疚，所以派其當你的養子，以補償你的損失，唯祂每年都會來看我一次。

五、「雅達烏有阿那氏」認其為養子，長大後成家，為他取姓叫「柏伊哲努」。

六、自從「雅達烏有阿那氏」撫養風神孩子之後，每年總會有一、二次的暴風雨，他們的家被風吹刮得厲害，大家都說一定是孩子的父親（風神）來看他的孩子。

參、鄒族「阿雅由憂那氏」傳說故事

浦忠成〈阿里山鄒族口傳故事‧阿雅由憂那氏的來源〉：③

從前浦家有一個男孩，因為他的身體不好，經常生病，一直都不說話，所以並沒有為他取名字；加上它的個性很沉靜，很少人願意搭理他。

有一天，他靜靜地坐在一個角落上，眼光注視著前方隨風搖動的芋葉，不僅如此，他的頭也隨著芋葉左右晃動，嘴裡也一邊唸出「阿由古！阿由古！」的語音。

他的父母在旁看見了孩子總算開口，靈機一動說：「我們乾脆就稱呼他阿由古好了。」

從此男孩的身體就逐漸變好，話也會說了，後來由

他分出的氏族就叫做「阿雅由憂那」，其實這個氏族根
本就是與浦氏同宗的。

本則是「阿雅由憂那氏」的起緣傳說，「阿雅由憂那氏」是
與浦氏（柏伊哲努）同宗的。

本則傳說故事情節要述如下：

一、浦家有一男孩身體不好，經常生病，一直都不說話，故
　　沒有為他取名字。

二、有一天小男孩注視隨風搖動的芋葉，頭也隨著芋葉左右
　　晃動，嘴裡也一邊唸出「阿由古！阿由古！」

三、其父母終於聽到他的第一句話：「阿由古！阿由古！」
　　便以此取他的名。

四、男孩取名後身體也好轉了。後來由他分出的氏族就叫做
　　「阿雅由憂那」。

肆、鄒族「貼挪阿那氏」傳說故事

浦忠成〈阿里山鄒族口傳故事・被父母拋棄的孩子〉載：④

　　從前有「雅伊斯各那」氏族的人上山犬獵，他們走
了很遠的路，卻聽到一個孩子不停哭號的聲音。

　　他們說：「這個不停哭叫的孩子到底在哪裡？」於
是一行人決定找尋這個孩子。

　　後來他們在一處懸崖邊發現他！原來是孩子的母
親，把他棄置在那裡，存心想要孩子摔落深崖。

　　「雅伊斯各那」氏族的人發現孩子之後，便帶他回
家，決定收養。後來為他取了一個姓氏的名稱，叫做
「貼挪阿那」，意思就是「沒有父母的孩子」。他就是
「貼挪阿那」氏族的祖先。

本則故事是「貼挪阿那氏」的起緣傳說。本則傳說故事情節

要述如下：

一、「雅伊斯各那」氏族的人上山犬獵，發現在一處懸崖邊
　　有一小孩不停哭叫。

二、「雅伊斯各那」氏族的人收養小孩，後來爲他取一個姓
　　氏叫做「貼挪阿那」，意即「沒有父母的孩子」。

伍、鄒族「posana氏」傳說故事

《大陸雜誌》（1960），引自《鄒族信仰體系與宗教組織》，
杜而未：⑤

> 名叫aknayana的男子，發現一個被拋棄的男孩，就
> 想把這個男孩帶走，但男孩不肯，並要求給他一些糯米
> 糕去給他媽媽吃，走到池邊才發現其母是條大魚，名叫
> poi，那個男孩叫posana。從此開始posana氏族，繁衍至
> 今。

本則故事是posana氏族的起緣傳說。本則傳說故事情節要述
如下：

一、名叫aknayana的男子，發現一個被拋棄的男孩。

二、aknayana欲帶走男孩，男孩不肯，並要求給他一些糯米
　　糕去給他媽媽吃。

三、aknayana走到池邊才發現男孩的母親是條大魚，名叫
　　poi。

四、這男孩的名字叫做posana，此後其所繁衍的子孫後代即
　　「posana氏」。

陸、鄒族「peonsi氏」傳說故事

《政大學報》六，引自《鄒族信仰體系與宗教組織》，胡耐
安、劉義棠：⑥

　　從前peonsi氏族有一女子，前往溪中洗衣，忽有一短棒，順溪而下，掛於衣上，女子乃將棒拾起，丟於水中，使其流下。

　　翌日，女子又往該處洗衣，見棒又掛於衣上，甚感驚奇，於是將棒拾起放入懷中即歸。

　　抵家後，不料棒竟不翼而飛。次日起床，稍覺腹脹，用手撫摸，頓覺腹痛難忍，乃入內休息，卻生下一男孩，遍體長毛，形狀如熊，沒有幾日，就長大成人，而且臂力過人，勇猛無比，社人皆以為其為神，呼其名okei-jamuumuua。死後，其靈不滅，永在社內保護其後代。

本則傳說故事情節要述如下：

一、有一女子在溪中洗衣，忽有一短棒掛於衣上，乃將棒丟於水中，使其流下。

二、次日，女子又去洗衣，短棒又掛於衣上，女子於是將棒拾起放入懷中即歸。

三、女子回到家，短棒竟不翼而飛。

四、次日，女子感覺腹脹，卻生下一男孩。

五、這位未婚女子生下的男孩，遍體長毛，形狀如熊。

六、不數日，男孩迅速長大成人，而且臂力過人，勇猛無比，社人皆以為其為神，呼其名okei-jamuumuua。

七、okei-jamuumuua死後，其靈不滅，永在社內保護其後代。

柒、鄒族「kautuana」傳說故事

浦忠成《台灣鄒族的風土神話》：⑦

　　特富野社kautuana氏（汪氏）常將玉黍蜀皮棄置一

處，日久便堆成小丘。一日汪家二人經過，一人聞放屁聲，奇怪之餘便停步不前，另一人催其速行，但另人覺得玉黍皮堆中似有人，兩人爲此而口角。

期間又聞異聲，兩人走進，看見一男嬰臥其下，欲向前抱之，卻有一山貓迫近阻止。

二人欲貓遠離，投以香蕉無用，見其注視屋前之雞，遂抓雞引開山貓抱走嬰孩，那小孩取名爲sangoana（汪氏養子，今無後）。

以後山貓只是到屋內俯臥其旁數日，便不再來。

本則傳說故事情節要述如下：

一、特富野社kautuana氏二人經過玉黍蜀皮堆，有一人聞放屁聲，覺得玉黍皮堆中似有人。

二、兩人走進見一男嬰臥其下，欲前抱之爲一山貓阻止。

三、兩人抓雞引開山貓抱走嬰孩。那小孩取名爲sangoana（汪氏養子，今無後）。

本故事說：「欲向前抱之，卻有一山貓迫近阻止」、「以後山貓只是到屋內俯臥其旁數日，便不再來」。此山貓阻止汪氏的人去抱嬰孩，嬰孩被汪氏的人抱走之後，山貓還到屋內俯臥其旁數日，貓與嬰孩之間可能有特殊之關係可知。

【註釋】

① 尹建中《台灣山胞各族傳統神話故事與傳說文獻編纂研究》，1994.4。
② 浦忠成〈阿里山鄒族口傳故事〉，民眾日報，1992.11.29。
③ 同②。
④ 同②。
⑤ 同①。
⑥ 同①。
⑦ 同①。

第五章

鄒族頭目口傳文學

酋長稱爲pejongsi，其意爲「根幹」，其職位在特定的氏族中繼承，例：tapangu部落的tapangu氏族、lufutu部落的lulunanan氏族、以及tofuya部落的kautona氏族。酋長對外代表部落，對內則爲最高的行政首長。酋長亦是指揮重要宗教儀式的祭司，尤其是小米豐收祭和會所重建儀式。然而，酋長亦非專權的。對於一些重要事情的決定，他通常會諮詢於氏族族長和部落長老。酋長可對其他部落宣戰和媾和，然而，戰時軍隊是由戰士自行選立之軍事領袖（jojiom）所指揮；在tofuya部落酋長同時兼任jojiom ①

往昔，每一個大社都有一個男子會所稱爲kubu，是部落的立法、司法和行政中心。所有會議與公開審判均在會所中舉行。與部落事務有關的公佈，通常會在會所或會所前當眾宣告。在獵首行動或大型狩獵行程之前，參與者通常聚集於會所前的廣場，討論獵程之組織細節與分派各人任務。回來後，亦聚集於此，以分配戰利品和慶祝凱旋。②

事實上，對鄒人而言peongsi象徵整個部落之「樹根」、「蜂王」、「最有力量（big）的人」，引導社會趨向，是社會結構的中心，在達邦與特富野和外界接觸的社會現象中亦呈現的很清楚。③

鄒族頭目的故事，〈tsuao族之傳說〉《台灣時報》，（1988），引自《鄒族信仰體係與宗教組織》，丙午生著，黃耀榮譯：④

　　昔日有名婦人在曾文溪以擋網捕魚，結果有一自上游而下的圓形果實入其網中，婦人見其無用遂撈起丟到下游。

　　但一連數次均有果實落入網中，只好將果實取起並放入懷中帶回家，回到家中卻找不到那個果實。

　　不久婦人便懷孕，生下一個如玉般的男孩，那男孩未到長齒年齡時便已長齒，而且能坐能走、遊玩嬉戲。

　　長大後因其才、智、勇皆勝眾人成爲頭目，威名遠

播四鄰。眾人認為他是神賜的首長，便以其子孫為世代
的頭目，peyons是其家名，亦使用於敬稱頭目。

本則是鄒族頭目的起源故事。本則傳說故事情節要述如下：

一、有一婦人在曾文溪以擋網捕魚。

二、有一圓形果實流入其網中，婦人拾起丟到下游。

三、果實一連數次流入網中，婦人只好將果實取起並放入懷
　　中帶回家，可是回到家中卻找不到那個果實。

四、婦人因為撿了果實，不久就懷孕生下男孩。

五、男孩迅速長大，其才、智、勇皆勝眾人成為頭目。

六、從此族人以其子孫為世代的頭目。

七、peyons是頭目的家名，亦使用於敬稱頭目。

peongsi既為一社之長，備受社民的尊敬和禮遇，例如家有喜
慶以邀得peongsi參加為榮幸、宴中斟酒以peongsi最為優先、頭戴
tafange帽以別於一般社眾與eozomu。⑤

《大陸雜誌》（1960），引自《鄒族信仰體系與宗教組織》，
杜而未：⑥

　　　一日，有一女孩在河邊網魚，有一根棍子落入網
中，她將棍子扔掉，可是棍子一直飄入網中一連五、六
次，她只好將棍子帶回家，放在木柴堆外。

　　　她洗洗衣服，掃掃地，在突然間棍子不見，同時她
也懷孕了，生下了一個男孩。

　　　而在當時所有的人性別均是女的，所以大家看這個
男孩，想要殺掉他，後來發現他十分能幹，可以獵到許
多野豬，便開始尊敬他。

　　　後來他成為當地（特富野）的頭目，並是piongshi氏
族的祖先。人們相傳他死後靈魂仍留在特富野，幫助他
的氏族人發生許多奇蹟，而石床就是最好的證據。

本則也是鄒族頭目的起源故事。本則傳說故事情節要述如下：

一、有一女孩在河邊網魚，棍子一連五、六次流入網中，她只好將棍子帶回家，放在木柴堆外。

二、棍子突然不見，她也懷孕了，生下了一男嬰。

三、當時世界上的人均是女性沒有男性。因此所有的女人都想看這男嬰。

四、女人們都想要殺掉男孩，後來發現他十分能幹，可以獵到許多野豬，便開始尊敬他。

五、男孩後來成為特富野的頭目，是為piongshi氏族的祖先。

六、據說他死後靈魂仍留在特富野，幫助他的氏族人發生許多奇蹟，而石床就是最好的證據。

《政大學報》六，（1962），引自《鄒族信仰體系與宗教組織》（1988），胡耐安、劉義棠：⑦

古時有一peonsi氏族的男子，娶妻生有子女三十，但其中十一個男孩全部死亡，而生存者皆為女孩。

而miahosa氏族待peonsi夫婦死後，就欺負他們家的女子，眾女只有忍氣吞聲。

一日，一女至溪中捕魚，第一次下網未見有魚，只有一小棒在網中，女子將棒丟入下游，再下一次，又見一小棒，將其放入腰中。回家後欲將木棒取出，但腹痛不已，匆匆生下一男孩akamuna。社眾見女未婚生子，皆取笑，尤其miahosa氏為甚。

十年後小孩長成，身軀魁偉，相貌不凡，雄壯威武，且善獵。miahosa族人得知欲加害akamuna，其母得知要akamuna入山狩獵奉獻miahosa族求饒。

一日miahosa族人正商議事情，而akamuna正捕山豬

而歸作爲禮物，不料山豬在場內亂竄，傷害會眾。

　　此時忽有老人自天而降，告誡miahosa族不可欺凌他族，而今日之事正是處罰。從此miahosa深信akamuna乃老人神子，便開始尊重peonsi族。

本則傳說故事情節要述如下：

一、古時有一peonsi氏族生有子女三十，其中十一個男孩全部死亡，而生存者皆爲女孩。

二、待peonsi夫婦死後，miahosa氏族就欺負他們家的女子，眾女只有忍氣吞聲。

三、miahosa氏族其中一女至溪中捕魚，有一木棒一再入其網中，只好將其放入腰中。回家後欲將木棒取出，但腹痛不已，匆匆生下一男孩akamuna。

四、社人恥笑她未婚生子，尤其miahosa氏爲甚。

五、十年後小孩長成，身軀魁偉，相貌不凡，雄壯威武，且善獵。

六、miahosa族人欲加害akamuna。

七、男孩之母要akamuna入山狩獵奉獻miahosa族求饒。

八、akamuna捕山豬作爲禮物，不料山豬在miahosa族會議場內亂竄，傷害會眾。

九、有一老人自天而降，告誡miahosa族不可欺凌他族，而今日之事正是處罰。

十、從此miahosa深信akamuna乃老人神子，便開始尊重peonsi族。

【註釋】
① 陳奇祿《台灣土著文化研究》，台北，聯經出版社，1992.10。
② 同①。

③ 王嵩山《阿里山鄒族的歷史與政治》,台北,稻鄉出版社,1990.10。

④ 尹建中《台灣山胞各族傳統神話故事與傳說文獻編纂研究》,1994.4。

⑤ 同③。

⑥ 同④。

⑦ 同④。

第六章

鄒族洪水神話口傳文學

壹、古代洪水曾經氾濫大地

《台灣鄒族語典》，聶甫斯基（N.A Nevskij）著，白嗣宏、李福清、浦忠成譯：①

> 很久很久以前，這世界變成一片汪洋大海，於是鄒族人都上了玉山。而所有的糧食（米飯）均吃完以後，就把一同上山的動物吃了。
>
> 後來洪水退了，人們離開了玉山，從山上下來後來到了這建立村落，其他人則到西部去另建村落。

本則傳說故事敘述古代曾經有過洪水氾濫大地，洪水退去後，人們才從山上下來建立村落居住。

《政大學報》六（1962），引自《鄒族信仰體系與宗教組織》（1988），胡耐安、劉義棠：②

> 太古時洪水爲患，僅玉山山頂尚未遭水淹，時人類死亡幾盡。只剩兄弟二人倖免於難。
>
> 在洪水退後兄弟二人商議各向南北謀生，兄南弟北，在出發前折箭爲盟誓，此箭爲記。
>
> 別後，兄一直到屏東南端，因遭荷蘭人攻擊，輾轉遷移，定居於今高雄縣境的瑪雅·雅你。
>
> 向北的則在濁水溪流域迂迴玉山西部平原，最後定居於阿里山的樂富、特富野、達邦等村，發展成現在六個村落。

本則傳說故事情節要述如下：

一、洪水退後，鄒族僅剩兄弟二人倖免於難。

二、兄弟二人各向南北謀生，兄南弟北，在出發前折箭爲盟誓，此箭爲記。

三、兄輾轉遷移，定居於今高雄縣境的瑪雅·雅你。

四、弟最後定居於阿里山的樂富、特富野、達邦等村，發展

成現在六個村落。

貳、野豬咬斷鰻魚肚子洪水以退

陳千武譯述《台灣原住民的母語傳說》，載卡那布亞力方言
傳說：③

　　　　鰻魚游來橫臥，堵塞了河水，水便暴漲起來。住民
們拼命地逃，逃到高山去。水追來淹沒了山，住民們遷
到藤包山去，跟野獸住在一起。

　　　　山上沒有火，不能煮飯，看達奴英茲山有火，住民
們商量要催人去取火。山羊自願去取火，游水過去，取
了火回來，大家高興有火煮飯了。

　　　　住民們商量消退洪水的方法，勇敢的豬說：「我去
殺鰻魚，不過，請你們答應我，讓我的孩子們，永遠有
食物吃。因為我去跟鰻魚打鬥，打贏了，也會被洪水流
走。」

　　　　大家答應了，豬便潛水游過去，跟鰻魚打鬥了一陣
子，咬斷了鰻魚的肚子。沒有鰻魚堵塞的水，急激地退
潮了，豬和鰻魚都被水沖走，不知去向。

　　　　因水浸蝕，土地成了凹凸，也有高地，地面滿是泥
濘。水乾了以後，人和野獸就分開。

　　　　祖先說：「我們要做人，你們去做野獸吧！」野獸
說：「我們會嗅到你們的味道。」祖先回答說：「可是
我們還是要射殺你們。」從此以後，野獸看到人都很害
怕。

本則傳說故事情節要述如下：

一、鰻魚橫臥堵塞河水，水便暴漲淹沒了山，族人逃到高山
　　去，又遷到藤包山與野獸住在一起。

二、山上沒有火，山羊自願去達奴英茲山取火。

三、豬與鰻魚打鬥，咬斷了鰻魚的肚子，洪水急遽退潮。

四、經過一場洪水後，土地成了凹凸，也有高地。

五、雖然人與獸曾經在藤包山同甘共苦相處過，可是水退後，人獸分開，人對野獸說以後還是要射殺你們。從此以後，野獸看到人都很害怕。

林道生編著《原住民神話故事全集（一）》載排剪社〈洪水〉：④

　　洪水未退，……一隻大山豬出來表示願意到河流的下游去破壞河堤，讓洪水排泄到其他地方，並且說：「如果我被洪水沖走，不能達成任務時，請每天餵食我的孩子地瓜，讓他長大。」

　　大山豬說完話躍入水中與洪水搏鬥，游到下游把河堤破壞，一如大海的洪水馬上就消退了。

　　在兩座（達姆斯薩庫拉巴山〔今之玉山〕及利斯耶茲山）山頂上的族人大為高興，帶著許多野獸要下山。

　　這時有一條大蛇願意做先導，把自己幾十丈長的身體從山上一直拉到山下當做橋讓大家方便下山。

　　到了山下，幾千隻小鳥也用嘴銜著小石子幫忙鋪設河底，各種獸類在河的兩岸用力踏著泥土建造河堤，大家通力合作，很快地就完成新的山谷河堤。

　　但是，當大家都在忙碌的時候，唯有老鷹在天空中盤旋觀看沒有下來參與，天上的神看得發火，決定以後再也不讓老鷹喝河溪的水，偷喝了就讓牠死掉，牠只能喝樹上數量有限的露水。

　　山谷河溪河堤都造好了，以後不再有洪水的災難了，不過平地尚未完整，女神希巴拉薩從南邊適時來到，為崩潰的山岳造平地。

　　然後又到西部一帶要把中央山脈鏟平，這時出現了一隻忿怒的大熊抗議地說：「我們喜歡住在山上，你們把山都弄成平原，以後我們要怎麼生活呢？」

　　大熊氣得咬了一口希巴拉拉薩女神的兒子，女神一看兒子被咬傷便停止了鏟平中央山脈的工作而去照顧她的兒子。直到今天，中央山脈仍然留在那邊沒有被鏟平。

　　我們的祖先便從玉山下來，先到索阿吉地方，再遷移到排剪地方組織社，今天我們居住的地方就叫haisen（排剪）。

本則傳說故事情節要述如下：

一、山豬自願到河流的下游去破壞河堤，讓洪水排泄到其他地方，但要求人類一個條件即「如果我被洪水沖走，不能達成任務時，請每天餵食我的孩子地瓜，讓他長大。」

二、大山豬與洪水搏鬥終於把河堤破壞，洪水馬上就消退了。

三、族人開始自山頂下山，一條長幾十丈的巨蛇把身體從山上一直拉到山下當做橋讓大家方便下山。

四、人們到了山下，幾千隻小鳥用嘴銜著小石子鋪設河底，各種獸類在河的兩岸用力踏著泥土建造河堤。

五、人、獸、鳥大團結，通力合作，很快地就完成新的山谷河堤。

六、當時只有老鷹沒有幫忙，天神懲罰其不准喝河溪的水，偷喝了就讓牠死掉，牠只能喝樹上數量有限的露水。

七、女神希巴拉拉薩從南邊適時來到，為崩潰的山岳造平地。

八、女神又到西部一帶要把中央山脈鏟平，不過被熊抗議，

還咬了一口希巴拉薩女神的兒子。

九、女神停止了鏟平中央山脈的工作。直到今天，中央山脈仍然留在那邊沒有被鏟平。

鄒族排剪社（haisen）台灣光復以後與比蘭社（biran）、塔拉魯社（tararu）三社，合拼爲布農族的高雄縣桃源鄉高中村，地點在荖農溪上游兩岸地域。⑤

參、巨蟹剪破鰻魚肚子洪水以退

陳千武譯述《台灣原住民的母語傳說》，載魯夫特方言和特夫耶社沙阿魯阿方言傳說：⑥

> 怪鰻橫臥在河流堵塞著，土地才變成海。巨蟹或野豬和怪鰻決鬥，剪破了怪鰻的肚子，水便消退。

本則傳說故事敘述：

一、怪鰻橫臥河流堵塞河水，土地變成一片汪洋大海。

二、巨蟹或野豬和怪鰻決鬥，剪破了怪鰻的肚子，水便消退。

《大陸雜誌》20（10）：6，（1960），引自《鄒族信仰體系與宗教組織》（1988），杜而未：⑦

> 古時，因大魚阻隔海水，使得海水上溢幾乎到達山頂。有一隻似人的大蟹對人們說：請給我一些獸毛。人們如是做了，這些獸毛救了大蟹一命，而大蟹亦用牠的螯將魚割成二半。洪水遂止。

本則傳說故事情節要述如下：

一、大魚阻隔海水，造成洪水氾濫。

二、有一隻似人的大蟹請求人們給一些獸毛。獸毛救了大蟹一命。

三、大蟹用螯將魚割成二半，洪水遂止。

《台灣鄒族的風土神話》，浦忠成：⑧

　　　　古時候有一條巨鰻橫臥溪中，溪水爲之堵塞到處泛
　濫，大地變成汪洋，人們紛紛逃上玉山，但水勢繼續上
　升，快到達玉山頂，使人們憂心忡忡。

　　　　此時有隻大螃蟹跑來，向人們要禮物說牠可以使洪
　水退。人們問牠要什麼，牠看了看正在烤火的婦女的下
　陰，婦女弄懂牠的意思拔下幾根陰毛交給牠，螃蟹就高
　興的走開。牠找到鰻魚之後，用螯爪夾住鰻魚的肚子，
　鰻魚驚慌之下轉身，水漸退，大地再現。

本則傳說故事敘述大螃蟹向人們要求禮物就是婦女的陰毛，
就去用螯爪夾住鰻魚的肚子，鰻魚驚慌之下轉身，水漸退，大地
再現。

《民間知識》189，（1960），引自《鄒族信仰體系與宗教組
織》（1988），丁岐之：⑨

　　　　古時有一條大鰻橫身溪中，溪流被阻而泛濫，山峰
　也被水埋沒，人類皆逃向山頂，因大蟹以其大夾抓破鰻
　臍，鰻驚逃入海中水遂退。至此大地再現，人們爭相下
　山墾地。

本則傳說故事亦敘述大蟹以其大夾抓破鰻臍，鰻驚逃入海中
水遂退，大地再現。

《政大學報》六（1962），引自《鄒族信仰體系與宗教組織》
（1938），胡耐安、劉義棠：⑩

　　　　太古時候，達邦附近有一條鰻橫躺在溪中，魚身壯
　大，溪水堵過，氾濫成海，人們只好向玉山逃避。

　　　　此時有一巨蟹見水快淹至山頂，一切生命即將毀
　滅，情急之下用鉗挾鰻，挾住鰻臍，鰻痛轉身、積水喝入
　其體中，於是大陸又現，人類便競相下山，栽種芋薯。

　　本則傳說故事敘述巨鰻因為被巨蟹挾住其臍，鰻痛轉身、積水喝入其體中，於是大陸又現。

【註釋】

① 尹建中《台灣山胞各族傳統神話故事與傳說文獻編纂研究》，1994.4。

② 同①。

③ 陳千武譯述《台灣原住民的母語傳說》，台北，台原出版社，1995.5。

④ 林道生編著《原住民神話故事全集（一）》，台北，漢藝色研文化事業有限公司，2001.5。

⑤ 同④。

⑥ 同③。

⑦ 同①。

⑧ 同①。

⑨ 同①。

⑩ 同①。

第七章

鄒族太陽與月亮神話口傳文學

壹、鄒族「奈巴拉牟吉」射日傳說故事

陳千武《台灣原住民的母語傳說》：①

有個女孩子是孤兒，沒有人替她去獵野獸當食物，她便自己拿網到河邊去撈魚，撈了幾次都撈不到魚。

流木勾上網，她把流木除掉。每次放下網撈魚，網都被流木勾上。不得不把流木挾在褲帶子，說：「帶回家做薪柴燒！」邊說邊走。

回到家，流木卻不見了。緊緊挾在褲帶子，怎可能會遺失？流木，真的遺失了。可是，不久她懷孕了，生了流木的孩子，孩子長大了。

孩子的智慧很高，看到鳥，舉手，手指指向鳥，鳥就墜落下來。孩子越來越長大。手指指鳥，鳥就死，指鹿鹿就死。用弓箭射鹿或豬的腳印，鹿豬也就死了。

「他獵物的工具是甚麼？」大家商量說：「我們來騙取他的工具。」有一天來到山上，大家叫他去汲水。他去汲水，大家就拿了他的皮革帶子，打開，查看他的弓箭。他的弓是用豬肋骨做的，箭是豬的肩骨做的，簡直是孩子的玩具嘛，大家便嘲笑他。

他回家，告訴母親說：「媽媽，大家都笑我的皮革袋子。」母親說：「笑有甚麼關係。

「奈巴拉牟吉」（孩子的名字），你帶來薪材要做甚麼？小孩子說：「我要去射太陽，要跟朋友去。」因為古早的太陽有兩個，只有白天，沒有夜晚。

「奈巴拉牟吉」使用麻絲做繩子，把繩子綁在家屋的柱子，拖著繩子，來到太陽休憩的地方，躲起來。

太陽出來了，「奈巴拉牟吉」說：「朋友啊！我把弓箭射出去，你就跟著我跳進水裡。」

太陽出來了，太陽脫掉熊皮大衣，在地面拍拍，撢了幾次，說：「誰啊！誰在我休憩的地方？」

「奈巴拉牟吉」使勁地拉圓弓箭射出去，太陽被他射中了，他們跳進水裡。朋友的動作緩慢了一點，被太陽的血噴到了。

太陽躲起來，一瞬，地上都變黑了。他們摸黑回家。黑暗繼續了很久，人們都感到很不方便，也沒有東西燒火，又沒有食物。

他們不得不燒了旱田的茅屋，利用燒茅屋的火光去掘芋。黑暗繼續了很久。

後來，人們拿牲禮去祭拜太陽，太陽才敢出來。太陽出來探頭一下，又縮回去，回到西邊去。

太陽能出來探頭一下，又回到西邊去，這樣才有白天和夜晚。原有兩個太陽，因為一個被「奈巴拉牟吉」射殺死了，現在，才剩下一個。

本則傳說故事情節要述如下：

一、有個女孩子是孤兒拿網到河邊去撈魚。

二、流木勾上網，除之，再下網，但是每次網都被流木勾上。

三、女孩不得不把流木挾在褲帶子帶回家。

四、回到家流木不見了，不久她懷孕了，生了流木的孩子。

五、孩子長大後具有神力，手指指鳥，鳥就死，指鹿鹿就死。用弓箭射鹿或豬的腳印，鹿豬也就死了。

六、有一次族人想要知道他的狩獵工具，便叫他去汲水，發現他的弓是用豬肋骨做的，箭是豬的肩骨做的，簡直是孩子的玩具嘛，大家便嘲笑他。

七、當時天上有兩個太陽。

八、這位流木的孩子叫做「奈巴拉车吉」，有一天對母親說要與朋友去射太陽。

九、「奈巴拉车吉」用麻絲做繩子，把繩子綁在家屋的柱子，拖著繩子，來到太陽休憩的地方，躲起來。

十、太陽出來了，「奈巴拉车吉」一箭射中太陽，他們跳進水裡。朋友的動作緩慢被太陽的血噴到了。

十一、此時太陽躲起來，大地一片漆黑了很久，人們生活感到非常不便。

十二、後來，人們拿牲禮去祭拜太陽，太陽才敢出來。

十三、古代原有兩個太陽，因為一個被「奈巴拉车吉」射殺死了，現在，才剩下一個。

貳、鄒族「瓦子梅」射日傳說故事

《台灣鄒族語典》，聶甫斯基（N.A.Nevskij）著，白嗣宏、李福清、浦忠成譯：②

許久以前，天壓下來，使得雲霧彌漫群山。此外，天上有二個太陽，使得人們無法工作，只靠著貯存食品過活。

於是大家聚集在男子會所商議，但想不出辦法。於是瓦子梅便自告奮勇要去射太陽。

當他射中了太陽，那血流成河，而另一太陽要照顧它，亦不出。過了一陣子才出現一會，其出現時間逐漸增加，變成今日東升西落的情形。

至於那顆被射中直至夜晚才出來，而我們稱之為月亮，月亮上的黑影子，據說就是瓦子梅射中的地方。

本則傳說故事情節要述如下：

一、天上有二個太陽，使得人們無法工作，只靠著貯存食品

　　過活。

二、瓦子梅自告奮勇要去射太陽。

三、瓦子梅射中了太陽，那血流成河。

四、過了一陣子，兩個太陽變成今日東升西落的情形。

五、被瓦子梅射中的太陽變成月亮。

六、現在月亮上所見的黑影子，就是瓦子梅射中的地方，亦
　　即月亮受傷處。

聶甫斯基著，白嗣宏、李福清、浦忠成譯《台灣鄒族語典》：③

　　很久很久以前，有一次天壓下來，低得直壓雲霧彌
漫的群山。此外，天上還有兩隻太陽，因此地上就特別
熱。剛走出門外，就熱得人要死，天熱的程度就是如
此。人們根本無法去稻田，幸虧他們儲備了許多食品，
因此才沒有餓死人。

　　由於大家吃盡了苦頭，就聚集在男子聚會所kuba裏
討論怎麼辦，但是怎麼也想不出好辦法來。

　　當時有一個名叫瓦子梅的人，據傳他說：「我要強
迫太陽像以往那樣行動：你們把食物準備好，等這個世
界上出現黑夜時，你們可以吃！」於是人們準備好了食
物。

　　瓦子梅發箭射向太陽，他射中了太陽的正中心。太
陽的血流到地上的像海一樣，天彷彿向上昇去。兩顆太
陽都看不見了，因此黑暗就籠罩著大地。

　　第二顆太陽開始照料第一顆被瓦子梅射中的太陽，
所以它也不見了。過了一段時間太陽露出了頭，可是隨
即又不見了。

　　次日，太陽露面的時間長一些，但又不見了。太陽
露面的時間越來越長，最後在西方下山了，它就像現在

完全一樣行動。

　　瓦子梅射中的那顆太陽白天不再露面，夜幕降臨之後它才露頭。這就是我們稱做月亮的東西。至於月亮中心的黑影子，據說就是瓦子梅射中的地方。

本則傳說故事情節要述如下：

一、很久以前，有一次天從上壓下來，因此天變得很低。又天上有兩隻太陽，因此地上就特別熱。人們無法去稻田，吃盡了苦頭。

二、有一個名叫瓦子梅的人要去射日，要太陽像以往天還未壓下來一樣正常運行不要那麼熱。瓦子梅叫大家準備好食物，以備這個世界上出現黑夜時吃。

三、瓦子梅射中了太陽的正中心，太陽血流如海，天也彷彿向上昇高了。兩顆太陽都看不見了，因此黑暗就籠罩著大地。

四、另一太陽因為要照顧被瓦子梅射中的太陽，所以它也不見了。

五、起初太陽露出的時間短促，露出隨即又不見；慢慢露出的時間加長，最後就像現在完全一樣行動。

六、被瓦子梅射中的那顆太陽白天不再露面，夜幕降臨之後它才露頭，變成了月亮。

七、據說月亮中心的黑影子，好像是傷痕，那就是瓦子梅射中的地方。

參、鄒族沙阿魯阿群射日傳說故事

林道生編著《原住民神話故事全集（二）》載沙阿魯阿群〈射太陽〉傳說：④

　　由於太陽太熱，種了里芋也長不出來。因此有兩位

男子用kitali絞住家屋的柱子拉到對岸的岩窟。

他們躲在太陽要出來的地方，等到太陽出來時用箭射了它，被射中的太陽灑下一灘血躲了起來，其中的一人見狀趕緊跳入水裡躲避，卻被滾熱的水燙死。

另外一人躲進岩窟內，因為天變得昏暗起來，就沿著繩索回家。

從此的一整年都是暗無天日的日子，薪柴燒盡就劈木臼來燃燒，最後連杵也燒光了。但是大地黑暗一片，不知該如何過日子。大家商量獻祭犧牲給神，首先獻野獸，不過蚯蚓和魚拒絕做犧牲。

蚯蚓說：「我生活在泥土裡，有沒有陽光都無所謂。」魚說：「我生活在水中，有沒有陽光我也無所謂。」後來，他們宰了雞和豬當做犧牲獻祭，太陽終於又出來了。

有了陽光，大地一片光芒，人們才又勤勞的工作，高興地過日子，當太陽出來時出去耕作，種植里芋、甘薯、小米。太陽變昏暗了就收工回家休息，日常作息變得非常有規律，大家也生活得很快樂。

本則傳說故事情節要述如下：

一、太陽太熱，種了里芋也長不出來。

二、有兩位男子用kitali絞住家屋的柱子拉到對岸的岩窟，躲在太陽要出來的地方。

三、太陽出來，一箭射中它，灑下一灘血。

四、太陽被射中之後躲了起來，因此天變得昏暗起來。

五、射太陽的其中一人見太陽灑下一灘血趕緊跳入水裡躲避，卻被滾熱的水燙死。另一人躲進岩窟內，沿著繩索回家。

六、太陽被射中後，一整年都是暗無天日的日子，照明的薪
　　柴燒盡，連臼杵都燒光了。

七、族人商議獻祭犧牲給神，以讓太陽恢復光亮。

八、不過蚯蚓和魚拒絕做犧牲，因為牠們生活在土裡和水
　　裡，因此不需要太陽。所以不願意做犧牲。

九、族人最後宰了雞和豬當做犧牲獻祭，太陽終於又出來
　　了。自此日常作息變得非常有規律，大家也生活得很快
　　樂。

　　鄒族沙阿魯阿群，分布於高雄縣桃源鄉境內荖農溪上游兩岸
地域。即今高雄縣桃源鄉高中村、桃源村等。

肆、鄒族「yoifo」射月傳說故事

《蕃族調查報告書：鄒族阿里山蕃四社蕃簡仔霧蕃》（1983）
，引自《鄒族信仰體系與宗教組織》（1988），佐山融吉著，余萬
居譯：⑤

　　太古時，月亮是男的，太陽是女的，月亮的光亮太
大，且不分晝夜，使得人們生活十分不便。

　　於是yoifo便去射月亮，瞬間月亮噴出鮮血，染紅大
地，迄今山上仍有當時染到的紅石，月亮在傷處便有了
黑影。

　　而太陽亦未出現，一連數日天地均在黑暗之中，
yoifo便焚燒柴薪以照亮。後來太陽便日升月沈，而月亮
則因受傷，每月一次復原成圓形。

　　yayatsu的祖先本來是住在玉山上，後來又遷到了
hosa社和tohuya社。其後tutusana、peonshii及niyahosa三
人陸續遷到yayatsu，可是當時流行天花，使全社人員死
亡殆盡，只好匆匆遷住chyuhumana，但此地位在山下溪

邊，下雨便泛濫山崩，又去meogo住了一陣，最後遷到
現址pugu。而漢人仍以yayatsu來稱呼。

本則傳說故事情節要述如下：

一、太古時，月亮是男的，太陽是女的。

二、月亮的光亮太大，且不分晝夜，使得人們生活十分不
　　便。

三、yoifo去射月亮，月亮噴出鮮血染紅大地，據說山上仍有
　　當時染紅的石頭，月亮的黑影就是他受傷處。

四、月亮被yoifo射後，大地一片黑暗，yoifo便焚燒柴薪以照
　　亮。後來太陽便日升月沈。

五、月亮因為被yoifo射傷，所以每月才一次復原成圓形。

伍、鄒族巫師射月傳說故事

《台灣鄒族的風土神話》，浦忠成：⑥

　　很久很久以前，天空很低矮，月亮和太陽的光線十
分炎熱。月是男的、太陽是女的。

　　月亮光線尤為強烈，太陽出來時，人們還敢背著木
板出門，月亮升時只能在家中喘氣，如此日夜不分，夫
妻難以親近。

　　有一位巫師有感於此，便持弓射月，他射中月亮的
肚子，而月的血滴在大地，現在看到紅色的石頭，便是
月亮的血染紅的。而從那時起，月亮的光熱便減弱了，
出現了被箭射中的黑色痕跡。

　　當時月亮和太陽都不敢升起，天地一片黑暗，巫師
只好伐山中樹木作為柴薪，山上樹砍完了，只好以屋子
來燒。

　　有一天太陽出現一會兒，旋即消失。日後逐漸增加

時間形成日升月落的今時情形。月亮也變得有陰晴圓缺，從前月亮，總是滿盈的。

本則傳說故事情節要述如下：

一、以前天空很低矮，月亮和太陽的光線十分炎熱。

二、月是男的，太陽是女的。

三、古代日夜不分，月亮光線尤爲強烈，月亮升時只能在家中喘氣。

四、太陽升時人們還敢背著木板出門。

五、巫師持弓射月。

六、巫師射中月亮的肚子，月亮的血滴在大地，現在看到紅色的石頭，便是月亮的血染紅的。

七、月亮被巫師射中後，光熱減弱還有被箭射中的黑色痕跡。

八、經過一段天地一片黑暗之後，逐漸形成日升月落的今時情形。

九、從前月亮，總是滿盈的，現在則變得有陰晴圓缺。

【註釋】

① 陳千武譯述《台灣原住民的母語傳說》，台北，台原出版社，1995.5。

② 尹建中《台灣山胞各族傳統神話故事與傳說文獻編纂研究》，1994.4。

③ 轟甫斯基著，白嗣宏、李福清、浦忠成譯《台灣鄒族語典》，台北，台原出版社，1993.7。

④ 林道生編著《原住民神話故事全集（二）》，台北，漢藝色研文化事業有限公司，2002.1。

⑤ 同②。

⑥ 同②。

第八章

鄒族舉天口傳文學

　　「頂天」、「射日」的傳說，是原住民在無法了解宇宙自然現象時，產生的一些假設，從進化的觀點來看，這和漢文化中「盤古」、「后羿」神話的形成階段相同，或許可視為同是文化起源的早期階段。①

壹、鄒族小鳥舉天傳說故事

《嘉義縣志稿》（1962），引自《鄒族信仰體系與宗教組織》（1958），嘉義縣政府：②

　　　　昔時天幕低垂，與高山相接，百獸聚居山頂欲舉天而不行，輪一小鳥試之，獸譏其身小，焉能舉天？遽料鳥一振翼，天就上昇了。

本則傳說故事情節要述如下：

一、古代天幕很低，與高山相接。

二、有一天，百獸聚居在山頂上想要舉天，但是都沒有成功。

三、輪到一隻小鳥試著舉天，百獸都譏牠身體嬌小，如何能夠舉天？

四、小鳥一振翼，天就上昇了。

貳、鄒族vivikadi鳥舉天傳說故事

《大陸雜誌》6：41（1962），引自《鄒族信仰體系與宗教組織》（1988），胡耐安、劉義棠：③

　　　　古時天幕低垂，玉山可與天相接，如此草木不生。所以百獸集聚玉山想要將天舉起，但都無法成功。

　　　　當時有一隻叫vivikadi的小鳥亦在場，見諸獸不成功，亦想一試，眾獸均譏其身小志大，不料卻一舉成功，天漸上升，宇宙為之大開，禽獸得以生存，曹族得以繁衍。

本則傳說故事情節要述如下：

一、古時天很低，玉山可與天相接，因為這樣，所以草木不
　　生。

二、有一天，百獸集聚在玉山上，欲舉起天，但是都沒有辦
　　法成功。

三、有一隻叫vivikadi的小鳥見諸獸不成功，亦想一試，眾獸
　　均譏其身小志大。

四、vivikadi鳥一舉把天上升。

參、鄒族神明將天舉高傳說故事

《台灣の蕃族》，藤崎濟之助著（昭和五年），黃文新譯：④

　　　古時天甚低，有日月照耀，無日夜之分，社民深感
痛苦。而且月亮較太陽更熾熱，夫妻之間變得無樂趣。

　　　而神明見此深感同情，故將天抬高。因為太過急
速，月亮消失無蹤，而大陽亦出現即消失。使世上陷於
一片黑暗，人人上山尋薪取暖，最後把所有東西燃燒殆
盡，變得無家屋、無床可寢的狀態。

　　　大家均懷念hamo神，而太陽與月亮逐漸升降正常，
成為今日的狀況。

本則傳說故事情節要述如下：

一、古時天甚低，有日月照耀，無日夜之分，社民深感痛
　　苦。

二、神明見人間無日夜之分，夫妻之間變得無樂趣，深感同
　　情，故將天抬高。

三、神明將天抬高，因為太過急速，月亮消失無蹤，而太陽
　　亦出現即消失。使世上陷於一片黑暗。

四、人人除了上山尋薪取暖外，最後家屋所有的東西燃燒殆

盡，變得無家屋、無床可寢的狀態。

五、經過好一段時間之後，太陽與月亮逐漸升降正常，成為今日的狀況。

范純甫主編《原住民傳說》（上）載〈太陽和月亮〉：⑤

　　天地初分時，天很低，月亮比太陽更炎熱，因此，人不分晝夜被曬得不能安居。如要外出，要在太陽出現的時候才敢出去，而且身上非背蓋薄枝遮日不可。而比太陽更炎熱的月亮出來的時候，祇好躲藏在屋裡了。弄得夫婦間的同衾也不如意，以致人類瀕臨滅亡。

　　哈摩神目擊此狀，十分憐憫，便用兩手撐高了天盤。從此，天才高到現在的高度。因為這變動來得太突然，一時太陽失去了蹤影，也改變了軌道，竟東出西入，而且一出來就很快地落下去，隨之下界也變成一片黑暗。

　　人們為了取光，也就伐木去燒，不久所有的樹木都被燒光，這樣連睡住的地方也沒有了。

　　於是，人們又向哈摩神祈求保佑。果然，太陽一天比一天高昇了，終於長懸在中天。接著，它稍傾向了西方就落到西邊去。這樣，晚上才在天上出現了鐮狀的東西，就是弦月。從此以後，日一沒，月就會出來，一如現在的樣子。

本則傳說故事情節要述如下：

一、天地初分時，天很低，不分晝夜，月亮比太陽更炎熱。

二、人們在太陽出現的時候才敢出去，而且身上非背蓋薄枝遮日不可；月亮出來的時候，祇好躲藏在屋裡了。

三、天地由於不分晝夜，夫婦間的同衾也不如意，以致人類瀕臨滅亡。

四、哈摩神憐憫人類，便用兩手撐高了天盤。

五、哈摩神把天撐高後，一時太陽失去了蹤影，也改變了軌道，竟東出西入，而且一出來就很快地落下去，所以下界變成一片黑暗。

六、族人為了照明，把所有的樹木都燒光了，連睡住的地方也燒完了。

七、人們向哈摩神祈求保祐，果然太陽一天比一天高昇了，終於懸在中天，慢慢傾向西方落到西邊去。

八、太陽落向西邊後，鐮狀的月亮出現在天邊，從此以後，日一沒，月就會出來。

肆、鄒族鳥兒歌聲感動天變高傳說故事

尹建中《台灣山胞各族傳統神話故事與傳說文獻編纂研究》載〈hamo神〉：⑥

　　從前，天不像現在這般高，就在人的頭頂，高個子伸手就可摸得到。而且月亮比太陽來得光熱，因此無晝夜之分，人們總在太陽出現時，以板遮背外出，月亮出現時則躲在家中。

　　當時hamo神覺得人很可憐，卻苦無對策，直到一隻歌聲曼妙的鳥兒，以歌聲感動天，天地才離得很遠。

　　但人們擔心天變高後，雨會不下了，月亮、太陽再也不出來，但hamo神卻毫不在乎地裝著不知道。

　　結果，月亮、太陽當真不出現了，世界一片漆黑，人們一籌莫展。也許是日、月同情人吧！他們商量後，決定一天中每人出來半天，而且路線是由東向西。

　　不管怎樣，天畢竟太高了，無法自由與人交談，也聽不到人們說的壞話。但他們考慮到以前人們總是抱怨它

們光太強、太熱，於是決定月亮不發光熱，太陽則照以往，可是因為距離遠，也不再強烈。人類、芋、粟總覺得不夠，乃在太陽消失，月亮微現時，伐木取火以求光。

　　人們眾說紛云，hamo總會如期辦到，由於再也不可能回到從前，兩三個較聰明的人乃與hamo神商量，將日出時稱為晝，月出時稱為夜，白晝時人們努力工作，夜晚得以休息安眠。

本則傳說故事情節要述如下：

一、從前天不像現在這般高，就在人的頭頂，太陽很熱，月亮更熱，太陽月亮輪流照耀大地，沒有晝夜之分，人們生活苦不堪言，生活非常不便。

二、直到一隻歌聲曼妙的鳥兒，以歌聲感動天，天地才離得很遠。

三、或許日、月同情人，他們商量後，決定一天中每人出來半天，而且路線是由東向西。

四、太陽則照以往，月亮不發光熱，日出時稱為晝，月出時稱為夜；白晝時人們努力工作，夜晚得以休息安眠。

五、由於天變高了，所以太陽也不在似以前之強烈了，人們生活開始變快樂了。

【註釋】

① 鄭元慶〈台灣原住民傳奇〉，《台灣原住民文化（一）》，光華畫報雜誌社。

② 尹建中《台灣山胞各族傳統神話故事與傳說文獻編纂研究》，1994.4。

③ 同②。

④ 同②。

⑤ 范純甫主編《原住民傳說》（上），台北，華嚴出版社，1996.8一版。

⑥ 同②。

第九章

鄒族矮黑人地底人女人村口傳文學

壹、鄒族矮黑人傳說故事

北鄒族傳說：①

　　古代有一種矮人，叫做「撒油族」saiuts，居住在玉山的北方patuguonu（八通關）。

　　他們挖掘地土而穴居，身材矮小，狀極小孩兒，他們攀緣於樹豆之上，因為體重輕，所以樹莖不會折斷。

　　矮黑人臂力很強，善於操作刀槍，常常與水社番suwatan（邵族）鬥。後來遷移他處，不知所蹤。

本則傳說故事情節要述如下：

一、矮人族「撒油族」saiuts，居住在玉山的北方八通關。

二、矮人族身材矮小，挖掘地土而穴居。

三、矮人族攀緣於樹豆之上，因為體重輕，所以樹莖不會折
　　斷。

四、矮人族臂力很強，善於操作刀槍，常常與水社邵族鬥。

五、矮人族可能後來遷移他處，最後竟不知所蹤。

按鄒族稱呼矮黑人為「sajutsu」，沙阿魯阿亞族稱矮黑人為「卡渥烏阿」kavovua。

《台灣鄒族的風土神話》，浦忠成：②

　　古時候在玉山北方，有矮小人種，穴居、形如嬰孩，可藏身於芋葉下，攀豆莖，其莖不斷，其體型雖小，但臂力極強，又善於使刀槍，曾與布農族戰，後來不知其下落。

本則傳說故事情節要述如下：

一、古時候矮人族住在玉山北方，穴居。

二、矮人族形如嬰孩，可藏身於芋葉下，攀豆莖，其莖不
　　斷。

三、矮人族臂力極強，又善於使刀槍。

四、矮人族曾與布農族戰爭。

五、矮人族後來不知其下落。

《蕃族一班》，警察本署著（1916），黃文新譯：③

　　昔有稱salutsu的一群人，住於北方的濁水溪之畔，身材矮小，如七、八歲之小孩，其跑步之速，有如飛鳥，住家用石築成，並隨身攜帶弓矢以防護。

本則傳說故事情節要述如下：

一、矮人族稱salutsu，住於北方的濁水溪之畔。

二、矮人族身材矮小如七、八歲之小孩，但是其跑步之快有如飛鳥。

三、矮人族住家用石築成。

四、矮人族隨身攜帶弓矢以防護。

《生蕃傳說集》，佐山融吉、大西吉壽著（1923），余萬居譯：④

　　曾有一次舉行人頭祭的時候，全社的男男女女都參加舞蹈，然節目進行之中來了一個陌生的英俊男子，靠近一少女，搭訕起來。

　　雖然是個不明來路的人，但是，少女為其秀麗的容貌所迷，如遊夢境般，跟著他走。

　　社人們不放心，從後跟蹤，但是在進入叢中之後看丟了，遍尋不著。至夜將明，才發現她睡在芒草上。這是小矮人的惡作劇之一。

本則傳說故事情節要述如下：

一、人頭祭全社男女都參加舞蹈。

二、會場來了秀麗容貌的男子，搭訕一少女。

三、少女如遊夢境般，跟著他走。

四、社人跟蹤至叢中之後看丟了，遍尋不著。

五、至夜將明，才發現她睡在芒草上。這是小矮人的惡作劇
　　之一。

貳、鄒族地底人傳說故事

尹建中《台灣山胞各族傳統神話故事與傳說文獻編纂研究》
載〈米〉：⑤

　　　　從前，人們住在新高山時，既沒米也沒粟，大家都
抓熊、鹿、豬當食物，一次一個男人發現山芋，他挖其
根部卻發現根部很長，拔呀拔的，竟形成了好深好深的
洞，村人決定下去一探究竟。

　　　　有一個男人自告奮勇，下去後看見許多人在吃東
西，但他們只吸蒸氣不吃硬物，男子詢問後知道那東西
叫做米，就向他們要了一些，他們給了他一袋。

　　　　他上來後，發現已聚集了一堆看熱鬧的人，他訴說
著洞穴裡的奇觀，雖然大家躍躍欲試，最後都怕危險而
作罷，但從此大家就以米為主食了。

本故事也是有關飲食的傳說，本則傳說故事情節要述如下：

一、一位男子發現山芋，他挖了好深好深的洞。

二、有一個男人自告奮勇欲下去一探究竟。

三、他發現地底下還有另一種人類居住生活，他們的飲食是
　　「米」，只是他們只吸蒸氣不吃硬物。

四、下去地底下的男子向地底人要一些「米」，地底人送給
　　他一袋「米」，從此地上的人就以「米」為主食了。

浦忠成《台灣鄒族的風土神話》載〈巴斯亞帶回穀種〉：⑥

　　　　相傳在很古以前，發生大天災，旱災、風災、水災
……交加，吃食非常困難。有位年輕英俊的大力士名叫
巴斯亞，為了解救同胞大饑荒，到山上去挖葛葛瓜。

　　巴斯亞所找到的葛葛瓜長得很粗大，巴斯亞很高興的使盡力氣，謹慎的隨葛葛瓜深深的挖。挖呀挖，深深的，又深一層，結果都沒有挖到葛葛瓜的盡頭，所以巴斯亞只能耐心的盡力繼續挖。一層又一層，最後挖穿了地心，挖到了地底世界。

　　巴斯亞驚奇的叫一聲，啊！真是奇妙的世界。那邊也有很多人，但是長得特別矮小似螞蟻，他們無法通話，但是他們的生活似很富裕，又看到他們的農作物正是稻黃成熟的季節。

　　巴斯亞暗自高興極了，想要帶回幾粒種子回家解救地面世界的饑荒。想不到他們很嚴格管制穀類種子外流，所以巴斯亞每想離境時都受到最詳細的檢查。

　　他們檢查，像螞蟻似的穿梭在毛髮間、耳孔、鼻孔……都會察覺。巴斯亞傷透腦筋到底怎樣藏放才能帶出種子出境。

　　想了想，巴斯亞終於想到了一個辦法，試試看把種子藏在包頭皮裏面，藏得好好的。巴斯亞要離境時又要接受最精密檢查，結果巴斯亞的包頭皮過於粗大，又是童貞，他們竟不敢或無力反轉包頭皮檢查，終於安全的帶穀種離境，趕回自己的地面世界，解救可憐鬧饑荒的同胞。

本故事亦為食物故事，本則傳說故事情節要述如下：

一、古代發生天災，人們吃食非常困難。大力士巴斯亞為解救大饑荒，到山上去挖葛葛瓜。

二、巴斯亞挖到長得很粗大的葛葛瓜，他使盡力氣挖呀挖，一層又一層，最後挖穿了地心，挖到了地底世界。

三、地底也住有很多人，但是長得特別矮小似螞蟻，他們無法通話。

四、地底人生活很富裕，此時農作物正是稻黃成熟的季節。

五、巴斯亞欲帶回幾粒種子回家解救地面世界的饑荒。但地底人嚴格管制穀類種子外流，所以巴斯亞每想離境時都受到最詳細的檢查。

六、地底人檢查非常仔細，穿梭在毛髮間、耳孔、鼻孔⋯⋯都會察覺。

七、最後巴斯亞把種子藏在包頭皮裏面，地底人竟不敢或無力反轉包頭皮檢查，終於安全的帶穀種離境，趕回自己的地面世界，解救可憐鬧饑荒的同胞。

參、鄒族女人村傳說故事

陳千武《台灣原住民的母語傳說》，曹族卡那卡那布方言nagisaru社，voro voruwana口述的「孤兒」：⑦

　　昔時，女人部落的女人，沒有丈夫，獨自懷孕了，就生孩子。那個私生子，面對石頭說：「破開吧！」他便進入石頭當房子住了。

　　不久，孩子走出外面一看，土地都變成斷崖，沒有族人可住的地方。孩子用杵敲打土，一半就變成土地，一半仍然是斷崖。

本則傳說故事情節要述如下：

一、女人部落的女人，沒有丈夫。

二、有一個女人獨自懷孕了，生下私生子。

三、私生子，面對石頭說：「破開吧！」他便進入石頭當房子住了。

四、不久，私生子走出外面一看，土地都變成斷崖，沒有可住的地方。

五、私生子用杵敲打土，一半就變成土地，一半仍然是斷崖。

【註釋】

① 《台灣省通志》卷八〈同冑志・固有文化篇〉第二冊，台灣省文獻委員會，
　　1972.6。

② 尹建中《台灣山胞各族傳統神話故事與傳說文獻編纂研究》，1994.4。

③ 同②。

④ 同②。

⑤ 同②。

⑥ 浦忠成《台灣鄒族的風土神話》，台北，台原出版社，1993.6。

⑦ 陳千武譯述《台灣原住民的母語傳說》，台北，台原出版社，1995.5。

第十章

鄒族巨人與食人族口傳文學

壹、鄒族巨人傳說故事

《蕃族一班》，警察本署著（1916），黃文新譯：①

　　在南方中央山脈之東側，有kapuluwana或mehutsu的人居住，身高及屋，體格魁偉而力強，時常出來掠奪小孩、或掠獲獵物等，多作粗暴的舉動。對於這類人不能以力相爭，我們的遠祖稱其爲魔神而畏佈之。

本則傳說故事情節要述如下：

一、在南方中央山脈之東側，有kapuluwana或mehutsu的人居住，他們是巨人，體格魁偉而力強，身高及屋。

二、巨人時常出來掠奪小孩、或掠獲獵物等。

三、族人對巨人敬而遠之。

《台灣鄒族的風土神話》，浦忠成：②

　　從前伊拇諸社有一個小孩長得弱小，常被人嘲笑，他的父母亦爲此發愁，母親心想若把他閹了情形或許會改善，於是她如此做了。

　　幾個月後小孩長得很高，甚至高於檜樹，雙掌一擊便可殺死動物。因太高大不能住在家中，便以山洞爲家。他母親每日替他送飯。

　　自從他身體變得很大，作什麼事均感不方便，於是便開始怨恨母親替他所做之事。

　　一日趁母親送飯時，將她勒死，社裡的畏其高大，亦不敢懲罰他。後來巨人患病，身體衰弱，有一百隻熊來攻擊他，把他給吃了。

本則傳說故事情節要述如下：

一、有一個小孩長得弱小，常被人嘲笑。

二、母親心想若把他閹了情形或許會改善，於是就把孩子給閹了。

三、小孩被閹之後，長得很高，甚至高於檜樹，雙掌一擊便可殺死動物。

四、小孩因太高大不能住在家中，便以山洞爲家。他母親每日替他送飯。

五、小孩身軀巨大甚感不便，開始怨恨其母親。

六、小孩趁母親送飯時，將她勒死。

七、後來小孩巨人患病，身體衰弱，有一百隻熊來攻擊他，把他給吃了。

《台灣鄒族語典》，聶甫斯基（N.A.Nevskij）著，白嗣宏、李福清、浦忠成譯：③

　　從前有一個身體很差的孩子，他父親早逝，其他人常常欺侮他，甚至把他閹割了，他的母親心想若把他閹割或許他會變好，也不在意這件事。

　　等他長大後因長得像柏樹一樣高，只好搬到山洞去住。他非常高壯，只要伸手到山谷就可抓到動物，一頓就吃掉一隻大鹿。

　　後來他對於被閹割的事很生氣，所以想在他母親送飯來時，將母親殺死。但一直以來都碰不到母親，終於碰到了她，就把母親吊在樹上吊死。

本則傳說故事情節要述如下：

一、從前有一位父親早逝身體很差的孩子常常被別人欺侮。

二、其母把他給閹了，或許身體會好轉些。

三、他被閹了之後長得像柏樹一樣高，只好搬到山洞去住。

四、他只要伸手到山谷就可抓到動物，一頓就吃掉一隻大鹿。

五、但是他被母親閹割一事很生氣，便在他母親送飯來時，將母親吊死樹上。

范純甫主編《原住民傳說》（下）載〈闍人〉：④

　　從前山中有一個體軀矮小的人，常被人欺辱，因此，他的母親很擔心。她看了人家用閹豬的方法，把豬的睪丸閹後，使其體重增加。於是，也對兒子施用了閹術。果然此後，兒子的身體變得又高又大，不到幾個月就長得比檜樹樹梢還高。

　　他有怪力，打獵時，兩腳跨於谿間，攪動兩邊的樹木，一下子便將驚走的動物捻死。他因身體大，沒有辦法住在家裡的房子，於是住在山裡的洞穴，三餐也由母親帶來給他吃。

　　但是這位巨人卻埋怨母親，以為自己變成這樣醜陋的巨軀，都是因她所致的。有一天，看見母親來，就一把把她抓死。雖然他犯了殺母的大罪，但家人及眾人也無可奈何。

　　不久，有個惡人來射了他的足腳，眾人乘此虛勢，想要抓捕他，但惡人反而被殺，眾人也一哄而散。

　　這樣子過了一些時候，他生了一場病，身體漸漸衰弱，剛好於那時有一百隻山熊猛擊他，於是這蠻惡的巨人遂被吞噬而死。

本則傳說故事情節要述如下：

一、有一個體軀矮小的人，常被人欺辱，母親把他閹了，果然不到幾個月就長得比檜樹樹梢還高的巨人。

二、巨人具有怪力，打獵時，兩腳跨於谿間，攪動兩邊的樹木，一下子便將驚走的動物捻死。

三、巨人住在山裡的洞穴，三餐由母親帶來給他吃。

四、巨人埋怨母親把他變成如此巨大的身軀，就把母親一把抓死。

五、眾人想要抓捕他，但是沒有成功。

六、最後巨人因為生病，被一百隻山熊猛擊吞噬而死。

聶甫斯基著，白嗣宏、李福清、浦忠成譯《台灣鄒族語典》：⑤

　　古時候有一個身體羸弱小孩，他的父親早逝，只有母親活著，因此其他人經常欺負他。在他稍稍長成大人以後，他被那些人捉住，被他們大家閹割了。

　　他母親心想：「如果閹了，也許他成為一個健康孩子。」因此她就對人們說：「可以閹！」

　　他被閹之後，過了若干時候，孩子漸漸變成了一個大人，最後長得進不了自家屋裡。在他長成這樣大的人以後，大家甚至恨他，因為他開始去欺負別的人。而他呢，越來越長成一個大人即越來越高大，據說長得跟高大的柏樹一樣高。

　　他無法在自己家裏住，於是就離家到一個大山洞去住，就在那裏生活下去。他母親有時去看他，給他送食物。

　　由於母親給他送的食物不足，於是他就時而捉動物吃。傳說在捉動物的時候，他輕而易舉地一步跨過山谷，用雙手在山裏摸，而在捉鹿的時候，他一下子就吃掉一頭大鹿。

　　後來他對大家把他閹了的事很生氣，他很想在母親來時殺掉她。幸虧他母親來送東西給兒子吃的時候，他一次也沒遇見母親，因此他沒有機會殺她。

　　但是，他儘量想遇見他母親，傳說他母親來了以後被兒子抓住，母親被吊在一棵大樹上，因此就去世了。

本則傳說故事情節要述如下：

一、一個身體很弱小孩，因為父親早逝，因此其他人經常欺
　　負他。

二、他稍稍長大，被人閹割了。

三、他被閹之後，過了若干時候，長得進不了自家屋裡。大
　　家開始恨他，因為換他開始去欺負別的人。

四、他最後越來越高大，長得跟高大的柏樹一樣高。家裡住
　　不下，就離家到一個大山洞去住，母親給他送食物。

五、他抓動物吃，輕而易舉地一步跨過山谷捉鹿，他一下子
　　就吃掉一頭大鹿。

六、他對大家把他閹了的事很生氣，很想殺掉母親，最後把
　　母親吊在一棵大樹上。

貳、鄒族食人族傳說故事

《台灣鄒族的風土神話》，浦忠成：⑥

　　玉山東邊縱谷有矮人居住，與矮人隔河而居為食人
族，身材高大，皮膚黝黑，常捕捉他族小孩，納入網
袋，攜回殺而食之，但征戰時的死屍不吃。

　　曾有一族孕婦遭擄，在其地產子，等到兒子長大後
趁機逃回本社，將事情告訴大家。

本則傳說故事情節要述如下：

一、食人族身材高大，皮膚黝黑。

二、食人族常捕捉他族小孩，納入網袋，攜回殺而食之，但
　　征戰時的死屍不吃。

三、食人族曾擄一孕婦，兒子長大後趁機逃回本社，將事情
　　告訴大家。

【註釋】

① 尹建中《台灣山胞各族傳統神話故事與傳說文獻編纂研究》，1994.4。

② 同①。

③ 同①。

④ 范純甫主編《原住民傳說》（下），台北，華嚴出版社，1998.4，二版。

⑤ 聶甫斯基著，白嗣宏、李福清、浦忠成譯《台灣鄒族語典》，台北，台原出版社，1993.7。

⑥ 浦忠成《台灣鄒族的風土神話》，台北，台原出版社，1993.6。

第十一章

鄒族變異口傳文學

壹、鄒族人變狗尾草傳說故事

陳千武譯述《台灣原住民的口傳文學》載卡那布亞方言傳說：①

> 生個孩子，孩子長大了，說：「媽媽，我要娶妻子。」「等一等，你年紀還小，等頭髮長到肩膀。」
>
> 他的頭髮長到肩膀了，說：「媽媽，我還不能娶妻子嗎？」「頭髮長到腳肚的時候，才娶妻子吧！」
>
> 他的頭髮長到腳肚了，「我要娶妻！」「你還不能娶妻！」媽媽堅持著。孩子很生氣，拿起槍跑到外面去。
>
> 「媽媽不照顧我，不關心我！」他拿槍插在屋外地上。狗尾草的根從他的腳長出來了。
>
> 那時唱著〈比宇宇都〉歌，再見，父母親啊，我變做狗尾草。要娶妻子，母親都不允許，悲傷到極點的結果。

本則傳說故事敘述一個孩子長大了，想要娶妻，媽媽推三阻四說等頭髮長到肩膀；孩子頭髮長到肩膀又提娶妻之事，媽媽說等頭髮長到腳肚；孩子頭髮長到腳肚又提娶妻之事，媽媽堅持說你還不能娶妻！孩子生氣又傷心拿槍插在屋外地上，狗尾草的根從他的腳長出來了。他唱著〈比宇宇都〉歌，再見，父母親啊！我變做狗尾草；要娶妻子，母親都不允許。

另一則相似的故事敘述是林道生編著《原住民神話故事全集（二）》載kanakanabu〈化作薄尾花〉：②

> 生下來的孩子慢慢地長大。孩子對母親說：「媽媽！為我娶個妻子吧！」「等等吧！你的年紀還不到。等到你的頭髮長到了肩膀才可以娶妻子。」
>
> 兒子的頭髮很快地長到了肩膀。「媽媽！我還不能娶妻子嗎？」「等到頭髮長到小腿再娶妻子吧！」

　　兒子的頭髮很快地又長到了小腿。「媽媽！我可以娶妻子了吧！」「不行！你不可以娶妻子！」

　　兒子聽了很生氣的拿了槍到屋外對母親說：「媽媽！妳根本就不關心妳的兒子。」說完，把槍插在地上。這時從他的腳長出了薄尾花的根來，並且吟唱著piuuna調：

　　　　tsina tsuma（再會了！）媽媽！爸爸！

　　　　malatulutuluvu我要化做薄尾花

　　　　tsi kimi nijaliku我想要娶親

　　　　vaninia ku母親為什麼不答應？

　　　　vunutu啊！多麼傷心！

　　鄒族卡那布群，分布於高雄縣三民鄉內高屏溪支流楠梓仙溪流域山地。即今高雄縣三民鄉民族村、民權村、民生村等。

貳、鄒族人變星星傳說故事

《原住民的神話與文學》，浦忠成：③

　　　　有數人出獵，至粟祭進行時方回，此數人乃在不知不覺中升天而化為星星。

據說後來鄒族人見此諸星即知粟祭時日以至。

《台灣鄒族的風土神話》，浦忠成：④

　　　　從前社裡有六個人在粟收穫祭的祭儀之前，帶著一隻狗上山打獵。回到社裡的時間已晚，祭儀結束，男男女女正在輪舞，這幾個人因犯了禁忌不能參加輪舞，只好在社外的山坡看眾人高興的跳舞，因為心裡非常羨慕，所以情不自禁跳起舞來。

　　　　這時天上降下一塊木板，將六人和狗載起來，社人看到六人正在輪舞歌唱，緩緩上升終於不見了。

　　　　第二天晚上天空出現了白虎七星。所以現在大家看
　　到白虎七星時，就開始舉行粟收穫的祭儀。

　　本則傳說故事敘述從獵場回來的六位獵人以及一隻狗，看到
村社舉行粟收穫祭男女正在輪舞之際，天上降下木板將六人和狗
載起來，第二天變成了白虎七星。

　　逾祭時者升天為星，並成為謹守的標識物，見出此祭的神聖
性。⑤

　　林道生編著《原住民神話故事全集（一）》載〈星星〉:⑥

　　　　小米祭是鄒族年度重大的祭典，這時部落的人都不
　　能遠行。但是有一次六位年輕人在祭典之前離開部落去
　　山上，到祭典結束都沒有回來參加，因此依照習俗他們
　　的一生都不可以回來部落。

　　　　六位年輕人知道天神處罰的恐怖後果，坐在木板上
　　思考，沒想到木板卻自然地載著他們飛上了天。

　　　　第二天晚上，在天上出現了大家沒有看過的新星，
　　取名富庫星。達邦人相信這是lafaeoi（軍神）的作為，
　　把他們運行到天界才變成星星。

　　　　今天，鄒族人每當看見富庫星在傍晚出現在天邊，
　　黎明時分隱去，就開始舉行小米的播種祭儀。

　　本則傳說故事情節要述如下：

一、有一次六位年輕人在小米祭典之前離開部落去山上，到
　　　祭典結束都沒有回來參加。

二、小米祭是鄒族年度重大的祭典，所有的人都不能遠行。
　　　有一次沒有參與小米祭，一生中都不可以回來部落。

三、六位年輕人坐在木板上思考，木板卻載著他們飛上了
　　　天。

四、第二天，六位年輕人變成了天上的富庫星。族人認為這

是軍神運行他們到天界。

五、後來，鄒族人每當看見富庫星在傍晚出現在天邊，黎明
　　時分隱去，就開始舉行小米的播種祭儀。

每年七月至八月間為粟成熟期，經peongsi和mamejoi們協商粟
收穫儀式舉行時間，由peongsi宣佈之後，社內即開始釀酒、修
路，各小社人亦先後回社，男性出獵準備獸肉。⑦

參、鄒族穿山甲和tupiei變異為人傳說故事

《生蕃傳說集》，佐山融吉、大西吉壽著（1923），余萬居
譯：⑧

　　　古時某一山中住有穿山甲和tupiei，均為人形。平時
相處還融洽，可是，終有一天，他們因爭吵而相約到茅
草原上去決勝負。方法很簡單，站在草原中央而不被野
火燒死者勝，被燒死者敗。

　　　先由穿山甲立其中，由tupiei放火，火勢正盛時穿山
甲掘洞遁入地中而免於難，火熄時已經爬了出來。

　　　tupiei問其感受如何？穿山甲說只要伏地上，身上覆
以枯葉，就一切安全，tupiei依其言而行，結果可憐燒成
焦炭而死。

　　　穿山甲突然心起憐憫，去提河水往他屍體上潑，之
後終於復生。二者和好，但是tupiei一直懷恨在心。

　　　有一天，二者同行，發現了蜜蜂的窩。tupiei以為良
機已至，爬上樹去取蜂蜜，許久才拿一塊在屁股上擦
擦，再扔給穿山甲。

　　　穿山甲很生氣，故作鎮定說：「你給我的蜜有臭
味，你還是進裡面去，拿好一點的給我吧！」

　　　tupiei不察其謀，進蜂窩裡去，穿山甲見之，撿起一

大石頭扔上去，堵住洞口之後便走了。

tupiei被關在蜂窩裡，幸而有行人走過，於是大喊救命。樹下老人正好打獵歸來，說他已經沒力氣再爬樹了。

tupiei大慌，邊哭邊求，並說，只要救牠下去，牠願意代背獵物。老人可憐牠，還是上樹去救牠。

tupiei替老人背獵物，跟在老人後面走，可是，獸肉的誘惑太大了，牠一口一口地終於給啃光了，老人火冒三丈，揮棒猛打tupiei的腿。

tupiei忍痛逃遁，從此，tupiei和穿山甲就再也未曾恢復過人樣了。

本故事敘述穿山甲和tupiei變異為人形所發生的種種趣事。本則傳說故事情節要述如下：

一、古時穿山甲和tupiei變異為人形。

二、有一天他們因爭吵而相約到茅草原上去決勝負。先由tupiei放火，穿山甲掘洞遁入地中而免於難。

三、換由穿山甲放火，結果tupiei被燒死。

四、穿山甲憐憫tupiei，去提河水往他屍體上潑，之後終於復生。

五、又有一次，tupiei爬上樹去取蜂蜜，許久才拿一塊在屁股上擦擦，再扔給穿山甲。

六、穿山甲故作鎮定說：「你給我的蜜有臭味，你還是進裡面去，拿好一點的給我吧！」tupiei不察其謀，進蜂窩裡去，穿山甲撿起一大石頭扔上去，堵住洞口之後便走了。

七、tupiei被關閉在蜂窩裡大喊救命。

八、樹下老人正好打獵歸來，就去救tupiei，條件是tupiei要代背獵物。

九、tupiei跟在老人後面替老人背獵物，tupiei一口一口地終於
　　給啃光了，老人火冒三丈，揮棒猛打tupiei的腿。

十、tupiei忍痛逃遁，從此，tupiei和穿山甲就再也未曾恢復過
　　人樣了。

肆、鄒族鹿變人形傳說故事

《台灣鄒族的風土神話》，浦忠成：⑨

　　　　從前有一個人在一處水池獵鹿，他射傷一隻鹿，這
隻鹿逃走，獵人在後沿著足跡追蹤，看到鹿用來敷傷口
的草渣，獵人正感奇怪，卻見那隻鹿在樹上，已變成人
形，並用手按住受傷的大腿，獵人看見正要轉身走時，
被他射傷的鬼怪看見，牠立刻來抓他，他便被打擊在樹
上而死。

本則傳說故事情節要述如下：

一、獵人射傷一隻鹿，沿著鹿的足跡追蹤。

二、追蹤看到鹿用來敷傷口的草渣，卻見那隻鹿在樹上，已
　　變成人形，並用手按住受傷的大腿

三、獵人正要轉身走時，被鬼怪發現立刻抓他，打擊在樹上
　　而死。

【註釋】

① 陳千武譯述《台灣原住民的母語傳說》，台北，台原出版社，1995.5。

② 林道生編著《原住民神話故事全集（二）》，台北，漢藝色研文化事業有限
　公司，2002.1。

③ 尹建中《台灣山胞各族傳統神話故事與傳說文獻編纂研究》，1994.4。

④ 同③。

⑤ 浦忠成《台灣鄒族的風土神話》，台北，台原出版社，1993.6。

⑥ 林道生編著《原住民神話故事全集（一）》，台北，漢藝色研文化事業有限

公司，2001.5。

⑦ 王嵩山《阿里山鄒族的歷史與政治》，台北，稻鄉出版社，1990.10。

⑧ 同③。

⑨ 同③。

第十二章

鄒族災變口傳文學

天然災變有的是自然形成與發生，亦有的是人為所造成，例如巫術咒語等，不管造成災變的原因如何，卻都是恐怖與令人不安的。

壹、鄒族崩山傳說故事

范純甫主編《原住民傳說》（上）載〈山崩〉：①

原住民有這麼一種傳說：攀登山頂，把鋼鐵插地，用雙手緊握其端，一邊祈神，一邊將身仰後，這樣就能使山崩。

據說，從前知母勝社與達邦社交戰，知母勝社有一人行此法術喚起山崩，大敗敵方。相傳，至今山崩，就是從前施行此法所致。不過也有一說，山崩時如果祈神則又可鎮壓回復。這一類的神話，至今還在傳說。

本則傳說故事情節要述如下：

一、到山頂把鋼鐵插地，雙手緊握其端，祈神後將身仰後，即可造成山崩。

二、知母勝社與達邦社交戰，知母勝社即用此法喚起山崩大敗達邦社。

三、至今有山崩，即是從前施行此法所致。

四、欲止山崩，祈神即可鎮壓回復。

貳、鄒族地震傳說故事

浦忠成《台灣鄒族的風土神話》載〈地震〉北鄒族傳說：②

據說從前，只有天，沒有地，而由擔任土地之神的阿克伊·瑪梅有伊開始創造了地，並加以守護。

若是沒有此神靈護佑時，地上的土石將悉數破壞，人們無法安逸地生活，地震即因其發怒而產生的。

本則傳說故事情節要述如下：

一、遠古時代只有天，沒有地。

二、「地」是土地之神「阿克伊‧瑪梅有伊」開始創造。

三、「地」的守護者也是「阿克伊‧瑪梅有伊」神。沒有此神靈護佑時，地上的土石將悉數破壞，人們無法安逸地生活。

四、地震的發生是「阿克伊‧瑪梅有伊」神發怒的時候。

浦忠成《台灣鄒族的風土神話》載〈地震〉南鄒族傳說：③

　　靈魂即為惡魔，經常群集於地下，進行戰爭。只要他們碰觸樹木或絆到岩石等，其聲響便會影響地面，產生地震。

本則傳說故事情節要述如下：

一、靈魂就是惡魔，祂們經常群集於地下，進行戰爭。

二、惡魔進行戰爭的時候，碰觸樹木或絆到岩石等，就會影響地面，而產生地震。

【註釋】

① 范純甫主編《原住民傳說》（上），台北，華嚴出版社，1996.8，一版。

② 浦忠成《台灣鄒族的風土神話》，台北，台原出版社，1993.6。

③ 同②。

第十三章

鄒族農耕口傳文學

傳統鄒族社會主要生計方式爲山田燒墾農業與漁獵，其族人對於燒墾用地、獵場、漁場維持公有制；在各氏族及聯合家族的範圍內，均保有相當大的選擇使用自由。……土地爲氏族所共有，其所有權的確立乃以進入開墾的先後爲原則，但氏族中的個別成員並不擁有土地所有權的「持分」。因爲是一團人共有其土地，所以假定氏族中某一個人生了很多孩子，某個人只生一個，此時所有成員的土地權利依然一律平等，同理，這權利平等亦不受分家或數家合併的影響。①

壹、鄒族農耕地傳說故事

《鄒族山胞之傳說與禁忌》（1981），引自《鄒族信仰體系與宗教組織》（1988），張振發：②

> 原本天神創造宇宙之初，大地全是起伏不平的山谷，而天神身軀巨大，一足踏在圖富雅社伊利安那後山上，另一足踏在達邦社伊斯基安娜後山上，走一步可跨到公田。

> 今日達邦、圖富雅、公田的平頂山均爲天神足跡，而西部平原也是因天神走過，山崩塡谷，才成爲平地。

本則傳說故事敘述大地原來全是起伏不平的山谷，經天神踩踏而有了平地可以耕種的地方。

《嘉義縣志稿》（1962），引自《鄒族信仰體系與宗教組織》（1958），嘉義縣政府：③

> 創造神身軀巨大，一足踏到圖富雅社後山上，一足踏到達邦社後山上，今日兩社公田之平頂山均是創造神的足跡。

> 而原本的山谷經創造神經過，山崩塡谷，變爲平地，成爲曹族的居住地。

本則傳說故事情節要述如下：

一、創造神是一位巨人，身軀巨大，其足跨距甚大，一足踏到圖富雅社後山上，一足踏到達邦社後山上。

二、圖富雅社與達邦社之平頂山均是創造神踩踏之足跡，成為耕種之地。

三、原本的山谷經創造神經過，山崩填谷，變為平地，成為鄒族的居住地。

浦忠勇《台灣鄒族生活智慧》：④

　　當大地洪水漸漸退去之後，鄒族便從玉山順著陳有蘭溪和濁水溪的方向散布，在適宜生活的地方定居、組成部落。

　　當時天神（哈漠）親自帶領族人開創新的生活天地，鄒族便隨著哈漠天神的足跡停留下來，形成了族人最古老的部落。

　　天神不知從何而來，也不知去向何方，僅在山巒間留下足印，供族人生息繁衍。哈漠第一個足印踏在特富野部落，第二個踏在今達邦部落，第三個踏在今石桌村落，第四個踏在今番路鄉的公田村落，再往西走就到嘉義的平原地區，而這原是山峰群立，天神用雙足將這兒整平，便成為廣闊的平野。

　　本則傳說故事敘述天神踩踏的足印順序：第一個足印踏在特富野部落，其次依序是達邦、石桌、公田，再往西走就到嘉義的平原地區。天神用雙足整平山峰群立的地形，讓人們生息繁衍。

　　尹建中《台灣山胞各族傳統神話故事與傳說文獻編纂研究》載〈nibuno的故事〉：⑤

　　從前有位nibuno的男子，不知他從何而來，當然也不知他是誰的小孩。他大到人類無從想像的地步，據說

他坐在新高山上，可以用濁水溪洗腳。

　　他走在西部地方，造成山崩，石塊又填滿了山谷，這就是西部至今是平地的緣故。

　　現在知母勝、達邦附近的山頂上有很多平山，這些都是他的足跡。此外，公田庄附近的kakatuyo山上，有約兩層樓高的白玉石，是nibuno帶去的餅，他忘了帶回，就變成了石頭。可見他是多麼高大。

本則傳說故事情節要述如下：

一、本故事之巨人不是神而是人，只是不知他從何而來，也不知他是誰的小孩。

二、他非常高大，坐在新高山（玉山）上，可以用濁水溪洗腳。

三、現在西部地方的平地是由於他踩踏造成山崩，石塊又填滿了山谷的緣故。

四、知母勝、達邦附近的山頂上有很多平山，這些都是他的足跡。

五、在公田庄附近的kakatuyo山上，有約兩層樓高的白玉石，是他帶去的餅，他忘了帶回，就變成了石頭。

貳、鄒族種植物來源傳說故事

高淵源《台灣高山族》載〈穀物的來源〉：⑥

　　遠古時代，人類還不知道耕種蓄糧的方法，他們過著野生漂泊的生活。有一天，有一個人上山挖山芋，取出芋塊後，現出一道深穴。

　　那人為了好奇，就深入穴中去探險。不知走了多久，穴洞忽然開朗，眼前出現了寧靜安祥的小村落。

　　他剛踏出洞口的時候，有一個名叫「搭冒那伊」的

老人，見生人入洞，驚異的問道：「你是什麼人，進來幹什麼？」

那人說：「我是卡那布人，因尋食挖山芋時，無意間發覺此洞，就順便進來看看」。

老人看來人非常老實，似無惡意，就帶他到家中參觀。小村落上的居民都圍攏來與他問長問短的聊天，同時很親切的拿出粟餅和種種菜肴招待他。

那人吃了覺得味道很鮮美，就問老人粟餅是怎麼做的？老人則毫不吝惜的把粟米以及其他穀類的生產到收穫乃至蓄糧搗米做飯的過程詳細的說明給他聽，並於臨別時贈送給他五穀及各種豆類之種子。

那人攜歸返鄉後積極的推廣農事，自此，人類的生活進入了佳境。

本則傳說故事情節要述如下：

一、有一個卡那布人上山挖山芋，取出芋塊後，現出一道深穴，即入穴探險。

二、洞穴裡有一個寧靜安祥的小村落。

三、「搭冒那伊」老人驚異詢問那個闖入者卡那布人，見其無惡意，就帶他到家中參觀。

四、村落的人都很好奇，都圍攏來與他問長問短的聊天，同時很親切的拿出粟餅和種種菜肴招待他。

五、「搭冒那伊」老人把粟米以及其他穀類的生產到收穫乃至蓄糧搗米做飯的過程詳細的說明給卡那布人聽。

六、「搭冒那伊」老人臨別時贈送給卡那布人五穀及各種豆類之種子。那人攜歸返鄉後積極的推廣農事，自此，鄒族人的生活進入了佳境。

《鄒族山胞之傳說與禁忌》（1981），引自《鄒族信仰體系與

宗教組織》（1983）張振發：⑦

　　　　遠古時代人們尚不知耕種儲糧，一日，有一社民上
　　山挖取山芋，取出芋根後，發現一深穴，便進去探險，
　　也不知走了多久，洞穴突然開朗，映入眼簾的是一個寧
　　靜安祥的小部落。

　　　　有一名叫「塔冒那伊」的老人，見有生人入洞，便
　　上前詢問，社民表示其住圖富雅，此番前來並無惡意。

　　　　老人見其老實便帶他回家並設宴招待，在席間社民
　　吃了許多未曾吃過的栗餅、佳餚等，便向老人請教，老
　　人也不吝惜將各種穀物的生產收穫乃至於搗米作飯的過
　　程告知，並於臨別時，贈他各種作物的種子，由此得知
　　耕種。

　　本則傳說與上則故事相同，是有一人發現洞穴裡的小部落，
這裡的老人贈送穀物給他，鄒族人自此開始從事農業耕作。

參、鄒族種植傳說故事

《蕃族調查報告書：鄒族阿里山蕃四社蕃簡仔霧蕃》（1983）
，引自《鄒族信仰體系與宗教組織》（1988），佐山融吉著，余萬
居譯：⑧

　　　　太古時代hosa社的祖先，同bunun及maya住在玉山
　　山峰上。當時除山頂外，四面均是海，只好捕殺動物為
　　生。

　　　　後來大水漸退，大家就各分東西，於是拿出一弓折
　　成三段，上段由maalaa收執，中段由bunun收執……，
　　hosa社的祖先和maalaa就去tohuya定居，但後來maalaa就
　　下山了，到一沒有鳥獸的地方，發生衣食困難，就發明
　　種植東西，並穿起棉料縫製的衣服。

　　本則故事是鄒族發明種植東西的傳說故事。本則傳說故事情節要述如下：

一、太古時代鄒族和社hosa的祖先與布農族bunun及鄒族馬雅人maya住在玉山山峰上，捕殺動物爲生。

二、洪水退後各分東西，於是拿出一弓折成三段，上段由maalaa收執，中段由bunun收執……，hosa社的祖先和maalaa就去tohuya定居。

三、後來maalaa下山到一個沒有鳥獸的地方，發生衣食困難，就發明種植東西，並穿起棉料縫製的衣服。

肆、鄒族農耕怪異事件傳說故事

《台灣鄒族的風土神話》，浦忠成：⑨

　　　從前有一個人家在山上開墾，父母工作的時候，哥哥便在旁邊照顧弟弟。有一天弟弟一直哭鬧不休，母親雖然聽見，卻裝作聽不見。

　　　後來漸漸聽不見哭聲，好像孩子要哭死，母親這才放下工作去看孩子，只找到背帶綁在一個大石上，卻看不見小孩，母親悲傷的呼喊卻再也見不著孩子。

本則傳說故事情節要述如下：

一、有一家人在山上開墾工作。

二、哥哥便在旁邊照顧弟弟。

三、弟弟一直哭鬧不休漸漸聽不見哭聲。

四、母親這才放下工作去看孩子，卻看不見小孩，只找到背帶綁在一個大石上。

五、母親悲傷的呼喊，但是卻再也見不著孩子。

【註釋】

① 王嵩山《阿里山鄒族的歷史與政治》，台北，稻鄉出版社，1990.10。

② 尹建中《台灣山胞各族傳統神話故事與傳說文獻編纂研究》，1994.4。

③ 同②。

④ 浦忠勇《台灣鄒族生活智慧》，台北，常民文化，1997.2。

⑤ 同②。

⑥ 高淵源《台灣高山族》，台北，香草山出版有限公司，1997。

⑦ 同②。

⑧ 同②。

⑨ 同②。

第十四章

鄒族狩獵與漁獵口傳文學

　　狩獵的方式有個人獵與團體獵（包括焚獵）兩種；普通是以同氏族男子相約同獵、祭儀前後的大規模團體獵、單獨攜槍牽犬入山者為多。主要的獵具是槍枝、弓箭，以及陷阱圈套。焚獵（poxomeo）則是在乾季寒冬所行之集體狩獵，其獵團成員包括整個部落的全部氏族成年男子，並由各氏族族長參加指揮，放火燒山伺機獵物。唯此種方式已在日據以後即被禁止。……獵場的所有者為氏族，真正使用者則多半是聯合家族。日據之前，同一氏族的成員對於各社的獵場均有使用權，日據之後則各社分立，包含範圍因社而異。……一般而言，個人狩獵以在所屬氏族的獵場內為原則，如野獸逃入他人的獵場之後才獵獲，則必須要分出一部份的獸肉、舌頭、甚至是獸皮給地主作為謝禮，稱之為nuno hupa，意即獵場的代價；如果是團體於共同狩獵場所得的獵獲物，則由眾人平分之。團體獵的成員有時亦可包括不同氏族者。①

　　除了狩獵之外，鄒人對漁獲亦極為熱衷，河流經常會區分為不同的河段並給予定名，每一河段主要的使用權與所有權在聯合家族。但是聯合家族名即使相同，如果所屬部落不同則其河域亦不同，甚至於在tufuya社，如果同一聯合家族者，居住於分社的話，往往就與本社的河川無關了。②

壹、鄒族有特異功能的獵手奈巴拉牟吉傳說故事

陳千武譯述《台灣原住民的母語傳說》：③

　　有個女孩子是孤兒，沒有人替她去獵野獸當食物。她便自己拿網到河邊去撈魚，撈了幾次都撈不到魚。流木勾上網，她把流木除掉。每次放下網撈魚，網都被流木勾上。不得不把流木挾在褲帶子，說：「帶回家做薪柴燒。」邊說邊走，回到家，流木卻不見了。緊緊挾在褲帶子，怎可能會遺失？流木，真的遺失了。可是，不

久她懷孕了。生了流木的孩子，孩子長大了。

　　孩子的智慧很高。看到鳥，舉手，手指指向鳥，鳥就墜落下來。孩子越來越長大。手指指鳥，鳥就死，指鹿鹿就死。用弓箭射鹿或豬的腳印，鹿豬也就死了。

　　「他獵物的工具是甚麼？」大家商量說：「我們來騙取他的工具。」有一天來到山上，大家叫他去汲水。他去汲水，大家就拿了他的皮革帶子，打開，查看他的弓箭。他的弓是用豬肋骨做的，箭是豬的肩骨做的，簡直是孩子的玩具嘛，大家便嘲笑他。

本則故事中的「奈巴拉牟吉」非常可愛，它具有現代人所說的「特異功能」，狩獵僅用手指指著野獸，野獸就死。因為「奈巴拉牟吉」還是個小孩子，所以獵具也是小孩子的玩具。他的弓是用豬肋骨做的，箭是豬的肩骨做的，簡直是孩子的玩具，所以大家便嘲笑他。

貳、鄒族狩獵怪異事件傳說故事

《台灣鄒族的風土神話》，浦忠成：④

　　從前鄒族還不懂得祭祀神明時，常發生許多怪事。有一個男子上山打獵，獵到一隻山羊，為了搬運方便，就拿起獵刀支解，割到心臟的時候，忽然心臟發出聲音哀求說：「請不要割我，割我的話會很痛！」獵人心裡害怕，把心臟丟了，馬上回家。

本則傳說故事情節要述如下：

一、鄒族在還不懂得祭祀神明的時候，因為沒有神明的保
　　護，因此怪力亂神的事件經常發生。

二、有一個男子獵獲一隻山羊，為了搬運方面，就支解山
　　羊。

三、獵人支解到心臟的時候，心臟發出哀求說：「請不要割
　　我，割我的話會很痛！」

四、獵人驚嚇得把心臟丟了，馬上回家。

《台灣鄒族的風土神話》，浦忠成⑤

　　從前有一個叫雅巴蘇有鳥的獵人上山打獵，獵到三
頭鹿，天色已晚，他就把牠們背回獵寮支解，等快處理
完了，他吩咐孩子去水塘提水。

　　過了許久卻一直等不到孩子回來，覺得很奇怪便心
生一計，切了一塊鹿肉放在池塘邊埋伏，過一段時間妖
怪出現，獵人射中了妖怪，突然刮起一陣風，獵人急忙
跑回家，到了第五天就死去，大家都相信他是被妖怪害
死。

本則傳說故事情節要述如下：

一、獵人上山打獵，獵物背回獵寮支解，等快處理完了，他
　　吩咐孩子去水塘提水。

二、過了許久卻一直等不到孩子回來。

三、獵人切了一塊鹿肉放在池塘邊埋伏，妖怪出現獵人射中
　　了妖怪，突然刮起一陣風，獵人急忙跑回家。

四、第五天獵人就死去，大家都相信他是被妖怪害死。

《台灣鄒族的風土神話》，浦忠成⑥

　　從前有一個人到山上獵鹿，時近傍晚，則在石邊起
火烤蕃薯，一邊忙把山鹿屠殺。過了一會，想吃蕃薯，
但蕃薯不知被誰偷光。

　　那人心想有人惡作劇，就弄來幾個蕃薯大小的石頭
當作蕃薯燒了起來。過了不久之後，突然起了吵鬧之
聲，但什麼人也沒看見，他心想是妖怪作孽，但也不害
怕，繼續過夜。

　　　　夜半他聽見怪異的聲音，馬上起來，身上的佩刀已
磨損的不能用了。第二天便安然回家了。

本則傳說故事情節要述如下：

一、獵人傍晚在石邊起火烤蕃薯，一邊忙把山鹿屠殺。

二、當獵人想吃蕃薯，但蕃薯不知被誰偷光。

三、獵人弄來幾個蕃薯大小的石頭當作蕃薯燒了起來。

四、獵人夜半聽見怪異的聲音，馬上起來，身上的佩刀已磨
　　損的不能用了。

《台灣鄒族的風土神話》，浦忠成：⑦

　　　　從前有人上山打獵，在山裡聽見陣陣喊叫聲，他覺
得那不是人的叫聲，拔腿就跑。叫喊的妖怪發現了，便
在後面追趕他。

　　　　他停了二次，均聽見妖怪的叫喊的聲音，趕緊加快
腳步，急忙的回家。由於受到了驚嚇，沒有辦法說話，
後來全家都生病死了。

本則傳說故事情節要述如下：

一、有一位獵人上山打獵，聽到妖怪的叫喊聲，拔腿就跑，
　　被妖怪發現了，便在後面追趕他。

二、獵人急忙回家，但是因為受到了驚嚇，沒有辦法說話，
　　後來全家都生病死了。

聶甫斯基著，白嗣宏、李福清、浦忠成譯《台灣鄒族語典》：⑧

　　　　古時候有一對非常友愛的兄弟，兩個人一起到敵人
村莊附近打獵。他們到了想去的地方以後，哥哥讓弟弟
走在前面到草棚去，要弟弟做飯。

　　　　哥哥打獵的時間很短，打完獵以後，他走到草棚
前，打算飽餐一頓弟弟做的飯。可是他發現草棚周圍草地
遭踐踏過了，儘管他知道不可能有其他的打獵的伙伴。

他心裏想：「會不會是敵人來過呢？看來弟弟的情況不妙。」他探頭看了看草棚裏的情況，弟弟仍然在那裏繼續做飯。他心裏說：「嗯！幸虧弟弟沒事！」

他打算走進草棚裏時，他又仔細看了看正在做飯的弟弟，結果怎麼樣呢？難道他的頭還在嗎？哥哥嚇壞了。

他打算悄沒聲兒地跑掉，可是踩上了乾樹枝，無頭人聽見哥哥踩上了乾樹枝，因此無頭人動身去追他。哥哥嚇得拚命跑，可是無頭人緊追不捨。

兩兄弟彼此在賽跑，互相追趕。弟弟追得很近，無頭人的鮮血滴到了哥哥走過的足跡上。好像他們互相踩上了足跡。

他們爬過了尤阿約夫茨（yuaiovzu）山，儘管山路艱難，哥哥認爲並不難走，可是他卻害怕得很，幸虧草棚裏上面還有人（鄰人）。哥哥發現這些人以後，高興極了，就像死人得到重生一樣。

他的弟弟看見這些人以後，他就突然不見了。哥哥被弟弟追得精疲力盡，因此他累得無力講述過程。那些族人背上他，把他背回了家。傳說他累得病了很久。

本則傳說故事情節要述如下：

一、一對非常友愛的兄弟，兩個人一起到敵人村莊附近打獵。

二、哥哥讓弟弟走在前面到草棚去，要弟弟做飯。

三、哥哥打完獵，走到草棚前，打算飽餐一頓弟弟做的飯。

四、哥哥發現草棚周圍草地遭踐踏過了，心想弟弟的情況不妙。

五、仔細看了看正在做飯的弟弟，結果沒有頭。

六、哥哥打算靜悄悄地跑掉，可是踩上了乾樹枝，無頭人聽見踩上乾樹枝之聲，轉身去緊追哥哥。

七、他們爬過了尤阿約夫茨（yuaiovzu）山，幸虧草棚裏上面還有人（鄒人）。

八、無頭弟弟看見這些人以後，就突然不見了。

九、族人把他背回家，據說他累得病了很久。

參、鄒族狩獵被野豬吃掉傳說故事

《台灣鄒族語典》，聶甫斯基（N.A.Nevskij）著，白嗣宏、李福清、浦忠成譯：⑨

有人在miskina放狗捕捉孤單的野豬，結果狗被野豬吃了，而野豬反倒追起人來，那群兄弟拔腿就跑，跑到山崖上希望找到一個隱蔽的地方，但沒來得及，只剩一個人沒被野豬吃掉，那人想溜掉，但野豬守在回家的路上，他只好丟石頭引開野豬。

回到家之後，他決定燒掉野豬待的草場，他燒了matbutana、eoiea、toteonuta和nia-sujusponu，燒完了他巡視火場，發現了一隻死野豬和巨蛇。

本則傳說故事情節要述如下：

一、族人在miskina放狗捕捉一隻野豬，結果狗被野豬吃了。

二、野豬反倒追起人。

三、一群獵人只剩一人沒被野豬吃掉。

四、存活者欲回家，卻被野豬守在回家的路上。

五、那人只好丟石頭引開野豬，終於回到家。

六、他決定燒掉野豬待的草場，燒完了他巡視火場，發現了一隻死野豬和巨蛇。

《台灣鄒族的風土神話》，浦忠成：⑩

　　從前有二個兄弟去山上打獵，當時山上山豬很多，牠們像牛一樣大。那時候他們帶著獵狗，山豬就先把獵狗吃了，獵狗吃完了，山豬追趕著這二兄弟。哥哥跑得快，山豬追到弟弟把他吃了。

　　日後哥哥與他人一塊上山，他們找到山豬棲身的草原，便放火燒山，那群山豬均燒死了。他們將燒死的山豬肉割起，丟給獵狗吃，但獵狗並不食吃人肉的山豬。

本則傳說故事情節要述如下：

一、兩兄弟狩獵山豬，山豬大如牛。

二、山豬把獵狗吃了，又追趕兩兄弟，弟弟跑得慢被吃了。

三、後來哥哥與其他獵人放火燒了山豬棲身地。

四、他們將燒死的山豬肉割起，丟給獵狗吃，但獵狗並不食吃人肉的山豬。

肆、鄒族踢熊墜崖傳說故事

《台灣鄒族的風土神話》，浦忠成：⑪

　　從前有兩兄弟從早上開始狩獵，已走了很遠，也獵了幾頭鹿。弟弟已覺疲累，但哥哥卻要他繼續前進。

　　弟弟很惱火，就跑到更遠的地方，卻遇見一頭熊，與牠搏鬥了許久，最後精疲力竭地被熊拖走，行經一處山崖時，他突然用腳踢熊，熊墜山崖而死，他才脫險逃出。

本則傳說故事情節要述如下：

一、有兩兄弟從早上開始狩獵，也獵獲了幾頭鹿。他們已經走了一段很遠的路。

二、弟弟已經覺得很疲累，想要休息，但是哥哥卻要繼續前進。

三、弟弟很生氣跑到更遠的地方。

四、弟弟遇見熊，他與熊搏鬥了一番，最後不敵，精疲力竭
　　地被熊拖走。

五、當熊拖著弟弟行經一處山崖時，弟弟突然用腳踢熊，致
　　熊墜落山崖而死，他才得以脫險逃出。

伍、鄒族漁獵傳說故事

《台灣鄒族語典》，聶甫斯基（N.A.Nevskij）著，白嗣宏、李
福清、浦忠成譯：⑫

　　　　古時有一個人放了一個漁籠，可是一次也沒有捕到
　　魚，漁籠中只有腐朽的乾芒草和小石頭。

　　　　他很生氣，於是停止放漁籠，而他妻子知道了，查
　　看丈夫放的漁籠是朝著河的上流放，魚進不了漁簍，妻
　　子改變方向後，捕了整簍的魚，丈夫高興極了，一面煮
　　魚一面大叫要最大的一塊，結果打翻了鍋子，魚沾上泥
　　土，全不能吃了。

本則傳說故事敘述一位傻丈夫捕魚沒有捕到魚，妻子查看丈
夫放的漁籠是朝著河的上流放，魚進不了漁簍，妻子改變方向
後，捕了整簍的魚。

陸、鄒族漁獵怪異事件傳說故事

《台灣鄒族的風土神話》，浦忠成：⑬

　　　　從前有一個人夜裡在溪裡叉魚蝦，但一直一無所
　　獲，不久他看到一具溺斃的死屍體，心裡雖然驚怕，但
　　仍往上游尋找魚蝦。

　　　　那屍體突然轉回追趕他，他急忙逃回屋內，關上
　　門。鬼怪拿起他平時堆在屋後的茅桿刺入屋內，他就順

手將茅桿拉入屋內丟到火裡焚。不久之後他就死了，人
們均認爲他是犯了鬼怪才死。

本則傳說故事情節要述如下：

一、有一個人夜裡在溪裡叉魚蝦，看到一具溺斃的屍體，但
　　是他仍然往上游尋找魚蝦。

二、那屍體突然轉回追趕他，他急忙逃回屋內，關上門。

三、鬼怪拿起茅桿刺入屋內。

四、因爲他犯了鬼怪，不久就死了。

【註釋】

① 王嵩山《阿里山鄒族的歷史與政治》，台北，稻鄉出版社，1990.10。

② 同①。

③ 陳千武譯述《台灣原住民的母語傳說》，台北，台原出版社，1995.5。

④ 尹建中《台灣山胞各族傳統神話故事與傳說文獻編纂研究》，1994.4。

⑤ 同④。

⑥ 同④。

⑦ 同④。

⑧ 轟甫斯基著，白嗣宏、李福清、浦忠成譯《台灣鄒族語典》，台北，台原出
　　版社，1993.7。

⑨ 同④。

⑩ 同④。

⑪ 同④。

⑫ 同④。

⑬ 同④。

第十五章

鄒族飲食口傳文學

壹、鄒族「水」與「火」傳說故事

《台灣鄒族的風土神話》，浦忠成：①

人們在玉山上躲避洪水時，火種斷絕了，就派 kojoise鳥去取火種，牠找到了火，但飛行的速度太慢，火燒到嘴邊，便放棄了火種。

於是又派uhngu鳥去取火種，牠飛得很快順利帶回，從此大家有火取暖和煮食。

因uhngu鳥取火有功，故准許其在田中啄食，而 kojoise鳥只能在田邊覓食，這uhugu鳥的嘴尖都是短而平的形狀，就是取火時被燒的痕跡。

本則傳說故事情節要述如下：

一、人們避難洪水於玉山上，火種斷絕了。

二、人們派kojoise鳥去取火種，但因飛行慢，火燒到嘴邊，便放棄了火種。這uhugu鳥的嘴尖都是短而平的形狀，就是取火時被燒的痕跡。

三、人們再派uhngu鳥去取火種，終於順利帶回。

四、由於uhngu鳥取火有功，故准許其在田中啄食。

五、kojoise鳥雖然沒有取火成功，但是還是有苦勞，因此也准許其在田邊覓食。

《政大學報》六（1962），引自《鄒族信仰體系與宗教組織》（1938），胡耐安、劉義棠：②

洪水退後，火種亦滅，乃派kojoisi鳥去尋火種，但 kojoisi鳥飛行緩慢，中途因火燙嘴，將火種丟棄，於是讓飛行快的ufunu鳥去銜火種。

人們答謝ufunu鳥尋火之功，特准其隨時可來田中啄食穀物，而kojoisi只能在田邊啄食。

本則傳說與上則故事相似。

《大陸雜誌》20（10）：6，（1960），引自《鄒族信仰體系與宗教組織》（1938），杜而未：③

　　uhumu是一隻小黑鳥，它願意替鄒族把火啣來，但因喙尖被焚毀，火即失落；幸好另一隻kiuishi鳥把火啣起給鄒族送去，這種火不會熄滅，加薪不會增大，澆水亦不會熄滅。

　　從前達邦以東有神火，後因當地人疏忽遂滅掉。

本則傳說故事情節要述如下：

一、uhumu鳥替鄒族把火啣來，但因喙尖被焚毀，火即失落。

二、kiuishi鳥成功地把火啣起給鄒族送去。

三、據說從前達邦以東有神火，後因當地人疏忽遂滅掉。

林道生編著《原住民神話故事全集（一）》載排剪社〈洪水〉：④

　　古時候，族人並不像今天那樣聚集在一處組織社群居生活，而是分散在大山的南邊、東邊及北邊。

　　在一次大洪水的時候，分散在四方的人都逃難集中到達姆斯薩庫拉巴山（今之玉山）及利斯耶茲山。

　　他們在逃難的途中不慎失去了火種，大家商討取得火種的方法，就在這個時候有人在夜晚看到利斯耶茲山頂上有星星一般在閃爍的火光，祖先們便思考著是不是有人可以渡過洪水去取火種回來。

　　有一隻山羊自告奮勇表示願意渡過洪水到利斯耶茲山頂取火種。山羊跳入洪水中渡過急流，衝到利斯耶茲山頂，用繩子接引火種把它綁在角上，再次要游渡洪水回來，火種把山羊的角燒得通紅，忍受不了燒痛的山羊只有沉到水裡，火種被水一泡也熄滅了，體力不支的山羊也被洪水巨浪沖走。

　　在岸邊觀看的族人都捏了一把冷汗，可是也找不到能游泳的人下水去救山羊。

　　這時候，又有一隻叫塔俄隆的野獸，表示要去取火種獻給族人，大家又興起了一陣希望地圍到塔俄隆的周邊，為牠擦拭皮毛讓牠更光澤有精神。

　　不久，這隻體形較小的塔俄隆成功地取回火種，分給集中在兩座山的族人。

本則傳說故事情節要述如下：

一、族人避難洪水，集中到達姆斯薩庫拉巴山及利斯耶茲山。

二、他們失去了火種，有一隻山羊自告奮勇表示願意渡過洪水到利斯耶茲山頂取火種。

三、山羊用繩子接引火種把它綁在角上，回程時火把山羊的角燒得通紅，山羊受不了燒痛沉到水裡，火種熄了，山羊也被洪水巨浪沖走。

四、又有一隻叫塔俄隆的野獸成功地取回火種，分給集中在兩座山的族人。

《生蕃傳說集》，佐山融吉、大西吉壽著（1923），余萬居譯：⑤

　　古有大鰻魚爬上大陸，引起大洪水，祖先倉促逃難，忘掉火種，便派羌仔到對岸有火光處取，失敗了，後有人提議拿兩根木頭磨擦，成功取得火。

　　這時，一母山豬要求人們讓山豬吃一些作物，他就負責去殺死大鰻魚，山豬終於殺死大鰻魚，洪水退了，但退勢太猛，地上滴水不存。

　　祖先便遣鳥去取水，鳥要求人讓他們吃粟，人准了，鳥果然取水回來。

本則傳說故事情節要述如下：

一、大鰻魚爬上大陸，引起大洪水，祖先倉促逃難，忘掉火
　　種。

二、人們派羌仔到對岸有火光處取，失敗了，後有人提議拿
　　兩根木頭磨擦，成功取得火。

三、一母山豬要求人們讓牠吃一些作物，他就去把大鰻魚殺
　　死。

四、洪水退勢太猛，地上滴水不存。

五、人們派鳥取水，鳥要求讓牠吃粟，果然取水回來。

六、本故事沒有說是何種鳥去取水。

尹建中《台灣山胞各族傳統神話故事與傳說文獻編纂研究》
載〈水與火〉：⑥

　　　　從前，有一隻鰻自海面上來，造成海水倒灌，大家
　　慌忙地往山上逃，其中有人逃到新高山，慌亂之中忘了
　　帶火，日子一久便覺得不便，正商議時，瞧見山上有火
　　光，就請羌去拿火來，歸途時，游在濁水中的羌受不了
　　火的熱，一不留神，角沈進水裡，導致火種掉了。

　　　　山豬自告奮勇到海裡殺鰻，但要人們答應若他不幸
　　身亡，要照顧牠那些不懂世事的小豬，即使在田裡奔跑
　　也要饒了牠們，人們答應後，山豬便奮勇殺鰻，結果海
　　水退得一滴也不剩。

　　　　原來為無火而苦的人又擔心沒有水。於是請叫
　　taburan的鳥去汲水來。鳥兒要求人們原諒牠們啄粟一
　　事，人們爽快答應，taburan便很快地汲水來。

　　　　直到現在，人們也不責備吃粟的鳥或在田裡撒野的
　　山豬，因為牠們曾幫過大忙。而羌弄丟火時，有人摩擦
　　兩根木頭就產生了火，於是那個樹木被稱為baukaaru。

本則傳說故事去為人們汲水的鳥叫做taburan，人們為感恩山豬殺鰻的奮勇以及taburan鳥為人們汲水，不責備他們在田裡吃食。又羌弄丟火時，有人摩擦兩根木頭就產生了火，於是那個樹木被稱為baukaaru。

貳、鄒族食物神賜說傳說故事

《政大學報》六（1963），引自《鄒族信仰體系與宗教組織》（1988），胡耐安、劉義棠：⑦

> 大地洪水退後，曹族從玉山遷到達邦，有ninevu神身體巨大無比，前足踏在tufuja社後山，後足踏在tapan社後山上，並此帶來百草、樹木、動物等可食之物及祥瑞之氣，更創造今日可耕之地。

本則傳說故事情節要述如下：

一、大地洪水退後，曹族從玉山遷到達邦。

二、ninevu神帶來百草、樹木、動物等可食之物。

三、ninevu神踩踏之處，創造今日可耕之地。

參、鄒族「稻」傳說故事

浦忠成〈阿里山鄒族口傳故事〉載「稻米的來源」：⑧

> 很久以前人們住在玉山的時候，沒有小米，也沒有稻米。有一天有個人在山裡發現野芋頭，他想拔出來，發現它的根莖很長，好不容易拔出來，它生長的位置竟然有幾十公尺長的洞穴。

> 後來有一個聰明的人，找了長長的藤條，攀附著進入洞穴，有人正在那兒吃東西；他吃的好像只是湯氣，看不出是什麼東西？

> 這個聰明的人問他：「你吃的是什麼東西？」那個

人回答：「我喝的是米飯的湯。」

　　聰明的人就向他討取了一點稻米，又攀著藤蔓回到地上來；現在我們所吃的稻米飯，就是當時取回來之後種植而慢慢多起來的。

本則故事是敘述鄒族稻種取得之傳說故事。本則傳說故事情節要述如下：

一、有一人在山裡發現芋頭，拔起後竟然有幾十公尺長的洞穴。

二、後來有一個聰明的人，找了長長的藤條，攀附著進入洞穴。

三、洞穴裡有人正在那兒喝米飯的湯氣。

四、聰明的人向他討取了一點稻米，又攀著藤蔓回到地上來。

五、此後鄒族人開始種植稻米。

《嘉義縣志稿》（1962），引自《鄒族信仰體系與宗教組織》（1988），嘉義縣政府：⑨

　　古代在玉山是無稻米與粟，只有捕獸為食。一日有人在山中發現山芋，山芋的根非常長，拔出來即看見一穴，那人攀藤而下探看，下面還有另一更大的穴，看見有人在進食，但他們不吃食物，只是喝湯氣，那人便問所飲何物？答曰稻米，於是向穴中人乞求少許，再離穴，今日吃的稻米就是那時流傳下來。

本則故事與上則傳說相似，是鄒族人獲得稻米並且開始種稻米吃稻米的故事。

《台灣鄒族的風土神話》，浦忠成：⑩

　　相傳在太古時，災害相連，人們吃食困難。有一個叫巴斯亞的大力士，便去山上挖萬瓜，那瓜長得很粗

大，他挖得很深，一直挖、挖到了地心。

那兒有人，不過如螞蟻般大小，他們不會說話，但生活很富裕，有成熟金黃色的稻米，巴斯亞想帶出稻種拯救飢荒的同胞，但地下人卻不准種子外流，檢查得十分嚴密，巴斯亞於是便把種子藏在包頭皮裡，順利地帶到外面的世界。

本則故事是敘述鄒族人獲得稻種艱辛歷程的故事。本則傳說故事情節要述如下：

一、有一個叫巴斯亞的大力士去山上挖葛瓜。

二、因為葛藤粗大，巴斯亞的大力士挖得很深，一直挖、挖到了地心。

三、地心裡也住著人，他們如螞蟻般大小，不會說話但生活很富裕。

四、地心裡有成熟金黃色的稻米，巴斯亞的大力士欲帶出稻種，可是地下人不准種子外流，檢查得十分嚴密。

五、巴斯亞的大力士便把種子藏在包頭皮裡，順利地帶到外面的世界。

陳千武譯述《台灣原住民的母語傳說》：⑪

古早，有吃砂的人，去河川採砂子。女人出來看吃砂人採砂子。女人叫烏鴉去把採砂人的袋子拿來。

吃砂人找不到袋子，而發現袋子在岩石的地方，爬上去，看到兩個女人在那裡。她們有酒，給吃砂人喝酒。

吃砂人帶女人回家，女人吃了砂說：「這是什麼？」把吃下去的砂吐了出來。

吃砂人看了很生氣，說：「怎麼能浪費食物，我們不要這種女人。」女人很憤慨的跑回去了。

　　　　吃砂人試著吃女人留下來的白米，才知道味道很
好。便追逐女人，把她帶回來，繼續留在家裡。

　　　　女人拿一粒米放入米籠子，籠子的米就滿了。因
此，大家都說她真是一個神奇的女人。

　　本則故事是一位傳奇的女人將一粒米放入米籠子裡，籠子的
米就滿了的傳奇故事。

　　本則傳說故事情節要述如下：

一、古早，有吃砂的人，去河川採砂子。

二、女人叫烏鴉去把採砂人的袋子拿來岩石地方。

三、採砂人發現袋子在岩石的地方，爬上去，看到兩個女人
　　在那裡，女人給吃砂人喝酒。

四、吃砂人帶女人回家，女人吃了砂吐了出來。吃砂人生氣
　　女人也很憤慨的跑回去了。

五、吃砂人試吃女人留下之白米，覺得甚好。把女人追回
　　來。

六、女人拿一粒米放入籠子，籠子的米就滿了。因此，大家
　　都說她真是一個神奇的女人。

　　林道生編著《原住民神話故事全集（一）》載〈吃米、沙的
神〉：⑫

　　　　古時候，從岩石中的一個石柱誕生了一位女神，那
時候地上還沒有什麼食物，生活很困苦，因此女神求天
神賜給食物，天神聽了便授予女神各種食物，當中有魚
類也有獸類，還有米。女神將一粒米剖成兩半，拿其中
的一半放進鍋裡就煮成了一鍋飯。

　　　　那時候，還有一位吃河邊沙子生活的男神。有一
次，男神要去河邊途中遇見了女神，被女神邀請回去做
客，看見女神家有許多好東西而入贅結成夫妻。

　　男神不知道什麼是米，當他在庭院看笊籬擺放著米飯而問女神：「這麼多的蟲卵要做什麼呢？」女神回答：「這不是蟲卵，是米。」

　　男神不知道米是做什麼用的，便把笊籬的米統統倒出來，自己去河邊裝了沙回來。女神覺得很奇怪：「為什麼要倒了米來裝沙呢？」女神實在不明白男神的用意，因此當男神不在的時候，女神又倒出沙來裝米。

　　男神回來看見自己要吃的沙被倒了出來，笊籬又裝了蟲卵而大為生氣地責問：「你為什麼兩次倒了沙裝了蟲卵？」準備給我吃這些蟲卵嗎？你的心地不好！」

　　說著提起笊籬準備把米倒掉，女神趕緊阻止說：「這是天神授予的尊貴米，你吃一口看看，覺得不好再丟掉吧！連吃都沒有吃過，就說這些是壞東西，那是愚笨的做法呀！」

　　說完強迫男神吃了一口米，男神這才知道米的味道真好，從此不再吃沙而改吃米飯。

　　沒有煮飯的薪柴時，女神就去撿些小木頭。當女神把這些小木頭擺在庭院，口中念唱了些詞，這些小木頭就變成大木頭占滿了庭院；當想要酒的時候，只要把兩三粒米放入甕裡蓋好蓋子就會變成酒。男神與女神一直過著快樂的生活。

本則傳說故事情節要述如下：

一、一位女神從岩石中的一個石柱誕生。

二、女神求天神賜給食物，天神便授予女神魚類、獸類、米等食物。

三、有一位男神吃河邊沙子生活，男女兩神相遇，女神邀請男神做客，男神看見女神家有許多好東西而入贅結成夫

妻。

四、男神看到米以爲是蟲卵，女神告知是「米」。

五、男神不知「米」的用途，便把笊籬的米統統倒出來裝了沙。

六、當男神不在的時候，女神倒出沙來裝米。

七、男神很生氣，因爲他不知道「米」可以吃。

八、女神強迫男神吃「米」，果然味道眞好，從此不再吃沙而改吃米。

肆、鄒族「粟」傳說故事

《台灣鄒族的風土神話》，浦忠成：⑬

從前粟神拿起一把粟交給鄒族的祖先，教導他們種植的方法，且叮嚀在播種與收穫時均舉行祭拜的儀式，這樣會保佑人永遠食物充足。

那時一粟種可結五次穗，五粒粟米就可以煮兩鍋飯，可是後來有人懶惰、荒廢了祭祀的事，而且也犯了許多禁忌。

於是一日倉中和田裡的粟米全部飛走。幸好還有一把粟種留在門板後，人們小心的播種，但它只結一次穗就枯死了，煮飯時也只膨脹一點。

從此人們在播種和收穫的時候都會謹慎的行祭祀的儀式。

本則故事謂鄒族人之粟種乃粟神所贈送，唯必須勤於祭祀。本則傳說故事情節要述如下：

一、粟神拿一把粟給鄒族的祖先，教導其種植，又叮嚀播種與收穫均須舉行祭儀，如此食物才會永遠充足。

二、起初一粟種可結五次穗，五粒粟米就可以煮兩鍋飯。

三、後來漸漸有人懶惰起來，也荒廢祭祀之事，更犯了許多
　　禁忌。

四、於是粟神懲罰他們，使倉中和田裡的粟米全部飛走。

五、幸好還有一把粟種留在門板後沒有飛走，人們就小心翼
　　翼的播種這把粟種。

六、不過這把粟種只結一次穗就枯死了，不似初時可結五次
　　穗。

七、初時只要五粒粟米就煮成兩鍋飯，可以很多人吃。

八、現在煮飯就要很多粟米了。

九、經過此次粟米被粟神奪回的教訓，人們在播種和收穫的
　　時候都會謹慎的行祭祀的儀式。

范純甫主編《原住民傳說》（上）載〈老人授粟種〉：⑭

　　相傳很早以前，有個人名叫卡那普。有一次，他到
深山裡挖山芋，在一個鬆土堆積的山崖旁，連續掘到了
幾個洞穴。那些洞穴一個比一個大，最後一個洞穴，大
到可以讓人爬進去。

　　卡那普想：這個洞穴裡究竟有什麼東西呢？便用樹
木架成梯子，爬到洞內去。洞裡黑得見不到五指，但
是，當他摸索著走了幾步，突然有了亮光。轉個彎兒，
只見天色大亮，一座宏偉華麗的金色宮殿聳立在眼前。
宮殿前頭站著一位白髮蒼蒼的老人，手裡柱著一根金玉
縷刻的拐杖。

　　老人抬頭見到一個陌生人鑽到他的界地裡來，十分
氣憤大聲喝斥：「你是什麼人？膽敢跑到我神聖的地界
裡來！」

　　卡那普誠惶誠恐，低著頭回答說：「我叫卡那普，
因為家窮，只得挖山芋充飢度日。今日迷了路，誤入您

老人家的宮殿，實在冒犯得很，請您老多多恕罪。」老人聽了這些話，面上的怒色才漸漸消退。

　　隨後，老人叫卡那普隨他到宮殿裡坐坐，並取出金黃色的香甜的烤餅請他吃。卡那普拿著烤餅，不曉得這是什麼東西，不敢吃，又不敢放下。老頭子哈哈大笑，叫他不要怕，說：「這是用粟米製成的燒餅，好吃得很哪！」卡那普把餅放到口裡一嚼，果然味道香甜，又脆又軟。

　　他「撲通」一聲跪在地上，求老人賜予製餅用的粟種，免得一家人老是吃著又生又澀的山芋。

　　老頭子摸著他的頭，雙手把他攙扶起來，答應了他的要求。從洞穴回來的時候，老人在卡那普的口袋裡塞滿了許多豆粟種子。

　　從那時起一直到今天，人們常常要在「粟祭」的時候，遙祭塔母麥老人，就是藉此懷念他老人家恩賜粟種的深情。

本則傳說故事情節要述如下：

一、有個人名叫卡那普到深山裡挖山芋，連續掘到了幾個洞穴，最大的洞穴可以讓人爬進去。

二、卡那普好奇用樹木架成梯子，爬到洞內去。

三、洞內有一座宏偉華麗的金色宮殿聳立，站著柱著金玉縷刻拐杖的白髮蒼蒼的老人，他的名字叫做塔母麥。

四、老人大聲喝斥闖入者，聞知卡那普挖山芋充飢迷了路，怒色才漸漸消退。

五、在宮殿裡老人取出金黃色的香甜的粟烤餅請卡那普吃。

六、卡那普跪在地上，求老人賜予製餅用的粟種。

七、當卡那普離開時，老人在他的口袋裡塞滿了許多豆粟種

子。

八、後來族人舉行「粟祭」時，遙祭塔母麥老人，以懷念其
　　賜粟種之恩。

伍、鄒族「豆類」傳說故事

范純甫主編《原住民傳說・種子》載：⑮

　　從前有個曹族人，一天去掘山芋，因地穴愈掘愈
大，便架設了樓梯到了地下。地下有一間裝設別緻的房
屋，屋裡住有一個人，名叫塔牟賴。

　　塔牟賴一見有人闖入，就責問說：「你來這裡幹什
麼？」曹族人答說：「因沒有東西吃，來這兒掘山芋。
不料，土穴越掘越大，才到了這裡。」

　　塔牟賴聽了，請他到屋裡吃粿，並告訴他，粿是用
粟製的。曹族人食之，果真美味好吃；於是，懇請塔牟
賴送他粟以及其他如大角豆、木豆等穀種，而將之帶回
地上人間。

　　今粟祭時，拜祀塔牟賴，即起源於此。

本則故事謂鄒族之粟與豆類等食物來自於地底下之「塔牟
賴」。本則傳說故事情節要述如下：

一、有人去掘山芋，地穴愈掘愈大，便架設了樓梯到了地
　　下。

二、此人發現地下另有一個世界，有一間裝設別緻的房屋，
　　屋裡的主人名叫塔牟賴。

三、塔牟賴請他吃粿，並說粿是用粟製作的。

四、到達地下世界的這個人，要離開時，懇請塔牟賴送他粟
　　以及其他如大角豆、木豆等穀種。

五、後來鄒族人粟祭時，拜祀塔牟賴，即起源於此。

《生蕃傳說集》，佐山融吉、大西吉壽著（1923），余萬居
譯：⑯

　　古時，社裡一男子至野外挖山芋，其坑愈挖愈深，
男子便造一梯下到洞底，洞底別有洞天，住有一人，名
tamuunai，給了下洞的男子粟種，大角豆和木豆的種
子，男子回到地上，將之傳給世人，此爲穀類之始。

本則傳說與上則故事同，是鄒族人獲得粟、大角豆、木豆種
子的故事。

陸、鄒族食蜂傳說故事

古代鄒族人也盪鞦韆，《台灣鄒族語典》，聶甫斯基
（N.A.Nevskij）著，白嗣宏、李福清、浦忠成譯，有一則有關鞦韆
的傳說故事：⑰

　　從前有一個聰明的亞瓦艾，有一次他看見一群蜜
蜂，想採蜜但蜂群在陡坡上，沒法取得。

　　於是他做了個鞦韆，盪著取採蜜，想要吃蜜時卻發
現鞦韆沒法停，只好邊採邊吃，等他吃完，發現藤條快
要磨斷了。

　　有一次他在山上割完了草，便放火燒了草，自己爬
上草地上一棵樹上看，火燒得很兇，差點燒到了他，他
放在樹枝下的皮披肩烤得都皺起來。

　　有一回他圍了一個漁網，而大水沖走了漁網也沖走
了他，此時他抓住網上的竹子，眼看就要掉到瀑布裡，
幸好有人在岸上發現了他，用藤條把他拉上來。

本則傳說故事敘述聰明的亞瓦艾，有一次看見一群蜜蜂，他
想採蜜但蜂群在陡坡上，沒辦法取得。於是他做了個鞦韆，盪著
取採蜜，邊採邊吃。有一次他在山上割完了草，便放火燒了，差

點燒到了他。有一回他圍了一個漁網，大水沖走了漁網也沖走了他，有人在岸上用藤條把他拉上來。

【註釋】

① 尹建中《台灣山胞各族傳統神話故事與傳說文獻編纂研究》，1994.4。

② 同①。

③ 同①。

④ 林道生編著《原住民神話故事全集（一）》，台北，漢藝色研文化事業有限公司，2001.5。

⑤ 同①。

⑥ 同①。

⑦ 同①。

⑧ 浦忠成〈阿里山鄒族口傳故事〉，民眾日報，1992.11.29。

⑨ 同①。

⑩ 同①。

⑪ 陳千武譯述《台灣原住民的母語傳說》，台北，台原出版社，1995.5。

⑫ 同④。

⑬ 同①。

⑭ 范純甫主編《原住民傳說》（上），台北，華嚴出版社，1996.8，一版。

⑮ 同⑭。

⑯ 同①。

⑰ 同①。

第十六章

鄒族動物口傳文學

壹、鄒族「狗」傳說故事

狗是人類最早飼養的家獸，鄒族人養犬是用以狩獵，有一則鄒族人飼養狗的傳說故事，《大陸雜誌》（1960），引自《鄒族信仰體系與宗教組織》（1988），杜爾未：①

> 忽聞猲猲聲，那時鄒族仍未見過狗，發現了牠，想用食物引誘但未成功。他日，便帶著肉食和糕餅來到大狗住處，大狗不在家，遂擒二隻小狗，一牡一牝。
>
> 大狗回來發現想要追趕，但礙於口啣糕餅，未能追上。自此，鄒族便有了狗，打獵時有所輔助。
>
> 最初，狗會說話，但因一日晨間，狗聞得人們夜間性交所留的氣味，向人謾罵起來，所以人們便不再和狗說話。
>
> 而後來又拿黃麻水，牠們喝這樣的水喪失了說話的能力。

本則傳說故事情節要述如下：

一、鄒族人發現狗帶著肉食和糕餅，見大狗不在擒獲二隻小狗，一牡一牝。

二、大狗回來發現小狗被盜走，想要追趕，但是口啣著糕餅，未能追上。

三、鄒族人養了狗之後，狗成了打獵時最佳的搭當。

本則是一則鄒族人畜養狗的起源故事，也述及狗原本會說話的，後來人們讓狗喪失說話的能力。據說鄒族人以黃麻水給狗喝而喪失了說話的能力。

貳、鄒族「羌」傳說故事

〈tsuao族之傳說〉《台灣時報》53（1988），引自《鄒族信仰體系與宗教組織》（1988），丙午生著，黃耀榮譯：②

　　往昔發生大海嘯，與如山般的大浪前來一條大鰻，堵住溪水，便附近鬧洪水。人畜便避水而至高山。

　　山頂無火氣，遂令羌渡河求火，羌將火於雙角，但途中不堪頂上熾熱，而將頭沒入水中，火熄，只好再次以銜枯枝，方能鑽木取火。……。

　　據說早先羌之角是直形的，是因搬運火種時燒到，使得其角彎曲。

本則傳說故事情節要述如下：

一、大鰻堵住溪水而鬧洪水，人畜避水而至高山。

二、人們令羌渡河求火，羌將火於雙角，但因熾熱而將頭沒入水中，火熄，人們只好再次以銜枯枝，方能鑽木取火。

三、早先羌之角是直形的，是因搬運火種時燒到，使得其角彎曲。

參、鄒族「癩蛤蟆」傳說故事

《台灣鄒族的風土神話》，浦忠成③

　　從前有一家人到田裡工作，住在草屋內。一日父母外出工作，留下兩個孩子。那兩個孩子看見一隻癩蛤蟆，便把牠丟來丟去以為玩樂，天神看了非常生氣，便用一個鍋子蓋住孩子。

　　父母聽到孩子的哭聲，想要救孩子，但一踩到鍋子人就彈走了，後來又降下了泥土，把鍋子深深埋住，再也救不出孩子，只留下傷心的父母在那裡悲傷的哭著。

本則傳說故事情節要述如下：

一、父母外出工作，留下兩個孩子在草屋裡。

二、兩個孩子看見一隻癩蛤蟆，便把牠丟來丟去以為玩樂。

三、天神看了兩個孩子玩弄癩蛤蟆，非常生氣，便用一個鍋
　　子蓋住孩子。

四、父母聽到孩子在鍋子裡的哭聲，想要救孩子，但一跤到
　　鍋子人就被彈走了。

五、神又降下了泥土，把鍋子深深埋住，父母再也救不出孩
　　子了。

肆、鄒族「蛇」傳說故事

《生蕃傳說集》，佐山融吉、大西吉壽著 (1923)，余萬居譯：④

　　太古時代本無鳥獸蟲魚之分，而是都長得跟人一模
一樣，其中，蛇也當然不例外。某地有個生性好奇的
人，飼養一條小毒蛇。

　　此一小蛇個性善良，其他社人也都疼牠。可是，有
一天，一個社人請小蛇喝酒，小蛇喝醉時，他想開小蛇
玩笑，把一隻蟑螂放進小蛇的袋子裡，小蛇醒來，背起
袋子就回家去，卻死在半路上。

　　蛇神大怒，率領眾多毒蛇來襲，咬死了很多社人，
取其首級凱旋歸去。有個叫做arusiba的倖免其難，意圖
報仇，在一座空屋撒放火藥，把很多毒蛇騙進屋裡去就
點上了火，屋肉轟然一聲火起，毒蛇們都被燒成焦炭，
甚至炸得碎屍萬段。

　　可是，有一條青蛇在起火的時候躲進洞裡，後來進
入山中去孵化那些被燒死了的蛇的蛋，因此現今蛇類依
然多得不計其數。

本則傳說故事情節要述如下：

一、太古時代本無鳥獸蟲魚之分，而是都長得跟人一模一
　　樣。

二、有一個生性好奇的人，飼養一條小毒蛇。

三、有一天，一個社人請小蛇喝酒，小蛇喝醉了就開牠的玩笑，把一隻蟑螂放進牠的袋子裡，小蛇醒來背起袋子回家，卻死在半路上。

四、蛇神大怒，率領眾多毒蛇來襲，咬死了很多社人，取其首級凱旋歸去。

五、蛇難倖免其難者叫做arusiba，在一座空屋撒放火藥，誘騙毒蛇騙進屋裡去。

六、arusiba點上火，屋肉轟然一聲火起，把毒蛇燒成焦炭炸得碎屍萬段。

七、有一條青蛇躲進洞裡倖免火燒。

八、這條青蛇進入山中去孵化那些被燒死了的蛇的蛋，因此現今蛇類還是很多。

林道生編著《原住民神話故事全集（一）》載〈青蛇〉：⑤

太古時候，鳥獸蟲魚並沒有什麼差別，都具有人的形象。當然蛇也一樣。部落裡一位好事的男子在麻袋裡面飼養著一條小毒蛇，這條小毒蛇有很好的性格，為居民所喜愛。

但是，有一天，一位居民讓牠喝酒，看著酒醉了的小蛇模樣覺得很好玩，然後他又丟了幾隻蟑螂到蛇的袋子裡面去逗小蛇。

當小毒蛇酒醒之後，想衝出袋子要回去牠的老家，但是沒多久卻死在袋子裡面。

蛇神看了這男子的惡作劇非常的生氣，要殺死這位無聊的男子，因此蛇神率了一大群毒蛇來襲擊部落，咬死了大多數人，並且拿下他們的頭顱。

不過，有一位叫阿爾西巴的男子逃過了這一場災

難，忿怒地要為家鄉的人報仇。

　　有一天，阿爾西巴引誘了許多毒蛇到一間房屋裡面，然後在屋頂撒了火藥點火把牠們統統燒得焦黑。

　　這時候，有一條青蛇動作快，鑽入洞穴裡面免了一死，往山裡逃走。其他被阿爾西巴燒死的蛇，死前下了許多卵，經過日曬而孵化成許多小蛇。今天，山上有許多毒蛇就是這緣故。

本則傳說與上則故事相似，唯有些差異，上則故事謂「小蛇喝醉時，他想開小蛇玩笑，把一隻蟑螂放進小蛇的袋子裡，小蛇醒來，背起袋子就回家去，卻死在半路上。」

本則故事則謂「一位居民讓牠喝酒，看著酒醉了的小蛇模樣覺得很好玩，然後他又丟了幾隻蟑螂到蛇的袋子裡面去逗小蛇。當小毒蛇酒醒之後，想衝出袋子要回去牠的老家，但是沒多久卻死在袋子裡面。」

上則故事謂：「有一條青蛇在起火的時候躲進洞裡，後來進入山中去孵化那些被燒死了的蛇的蛋，因此現今蛇類依然多得不計其數。」

本則故事謂：「有一條青蛇動作快，鑽入洞穴裡面免了一死，往山裡逃走。其他被阿爾西巴燒死的蛇，死前下了許多卵，經過日曬而孵化成許多小蛇。今天，山上有許多毒蛇就是這緣故。」

上則故事說蛇死在「半路上」，本則故事說蛇死在「袋子裡面」；上則故事說青蛇「進入山中去孵化那些被燒死了的蛇的蛋」，本則故事則說：「經過日曬而孵化成許多小蛇」。

林道生編著《原住民神話故事全集（一）》載簡仔霧社〈蛇子〉：⑥

　　從前，一位男子到山上，聽到一陣可憐的幼兒哭泣聲，心中覺得奇怪：「山上怎麼會有幼兒的哭泣聲呢？」

男子朝著哭聲的方向走去，哭聲越來越大，終於看到一條大蛇纏著一個嬰兒，時而伸露出牠那紅色的舌頭舔著嬰兒。男子看得毛骨悚然，雖然害怕還是鼓起勇氣靠近大蛇，用手做出趕走蛇的姿勢，嘴巴又大聲喊著：「哦！希，哦！希」地配合壯膽嚇唬牠，大蛇還真的走了。

男子抱起可憐的嬰兒趕緊回家，煮了粟粥（小米稀飯）餵他，他不吃，試了幾種食物都不肯吃，最後吃了芭蕉。就這樣地，男子餵蛇子吃芭蕉，有時候是地瓜，幾年後長大成強壯男孩。

蛇子依照習俗開始跟著大人出去打獵。有一天，跟幾位男孩一起去獵鹿，別的孩子是空手而回，只有蛇子獵得幾隻鹿回來。而第一次參與馘首，其他孩子都沒有收穫，唯有蛇子跟大人一般地勇敢馘得兩個敵首回來，受到大家的尊敬，男子大大的疼愛著自己從山上大蛇身邊救回來的蛇子。蛇子也把男子當作親人般的孝順，並且常常照顧部落裡的其他孩子。

有一天，幾個孩子攀登在肉乾棚架上乘涼時，從遠方傳來了呼喚人的聲音，大家抬頭看看四周卻沒有什麼人影。其他孩子覺得奇怪：「看不到人影，真奇怪！到底是什麼聲音在叫！會不會是妖怪呀！」孩子們玩笑地猜著。

這時，蛇子才悲傷地說：「嗚呼！是母親在呼喚我。我們有緣分，這幾年讓我在這裡跟各位做兄弟一起生活，現在我的期限到了，我必須離開你們。實在令人難過呀！」蛇子說著說著傷心的哭了起來。

這時，一條大蛇已經來到他們的棚架邊看著孩子

們，蛇子馬上變成了一條蛇，孩子們被嚇得一個個從棚架上跳了下來，蛇子也在這瞬間鑽入泥土中不見了。

其他的孩子們雖然嚇了一跳，後來想起幾年來大家與蛇子如同兄弟一般過著快樂的生活，蛇子這麼一走大家也難過起來，便拿出鼻笛來吹奏安慰自己。

本則傳說故事情節要述如下：

一、有一位男子到山上聽到幼兒哭泣聲，循聲找到一條大蛇纏著一個嬰兒，時而伸露出牠那紅色的舌頭舔著嬰兒。

二、男子用手做出趕走蛇的姿勢，大蛇還真的走了。男子抱起嬰兒回家養育。

三、孩子長大非常善獵，馘首也很勇敢，受到大家的尊敬。

四、有一天，孩子們攀登在肉乾棚架上乘涼時，從遠方傳來呼喚的聲音，原來是蛇媽媽找孩子來了。

五、蛇子悲傷地哭起起來，他不忍離開在這裡一起生活的兄弟們。

六、蛇子變成了一條蛇，瞬間鑽入泥土中不見了。

七、其他的孩子們想起幾年來與蛇子如同兄弟一般過著快樂的生活就難過起來，便拿出鼻笛來吹奏安慰自己。

伍、鄒族「熊」與「豹」傳說故事

《生蕃傳說集》，佐山融吉、大西吉壽著（1923），余萬居譯：⑦

古時熊和豹在山中相遇，互為對方染色。豹把熊染成一身漆黑，只留下喉部未染，熊怒，往豹的身上撲了過去。

豹為其疏忽而致歉，並許贈送鹿的後腿，終於求得熊的諒解。如今山中時有鹿的後腿在地上，就是豹要給熊的禮物。

本則傳說故事情節要述如下：

一、熊和豹在山中相遇，互為對方染色。

二、豹把熊染成一身漆黑，只留下喉部未染，熊怒，便撲了
　　上去。

三、豹向熊致歉，並許贈送鹿的後腿。

四、如今山中時有鹿的後腿在地上，即是豹的承諾要給熊的
　　禮物。

陸、鄒族「穿山甲」與「猴子」傳說故事

《生蕃傳說集》，佐山融吉、大西吉壽著（1923），余萬居
譯：⑧

　　某地住有穿山甲arum和猴子，一天牠們共同下河捕
了很多魚回來，穿山甲叫猴子去取水，猴子心中不樂，
遂用竹筒盛尿拿回來。穿山甲大怒，二人吵了起來。

　　穿山甲只好自己去取水，而猴子竟趁其不在時，將
全烤好的魚全吃光了。穿山甲回來，猴子硬不肯承認，
只說是來了一隻大鳥，把所有的魚撿走了。

　　穿山甲用一根竹子，輕輕鬆鬆地跳了起來，叫猴子
也試試。猴子原本就愛面子，撐了竿子也跳，但這一震
動，滿肚子的糞尿都瀉了出來，無數魚骨也跟著出來，
牠再也不能辯解了。

　　接著穿山甲和猴子上山去了，穿山甲想教訓猴子一
下，說要放火燒草原，並取笑猴子一定看到大火就嚇壞
了。

　　猴子不甘示弱，穿山甲心中偷笑，便走進草原去
了，叫猴子放火。大火傾刻間燒遍了整個草原，等火熄
後，穿山甲沒事似地坐在石頭上。

猴子照做，穿山甲放火之後，猴子被燒死了。後來，穿山甲又不忍心，剖開猴子的肚子，割下其肉又縫合，猴子終於活了過來。

猴子想找地方散散心，到河邊去釣魚，穿山甲躲在水裡嚇他。猴子說他看到了水神，嚇壞了。穿山甲忍住笑，故意教訓他，說是他心術不正，水神才會生氣。

之後又建議他去採樹果，到了山上，猴子爬上樹去，自顧著吃玩，而不管樹下的穿山甲。穿山甲向猴子要，猴子摘了一個果實，先在肢間擦了一下，才扔給穿山甲。

穿山甲欲食之，一聞，大叫，臭死了！樹上的猴子開心大笑。因此，他們的和解又吹了。時至今日，這兩種動物仍焦無摒棄成見，仍然相互爲敵。

本則傳說故事情節要述如下：

一、穿山甲和猴子下河捕了很多魚回來。

二、穿山甲叫猴子去取水，猴子不悅遂用竹筒盛尿拿回來。二人吵了起來。

三、穿山甲只好自己去取水，而猴子竟趁其不在時，將全烤好的魚全吃光了。謊稱是來了一隻大鳥，把所有的魚撿走了。

四、穿山甲用一根竹子撐竿跳，猴子不認輸也撐竿跳，結果糞尿魚骨等都瀉了出來，牠再也不能辯解了。

五、穿山甲和猴子上山去草原，叫猴子放火，等火熄後穿山甲沒事似地坐在石頭上。

六、猴子不甘示弱照做，穿山甲放火之後，猴子被燒死了。

七、穿山甲不忍心，剖開猴子的肚子，割下其肉又縫合，猴子終於活了過來。

八、猴子去散心，到河邊去釣魚，穿山甲躲在水裡嚇他。

九、猴子與穿山甲去採樹果，猴子爬上樹去，自顧著吃玩，
　　而不管樹下的穿山甲。

十、穿山甲向猴子一個樹果，猴子先在肢間擦了一下，才扔
　　給穿山甲。穿山甲欲食之，一聞，大叫，臭死了！樹上
　　的猴子開心大笑。

十一、時至今日，猴子與穿山甲仍然相互爲敵。

林道生編著《原住民神話故事全集（二）》載沙阿魯阿群〈猴
子與穿山甲〉傳說：⑨

　　　猴子在山上狩獵，獵到了一隻鹿，來到河邊用釣鉤
鉤了鹿肉把它拋到水裡要釣魚。在對岸觀看的穿山甲也
潛入水中，偷取了猴子的魚餌鹿肉。

　　　猴子以爲鹿肉是被魚吃掉了，就改用內臟的腸子繼
續釣魚。這時候穿山甲從水中突然冒了出來，把正在集
中精神釣魚的猴子嚇了一跳，猴子不曉得從水中冒出來
的是什麼怪物拔腿就逃。

　　　跟在猴子後面有些追不上的穿山甲，喘吁吁地對猴
子說：「猴兄，我渴得要命，幫我汲些水吧！」被穿山
甲驚嚇了的猴子，心有不甘地去爲穿山甲汲水，同時在
汲水的竹筒內撒了一泡屎報復。

　　　猴子把水交給了穿山甲轉身就走，穿山甲喝了一口
說：「你的尿好臭！」又說：「再去幫我汲乾淨的泉水
吧！」猴子又去汲水，仍然在筒內撒尿交給穿山甲喝。

　　　喝了猴子尿的穿山甲生氣的說：「這不是河水！這
是你的尿，你騙人！」又說：「你幫我看管這些石縫裡
的魚，我自己去汲水！」

　　　穿山甲走了，猴子不看管魚，反而把魚吃掉。穿山

甲汲水回來，拿了箭射了石頭縫都沒有魚，而用懷疑的語氣質問猴子：「一定是你把這裡的魚都吃掉了！」「魚不見了，是被鳥吃掉的！你看看你的箭，我也用它射不到魚呀！」猴子不承認地回答。「那麼，我們都去大便用木條擦拭屁股看看！」

穿山甲用木條擦拭屁股黏著的是碎肉。猴子用木條擦拭屁股黏著的是魚的骨頭。「你看！吃了魚的是你！」穿山甲不高興的說。

「現在我們來遊戲互相放火燒對方看看！」穿山甲說完逃入茅草叢，在地上掘了個容身的洞躲起來。猴子放了一把火把茅草叢燒光一大片，可是穿山甲卻從洞穴走出來坐在那邊，好像什麼事也沒有發生過。猴子過來問他：「為什麼火燒不著你呢？」「我收集一堆茅草的枯葉，鑽到裡面去就燒不著了！」

「原來如此！現在輪到你放火燒我了！」猴子說完躲到茅草叢中，收集一些枯葉鑽進去。穿山甲放了一把火，一大片茅草原被燒得焦黑，連猴子也被燒成重傷死了。

穿山甲剖開猴子的肚子，取出肝臟來煮，又煮了飯，再喚醒猴子，讓猴子吃飯又配自己的肝臟。穿山甲對猴子說：「是saugali射殺了你。剛剛經過了你家前面。」

猴子看看被剖開的肚子，穿山甲說：「你吃了自己的肝！」說完鑽進自己的洞穴。氣得猴子用石頭把洞口堵住不讓穿山甲出來，穿山甲自己挖了通道從別的地方出去。

再去拜訪猴子，猴子一看到穿山甲就問：「為什麼

你讓我吃自己的肝？」「我不知道有這一回事，我是從別的地方來的！」「那個傢伙應該是出不來了！我用石頭堵住了洞口，他已經死在裡面了吧！猴子得意的說。

本則傳說故事情節要述如下：

一、猴子獵到了一隻鹿，用鹿肉為餌到河邊釣魚，穿山甲潛入水中偷了猴子的魚餌鹿肉。

二、穿山甲從水中突然冒出來，把猴子嚇了一跳，拔腿就逃。

三、穿山甲請猴子汲水來喝，猴子在竹筒內撒了一泡屎報復。

四、穿山甲只好自己汲水，並且請猴子幫忙看管石縫裡的魚。

五、猴子不看管魚，反而把魚吃掉，說是被鳥吃掉。

六、他們就去大便用木條擦拭屁股，穿山甲屁股黏著的是碎肉，猴子屁股黏著的是魚的骨頭。

七、他們又遊戲互相放火燒對方，穿山甲入茅草叢在地上掘了個容身的洞躲起來。猴子放火燒茅草叢，穿山甲卻安然無恙。

八、猴子入茅草叢，穿山甲放火燒茅草叢，猴子被燒成重傷死了。

九、穿山甲剖開猴子的肚子，取出肝臟來煮，又煮了飯，再喚醒猴子，讓猴子吃飯又配自己的肝臟。

十、穿山甲讓猴子吃自己的肝臟，非常生氣，用石頭把洞口堵住不讓穿山甲出來，但是穿山甲自己挖了通道從別的地方出去。

柒、鄒族「穿山甲」與「黃葉貓」傳說故事

《台灣鄒族的風土神話》，浦忠成：⑩

　　從前穿山甲和黃葉貓牠們交情甚好，但有一天卻不知為何一起相約去較量。牠們一同來到茅草原，比藏身草原放火燒，燒不死的就獲勝。

　　於是穿山甲挖掘洞穴，躲在裡面直至火熄方出，黃葉貓見其未死，便請教牠避火之道，穿山甲騙牠藏身於枯樹堆下就沒事，黃葉貓如是做了，卻被燒成了焦炭，穿山甲用水清洗牠，牠才活過來。從此黃葉貓便懷恨在心。

　　一日兩個又一同出去，發現樹有又蜜蜂窩，黃葉貓立刻上樹取蜜而食，飽餐一頓，而穿山甲卻只能在樹下看；貓吃完後拿起剩餘的蜂蜜，沾附肛門然後丟給穿山甲，穿山甲一聞覺得臭氣沖天，發現上面有糞便，甚感憤怒，但也無可奈何。

本則傳說故事情節要述如下：

一、穿山甲和黃葉貓有一天相約去較量。

二、黃葉貓先燒草原，穿山甲挖掘洞穴，躲在裡面直至火熄方出。

三、換穿山甲燒草原，黃葉貓被燒成了焦炭。

四、穿山甲用水清洗黃葉貓，牠才活過來。

五、又有一日，黃葉貓上樹取蜜飽餐一頓，把剩餘的蜂蜜，沾附肛門然後丟給穿山甲，穿山甲感憤怒但也無可奈何。

捌、鄒族「穿山甲」與「野貓」傳說故事

聶甫斯基著，白嗣宏、李福清、浦忠成譯《台灣鄒族語典》：⑪

　　傳說有一次穿山甲說：「讓我們把草地燒光吧！」野貓就說：「好吧！咱們就做這件事。」

　　穿山甲強迫貓先去燒，貓的確先點著了火，在草地燒光以後，野貓就開始找穿山甲，穿山甲並沒有燒死。

　　貓就說：「你是怎麼辦的才沒燒死？」穿山甲說：「我攏了一大堆芒葉，就坐在草上面」。

　　於是貓也這樣（字面上為模仿）去草地上攏了一大堆乾芒葉，然後坐了上去，等穿山甲把草地燒光以後，穿山甲開始找貓。

　　穿山甲找到貓以後，牠已經完全蜷在一堆了。穿山甲拖起貓，一直拖到有水的地方，然後剖開貓肚子。穿山甲取出了腸子，穿山甲用水灑遍貓身上，貓開始呼吸。牠穿山甲用貓的腸子餵給貓自己吃。

　　貓瞭解到自己的腸子是自己吃掉的，因此就同穿山甲翻了臉。穿山甲說：「我是攏了一大堆乾芒葉和坐在葉堆上面。」實際上牠在地上挖了一個洞躲了起來，因此才沒有燒掉。

本則傳說故事情節要述如下：

一、穿山甲和貓互燒。

二、貓先燒穿山甲，穿山甲並沒有燒死。

三、穿山甲騙貓說「我攏了一大堆芒葉，就坐在草上面」，所以沒有被燒死。

四、換穿山甲燒貓，結果貓已經完全蜷在一堆死了。

五、穿山甲拖著貓到有水的地方，剖開貓的肚子取出腸子，用水灑遍貓身上，貓開始呼吸。

六、穿山甲用貓的腸子餵給貓自己吃。貓知道後與穿山甲翻了臉。

玖、鄒族「穿山甲」與「獅」傳說故事

《番族調查報告書》（1915）：⑫

很久很久以前，一座山上有一隻穿山甲和一頭獅，牠們都有人的相貌。牠們倆一向和睦相處。可是有一次為了雞毛蒜皮的事吵了起來，最後吵到誰力量強。

牠們倆來到草場，場上長滿芒草。牠們說：「現在草乾透了，如果點把火，就會燃起一片大火，誰站在火中叫而不燒死，誰就強；誰站在中間燒死了，誰就弱。」

牠們說著就割完草，放了一把火，穿山甲只好首先站在中間，然而穿山甲鑽到地裡，因而躲開了火。等火熄之後牠鑽了出來，然後坐在石頭上，若無其事地吸起煙斗。

獅則以為穿山甲必定燒死了，當牠看了一眼燒光的地方，發現穿山甲平安無恙。獅大吃一驚，問道：「你是怎樣避災的？」穿山甲相當嚴肅地回答說：「我攏了一大堆乾葉，鑽到了葉堆裡，火越過我，向上燒去。這有甚麼可奇怪的？」他說著這些話，又吸起煙斗來。

「嗯，他說得對！」獅心裏想，「火是向上昇的，不燒下面的。於是他一副滿意的表情，照穿山甲對牠說的那樣，割了一大堆芒草葉，自己躺到了乾葉子下面。

儘管穿山甲心裏十分難受，但是知道，如果不教訓一次這個驕傲自大的傢伙，以後就悔之不及，因此牠硬著心腸點燃了乾葉。

乾葉立即熊熊燃起，大火把獅燒成了一堆黑東西，穿山甲目睹這一切，良心上過不去，於是下到谷底，從山谷裏弄了一點水來，把水灑到獅身上，獅已經嚥了氣，這時在水的作用下開始表現出一些生命的徵兆。

　　穿山甲出於好意不是一次，而是兩次三次到山谷裏去弄水來。等他用乾淨的冰冷刺骨的水把獅的身體洗了一遍之後，獅恢復了原狀。

　　從此他們和睦相處，但這只是表面情況，因爲獅總想有機會報復一下，只待機會來臨。

　　有一次他們發現了一個蜂巢，穿山甲心裏想，這是多麼美味的東西呀，一邊抱住樹幹，張著嘴巴向上看，可是只好望著獅，一臉絕望的神情。

　　獅這時決定，報仇的時間到了，片刻之間就爬上了樹，把手伸進蜂巢，不停地取蜜吃。起先他自己嚐了嚐，然後先在自己屁股上抹一抹再扔給穿山甲吃。穿山甲接到這團蜜以後，本想吃，可是因爲太臭，根本不能往嘴裏放。原來蜜上全是糞便。

　　穿山甲氣得直咬牙，但是由於一個在上一個在下，穿山甲又不會爬樹，儘管滿腔怒火，可是束手無策。傳說這時眉頭一皺計上心來。他忽然想到一個妙計。

　　「獅哥聽我說」他說道：「蜜上全是糞便，太臭了。你爬進去給我搞點好一點的蜜。」獅不了解穿山甲的計劃，心裏想，他說的也是實話。我鑽進去可以搞到好一點的蜜，獅抱著這個想法鑽了進去。

　　穿山甲看見以後，從下面向上扔了一塊大石頭，塞住了窟窿。然後穿山甲就回家了。「哼！」他心裏想：「今天我幹了一件妙事，他是自作自受，罪有應得。叫他在巢裏嚥氣吧。我太高興了，多有意思呀！」他對自己的想法十分高興，就這樣一天天過著日子。

　　獅鑽進蜂巢以後，儘管出口被塞住了，畢竟有時能聽到過往行人的聲音，因此大聲喊道：「把石頭搬開

呀！」這時他聽見一個老人說話的聲音：「我去打獵，這幾天收穫不小。我累得很，也不會爬樹，你等另外一個過路人吧！求求他吧！」。

獅又叫了起來：「我把你的獵物給你送到府上，只要你行行好，把石頭搬開。」老頭說：「好吧！」他困難地爬上樹，搬開了那塊石頭。

獅表示萬分感謝，老頭關切地問他受傷了沒有？老頭一邊安慰他，一邊背起自己的獵物回家去，獅跟著老頭走。面前的肉是獅最喜歡吃，儘管獅知道這都是他的恩人的財產，但他怎麼也忍不住要去拿一塊。拿了一塊就要拿第二塊。這樣就在一里多路之內他把肉都變成了骨頭。

老頭回到家裏把獵物從背上放下來一看，肉全不見了，只剩下骨頭，他說：「哼！你這個壞蛋，我救了你的命，你竟然膽敢偷恩人的東西？我要給你點顏色看看！」

邊說一邊就拿起棍子打獅的腿，把骨頭打斷了，獅瘸著腿跑得遠遠的。因此，穿山甲和獅無法再變人形，成了現在的樣子。

本則傳說故事情節要述如下：

一、有一隻穿山甲和一頭獅，牠們都有人的相貌。

二、穿山甲與獅子互燒，結果獅子輸了，穿山甲還救了獅子一命。可是獅子記恨在心。

三、有一次他們發現了一個蜂巢，獅子爬上了樹不停地取蜜吃。然後先在自己屁股上抹一抹再扔給穿山甲吃。

四、穿山甲忍氣吞聲計上心來，提議獅子鑽進去蜂巢裡拿較好的蜜。獅子不疑有他，如是做了。

五、穿山甲從下面向上扔了一塊大石頭，塞住了窟窿，然後
　　就回家了。

六、獅子大聲求救，適有一老人打獵經過把石頭搬開，獅子
　　才得以出來。

七、老人背起獵物回家，獅跟著老頭走。看到肉便一塊又一
　　塊地偷吃。

八、老人回到家放下獵物，都變成了骨頭。

九、老人非常生氣，拿起棍子打獅的腿，把骨頭打斷了，獅
　　瘸著腿跑得遠遠的。

十、自此穿山甲和獅無法再變人形。

拾、鄒族「狐狸」傳說故事

《台灣鄒族語典》，聶甫斯基（N.A.Nevskij）著，白嗣宏、李
福清、浦忠成譯：⑬

　　　　有二隻住在一起的狐狸一同去採蜜，一隻進了蜂
房，將採來的蜜交給門外的狐狸來積存。可是有一個人
看見了，便把門外的那隻殺了，接替牠接取屋中採到的
蜜。

　　　　在蜂房採蜜的狐狸出來，發現人在那兒，受到了驚
嚇，但人最後也把那隻狐狸殺了，將採的蜜拿走。

本則傳說故事情節要述如下：

一、二隻狐狸一同去採蜜。

二、一隻進入蜂房採蜜交給另外一隻在門外的狐狸來積存。

三、有一個人看見了，把門外的狐狸殺了便接替牠接取蜂房
　　內所採之蜜。

四、採蜜的狐狸出來發現有人在那兒而驚嚇，最後人也把那
　　隻狐狸殺了，將蜜取走。

《台灣鄒族的風土神話》，浦忠成：⑭

　　從前有一個長得十分活潑可愛的小孩，他常在白天
跑進社裡來玩，傍晚時又不知去向。

　　人們覺得奇怪，就偷偷地把繩繫在他的身上跟蹤
他，發現了一個洞，看見男孩正躺在母狐身邊吃奶。

　　他們便趁著母狐假寐時，將男孩帶走，這時候母狐
起身一直跟回社內。人們拿了幾樣覺得母狐會喜歡的東
西出來，但母狐看了許久，似乎都不中意，最後看中了
在庭院裡的大公雞，很高興地叼著雞走了。

本則傳說故事情節要述如下：

一、有一位活潑可愛的小孩，白天常跑到社裡來玩，傍晚時
　　又不知去向。

二、人們偷偷地把繩繫在他的身上跟蹤他，發現一個洞，見
　　男孩躺在母狐身邊吃奶。

三、人們趁著母狐假寐時，將男孩帶走。母狐也起身一直跟
　　到社內。

四、人們拿母狐會喜歡的東西出來，但母狐最後看中大公
　　雞，很高興地叼著雞走了。

拾壹、鄒族「松鼠」傳說故事

浦忠成《台灣鄒族的風土神話》：⑮

　　「荷滅雅雅」是祭祀粟女神的祭祀，粟女神居塔
山，喜在靜謐的凌晨臨社而進入祭倉，相傳她喜歡松
鼠，那是她眼中的山豬，故是日必備松鼠。

本則傳說故事情節要述如下：

一、「荷滅雅雅」是祭祀粟女神的祭典活動。

二、粟女神居住在塔山，「荷滅雅雅」祭典的時候，喜在靜

　　謐的凌晨臨社而進入祭倉。

三、粟女神喜歡松鼠，那是她眼中的山豬，故是日必備松
　　鼠。

拾貳、鄒族「貓頭鷹」傳說故事

浦忠成《台灣鄒族的風土神話》載〈貓頭鷹的由來〉：⑯

　　　　從前有一戶人家，父母要出門到別地方參加一場宴
飲，留下孩子們在家裡，臨走前母親再三叮嚀孩子，假
如聽到家四週發出「咕伊！咕伊！咕伊！」聲音的時候
千萬不要模倣著叫。

　　　　父母剛走了，四週果真有「咕伊！咕伊！咕伊！」
的聲音不停叫著，開始時孩子們還聽父母的叮嚀，不去
學著叫，後來那樣的聲音都沒有停過，孩子們不知不覺
也忘了父母叮嚀的事便學著「咕伊！咕伊！咕伊！」的
叫聲。

　　　　原本在家四週發聲的鬼怪就襲擊這些孩子們，並把
其中一個人剁成肉塊放置一堆；就在這個時候，外出的父
母回來，那種發出「咕伊」聲音的鬼怪身體就像又圓又大
的編竹環欄，父親一進屋裏便手取來矛槍刺殺牠，並且用
腰刀也把牠剁成一塊塊的肉骨，每剁一塊，每一塊肉便化
成鳥，邊叫著「咕伊！」邊拍動翅膀飛走了。被剁碎孩子
的骨肉因為被堆置一起，所以後來竟能復生。

　　　　由於發生過這麼一件事，那個地方便叫「咕伊阿那」
（貓頭鷹之山），這種禽獸喜歡吃成熟的蕃石榴，因此在
那個時候便容易聽見牠們的聲音。每到夜晚孩子哭鬧不
止，父母往往會說「再哭個不停，小心咕伊要來了！」
再愛哭鬧的小孩也會停下來的。

本則傳說故事情節要述如下：

一、父母參加宴飲留下孩子們在家裡，叮嚀四週發出「咕伊！咕伊！咕伊！」聲音時千萬不要模倣著叫。

二、父母剛走，四週鬼怪開始發出「咕伊！」的聲音，孩子也學著叫了。鬼怪就襲擊孩子們，並把一個剁成肉塊放置一堆。

三、父母回來父親取矛槍刺殺鬼怪，腰刀也把妖怪剁成一塊塊的肉骨，每剁一塊，每一塊肉便化成鳥，邊叫著「咕伊！」邊拍動翅膀飛走了。

四、被剁碎孩子的骨肉因為被堆置一起，所以後來竟能復生。

五、喜歡哭鬧小孩，父母往往會說「再哭個不停，小心咕伊要來了！」再愛哭鬧的小孩也會停下來的。

【註釋】

① 尹建中《台灣山胞各族傳統神話故事與傳說文獻編纂研究》，1994.4。

② 同①。

③ 同①。

④ 同①。

⑤ 林道生編著《原住民神話故事全集（一）》，台北，漢藝色研文化事業有限公司，2001.5。

⑥ 同⑥。

⑦ 同①。

⑧ 同①。

⑨ 林道生編著《原住民神話故事全集（二）》，台北，漢藝色研文化事業有限公司，2002.1。

⑩ 同①。

⑪ 聶甫斯基著，白嗣宏、李福清、浦忠成譯《台灣鄒族語典》，台北，台原出版社，1993.7。

⑫ 同⑪。

⑬ 同①。

⑭ 同①。

⑮ 浦忠成《台灣鄒族的風土神話》，台北，台原出版社，1993.6。

⑯ 同⑮。

第十七章

鄒族宗教與祭祀口傳文學

壹、鄒族宗教祭祀之起源傳說故事

浦忠成《台灣鄒族的風土神話》：①

　　從前有一個人，帶孩子到河邊網魚，他撈到一條大魚叫孩子看守，自己又去撈魚，不一會就有一條大魚，但孩子卻不見，他百思不得其解，拍打他的頭，甚至連頭髮也沒有了。

　　五年後，一塊圓石、腕鐲、山豬頭和那失蹤的男孩自天穿破會所的屋頂而降下。他說：「我拉著勾子上了天，學了許多事，後來天上的人要我下來教導大家。」

　　於是他教導人們祭祀的儀式，編竹器，種植粟米、甘薯、芋頭等作物。

本則傳說故事情節要述如下：

一、有一個人帶著孩子到河邊網魚，但是孩子卻失蹤不見了。

二、五年後，一塊圓石、腕鐲、山豬頭和那失蹤的男孩自天穿破會所的屋頂而降下。

三、這時大家才知道五年前的小孩子失蹤，原來是他拉著勾子上了天。

四、小孩子在天上學了許多事，諸如祭祀的儀式、編竹器、種植粟米甘薯芋頭等作物。

五、小孩子在天上五年學成諸事後，天神即派他來回到凡間教導族人。

　　本則故事謂鄒族的祭祀儀式與生活技能，得之於神授，神招來了小孩到天上學習，學成之後就又回到自己的部落教授神授的祭儀儀式及各項生活技能。

　　按會所是鄒族最重要的公共設施「會所最初成立時基本的功能除了做為整合血緣關係的中心之外，在政治與經濟亦即權力的

宣示方面亦扮演重要的角色，部落成立後的地緣組織藉由會所及其所發展為一認同中心的強烈文化價值來整合部落。」②

浦忠勇《台灣鄒族生活智慧》：③

> 曾經有個年輕人在河邊失蹤，原來是被一葫蘆形的器皿帶到天上，他在那兒學習許多生活的知識，包括耕作、征戰、狩獵，以及各種宗教儀式和祭歌。
>
> 學成之後，天上的人要讓他回地上教導族人各樣的知識。
>
> 有一天，族人長老坐在男子會所圍爐閒談，突然有圓石（鄒語稱taucunu）穿破屋頂落在會所中央，然後槍矛、盾牌、山豬頭也穿屋落下，最後那位失蹤的年輕人也跟著降臨會所。
>
> 從此教導族人各種生活的技能，包括許多價值觀念與宗教活動的傳授。

本則傳說與上則故事類似，其情節要述如下：

一、有一個年輕人在河邊失蹤。

二、這位年輕人是被一葫蘆形的器皿帶到天上。

三、年輕人在天上學習許多生活的知識，包括耕作、征戰、狩獵，以及各種宗教儀式和祭歌。

四、年輕人學成之後，天上的人要讓他回地上教導族人各樣的知識。

五、年輕人隨著圓石、槍矛、盾牌、山豬頭穿屋落下男子會所。

六、年輕人教導族人各種生活的技能及舉行各種宗教儀式。

傳說中會所庫巴裡有兩塊圓石，咸信是從天垂降到會所庫巴，被日本人埋去（或遺失）。如今之圓石是一九九三年初春，鄒族特富野社將部落的男子集會所庫巴拆除重建，並舉行莊嚴神

聖的戰祭重新打造的。

部分長老提及它們是戰神佑助族人的標誌,平時用來砥礪族人勇士,也有人說是鄒族巫術信仰的殘留之跡,是巫師占卜時的法物之一。只是時空滄桑已變,無人能再確定其真正身分。④

貳、鄒族瑪雅斯比祭儀之肇始傳說故事

有關鄒族瑪雅斯比祭儀之肇始,董同龢《鄒語研究》載一則傳說:⑤

從前有位父親帶著孩子到溪裏網魚,不久他網到一條大魚,便叫孩子守著魚,他則繼續網魚。

不多久,他又網到一條魚,想把這條魚拿到孩子那裏的時候,卻不見孩子的蹤影,他到處找尋不著,便經常拍擊自己的頭,後來頭髮都掉光了。

五年之後,眾人在男子聖所內削藤,從天上穿破聖所屋頂而落下一塊圓石,它衝破了聖所的地板。

不多久,一支矛從天上降下;接著又有木盾降下;又有敵首降下;再有腕鈴降下;不多時又降下山豬頭。

最後降下的是那丟失的孩子,他說:「我就是那位走失的孩子。」在聖所的眾人問他:「你是怎麼到天上的?」降下的人說:「向我伸出盛有粟酒的瓢,我一伸手接住酒瓢,他們就把我帶到天上。我在天上停留五年,神教導我天上所做的各樣事。」

後來他們告訴我:「你要回到你的父母那兒,因為你並不是天上的人,讓我告訴你從那裏來。所以我就回到地上來。」

於是他教導人們進行祭祀,並且教導如何進行瑪雅斯比的祭儀。

本則傳說故事情節要述如下：

一、父親帶著孩子到溪裏網魚，上天向孩子伸出盛有粟酒的瓢，孩子一伸手接住酒瓢，上天就把他帶到天上。

二、孩子在天上停留五年，神教導他天上所做的各樣事。

三、孩子在天上學習五年後，天神要他回到地上來。

四、孩子回到地上來是受派教導人們進行祭祀，並且教導如何進行瑪雅斯比的祭儀。

五、孩子從天上穿破聖所屋頂而落下聖所的地板，其順序是圓石、矛、木盾、敵首、腕鈴、山豬頭、最後降下的是那位孩子。

本則故事謂瑪雅斯比祭儀是得之於神之教授，透過用葫蘆召小孩子升天，教授其祭儀及諸項生活技能，便讓小孩返回人間，教導族人舉行祭典及傳授各項生活技藝。

參、鄒族粟收穫祭傳說故事

《台灣鄒族的風土神話》（1993），浦忠成：⑥

　　從前社裡有六個人在粟收穫祭的祭儀之前，帶著一隻狗上山打獵。回到社裡的時間已晚，祭儀結束，男男女女正在輪舞，這幾個人因犯了禁忌不能參加輪舞，只好在社外的山坡看眾人高興的跳舞，因爲心裡非常羨慕，所以情不自禁跳起舞來。

　　這時天上降下一塊木板，將六人和狗載起來，社人看到六人正在輪舞歌唱，緩緩上升終於不見了。

　　第二天晚上天空出現了白虎七星。所以現在大家看到白虎七星時，就開始舉行粟收穫的祭儀。

本則傳說故事情節要述如下：

一、從前有六個人帶著一隻狗上山打獵。

二、他們返社，社裡正在舉行粟收穫祭，男男女女正在輪舞。

三、此六人因犯了禁忌，所以不能參加輪舞，但是他們心裡非常羨慕，所以情不自禁跳起舞來。

四、天上降下一塊木板，將六人和狗載起來，社人看到六人正在輪舞歌唱，緩緩上升終於不見了。

五、第二天晚上天空出現了白虎七星，這就是六人和狗變成的。

六、此後看到白虎七星的時候，就知道要開始舉行粟收穫的祭儀了。

本則是鄒族白虎七星的故事，七、八月份時每當夜晚星空密佈抬頭看到白虎七星的時候，鄒族人就知道該舉行粟收穫祭了。

肆、鄒族播種祭擦落花儀式傳說故事

《生蕃傳說集》，佐山融吉、大西吉壽著（1924），余萬居譯：⑦

從前，本社的播粟祭中有一奇妙的儀式，正因如此，留下了一個悲哀的故事。

dettoyuyunu的日子，狩獵歸來的壯丁們都要去tutunaba（公廨）裡去集合，全社的女子都要手攜美酒和麻薯去慰勞他們。

此時，頭目會擇一健壯男子，使之仰臥於中央地上，令其陽具朝天，另擇一未婚美女，手持純白的hwona花，陪臥該壯丁旁，把花放在他陽具的尖端上，然後，以她自己的陰部把那白花擦落，如是者五次，節目便告結束。

這是祈求粟穀豐饒的重要節目，所以凡被頭目指定者，都非以嚴肅的態度執行其任務不可。

有一年，又逢此節目，可是，躺在地上的男人，是少女平時所厭惡者，故力拒之，該男子怒如烈火，硬把少女摟住，甚至當眾強姦了她。

男子的行爲逾越了節目的範圍，因爲少女只負擦落其花的任務，如今受此污辱，當場就欲自殺，但被眾人勸阻。

少女回家後，將事情的經過哭訴讓其姐妹知道，姐妹皆同情之，遂五個姐妹相約從一個叫做mamesipigana的懸崖上，集體跳崖自殺。

頭目目睹此一慘劇，頓然有所領悟，並廢止此一行之多年的節目。

古昔鄒族播粟祭有少女「擦落花」的特殊儀式，後來產生了悲劇，此後便廢止了這個儀節。

相傳發生在梁氏爲特富野部落首長時期，故此一儀式的廢止是很久以前的事了。

鈴木作太郎氏：⑧

知母勝社的播粟祭中，從以前開始就有頗爲奇怪的儀式。此日出外狩獵的壯丁們聚集後，社裏的婦女皆攜帶酒與餅，往赴現場。

那時頭目會命令一位壯丁仰臥在祭場的中央，陽具朝天，另一方面選出一位處女，解開下身衣物，手中放置弗握那的白花，靠近壯丁的身，將花放在陽具上，然後跨過他，用唇將拂握那的花擦落。如此重覆五次，此爲祈求豐收的法術之一。

然而曾經有一次，同社的頭目一如慣例地命令少女依禮行事，少女因爲對方不是自己喜歡的男人，所以堅決拒絕。

被嫌惡的壯丁非常生氣，於是將少女拉近，放上自己的拂握那花，出其不意地由下冒犯，少女感到羞恥，打算立刻自殺，但爲社人阻止而未能如願。

哭泣地回到家後，將事情的經過告訴姊妹，姊妹亦非常同情，於是姊妹五人從名叫「瑪梅西皮阿那」的斷崖跳落而死，此種儀式便因此而廢除。

本則傳說故事情節要述如下：

一、知母勝社的播粟祭，出外狩獵的壯丁們聚集後，社裏的婦女皆攜帶酒與餅，往赴現場。

二、頭目命令一位壯丁仰臥在祭場的中央，陽具朝天。

三、選出一位處女解開下身衣物，手拿弗握那白花，將花放在陽具上，然後跨過他用唇將拂握那的花擦落。如是者五次，此爲祈求豐收之法術之一。

四、有一次少女因爲對方不是自己喜歡的男人，所以堅決拒絕。

五、被嫌惡的壯丁非常生氣把少女拉近出其不意地由下冒犯，少女感到羞恥欲自殺，爲社人阻止。

六、少女回家稟告其姊妹，姊妹非常同情她，五人從名叫「瑪梅西皮阿那」的斷崖跳落而死，此種儀式便因此而廢除。

伍、鄒族不知敬神與感恩得到報應

《台灣鄒族的風土神話》（1993），浦忠成：⑨

從前有一個河神，隨身攜帶一個手杖，若用它來擊打水面，河水就會分開，所以族人渡河都找河神借手杖。

一日河神在田間行走，那兒的主人忽然發了一頓脾

氣，說要撲殺河神。當時忽然起了一陣大風雨把河神的
手杖沖走到深淵中。

　　從此族人溺水而死的人很多，即使在下游溺死的，
也會飄流到這個深潭中，因為河神的手杖在那裡。

本則故事是古代鄒族人苦於渡河之難，於是想像出大能河神
的手杖，可以將河水分開，人們就可以安心渡過。由於人們冒犯
了河神，祂的手杖再也不能幫助人們渡河了。

本則傳說故事情節要述如下：

一、河神的手杖擊打水面，河水就會分開，故族人渡河都找
　　河神借手杖。

二、有一天河神在田間行走，田的主人發脾氣，云要殺河
　　神。忽然起一陣大風雨把河神的手杖沖走到深淵中。

三、人們過河因為沒有手杖，溺死者多。

四、據說即使在下游溺死的，也會飄流到這個深潭中，因為
　　河神的手杖在那裡。

本則傳說故事是一則不知敬神得到報應。

范純甫主編《原住民傳說》（下）載〈神人〉：⑩

　　從前一位名叫埃谷弗脫的神人，能行各種奇蹟。例
如，有人要越河，如果去求助埃谷弗脫，他就會用所帶
的手杖敲開水面，便深淵的水散開，變得很淺很淺，容
易跋涉。

　　然而有一天，有個田主看見埃谷弗脫走過了他的菜
園，非常生氣，用木棒打死了祂。剎那間便起了一場暴
風雨，埃谷弗脫的手杖流進河裡，而在一處停下來，停
下來的那個水面突然化為很深很深的水淵。

　　傳聞從此河裡每年增加了很多溺死的人。即使在下
游溺死的，也會逆流到這深淵裡，沉沒在淵底。

在淵底有一個孔口狀欲噬人，傳說這一孔口就是埃谷弗脫的手杖所化身的。

本則傳說故事情節要述如下：

一、埃谷弗脫神人能行各種奇蹟，例如有人要越河求助祂，祂即用手杖敲打散開水面讓人容易跋涉。

二、有一次埃谷弗脫神人行走在菜園，園主生氣用木棒把祂打死了。

三、突然一場暴風雨，埃谷弗脫神人的手杖流進河裡，化為很深很深的水淵。

四、從此每年增加了很多溺死的人。即使在下游溺死者，也會逆流到這深淵裡，沉沒在淵底。

五、淵底有一個孔口狀欲噬人，此即埃谷弗脫神人的手杖所化身。

本傳說與上則故事之不同是：

一、上則謂行走於「田間」；本則謂行走於「菜園」。

二、上則謂「要撲殺河神」，但是還沒殺；本則謂「用木棒打死了祂」，是園主把埃谷弗脫神人殺死了。

浦忠成《台灣鄒族的風土神話》載〈不敬粟女神的懲罰〉：⑪

從前鄒族要祭祀粟女神的時候，有許多要遵守的禁忌，同時也特別要求安靜，絕對不能發出任何一點聲響，否則那是會冒犯粟女神的，對她不敬，輕則受到一些懲罰，重則也許會遭到不測。

人們在粟女神將來的凌晨時分，一個個肅穆沈靜，主祭的長老們固然抿嘴低視，與祭的人動作起來也是小心翼翼的。對於不易約束的狗、貓之類，也不出喝斥，只是拿起一種稱「西布卡」的竹製小弓，搭上軟箭輕射驅走而已。

有一回又到了要祭祀粟女神的時間，這場稱荷滅雅雅的祭典，要準備粟女神最喜歡的松鼠肉（那是她眼中的山豬肉）和其他的供物，粟女神會在夜裏極寧靜的時分，由塔山前來。

那天夜裏大夥兒都在祭粟倉等待，等了許久，正當女神要走進祭倉的時候，眾人是看不見的，只有主祭的長老才見著（巫師也見得著）。

卻有一隻狗也由外走進祭粟倉，其中一個男子查覺，靜悄悄取出小竹弓和軟箭，瞄準狗身射去，那枝軟箭射中狗身之後，恰滑跳而飛向另一邊，不偏不倚的射中了剛入祭倉粟女神的一隻眼睛。

女神突然受到這樣的冒犯，也不願再留下享用人們為她準備的豐盛祭品，先讓射出箭的男子昏迷了，再把他的靈魂帶走。走到塔山時候，粟女神叮囑同行者：「把這個人帶到這裏就可以了，因為他雖然冒犯了我，但並不是存心的，帶他來只是讓他受一點懲罰，我還是要讓他回去的。」

粟女神一行就停留在塔山入口處不遠的位置。等到要進食了，粟女神看見同行者要拿鬼神們所食用的「瑪尼發那」給這個人吃，便阻攔著說道：「這種東西還不能拿給他吃，因為他跟我們還不一樣。」因為此人僅係昏迷，並未死亡，故不能真正進入冥府，也不能食用鬼神們的食物，在塔山停留了一段時間，粟女神就派同行者送他回去。

在走回社的時候，經過離特富野不遠的「祝阿那」時必須要涉水，要涉越的溪裏有許多魚，護送他回社的神差們看見魚都驚叫著「蛇！蛇！蛇！」，並且急急忙

忙上岸。

　　當時天下著大雨，他折取蕉葉避雨，回到祭粟倉。眾人見他神志又恢復清醒，便忙著詢問究竟發生了什麼事，他就把所遭遇的事一五一十的告訴大家，並且告誡往後迎接、祭拜粟女神時一定要肅靜、虔誠，才不會受到懲罰。

本則傳說故事情節要述如下：

一、鄒族祭祀粟女神特別要求安靜，不能發出任何聲響，否則即是冒犯粟女神。

二、連不易約束的狗、貓之類，也不出喝斥，只拿起「西布卡」搭上軟箭輕射驅走。

三、荷滅雅雅的祭典要準備粟女神最喜歡的松鼠肉和其他供物，靜待粟女神夜裏極寧靜的時分由塔山前來。

四、粟女神只有主祭之長老及巫師才見得著。

五、一個男子查覺一隻狗也由外走進祭粟倉，取出小竹弓和軟箭瞄準狗身射去，射中狗身恰滑跳飛向不偏不倚的射中了剛入祭倉粟女神的一隻眼睛。

六、女神受到冒犯，讓射箭的男子昏迷把他的靈魂帶到塔山一段時間，粟女神就派同行者送他回去。

七、眾人見他神志又恢復清醒，便忙著詢問究竟發生了什麼事，他就把所遭遇的事一五一十的告訴大家，並且告誡往後迎接、祭拜粟女神時一定要肅靜、虔誠，才不會受到懲罰。

【註釋】

① 尹建中《台灣山胞各族傳統神話故事與傳說文獻編纂研究》，1994.4。

② 王嵩山《阿里山鄒族的歷史與政治》，台北，稻鄉出版社，1990.10。

③ 浦忠勇《台灣鄒族生活智慧》，台北，常民文化，1997.2。

④ 參同③。

⑤ 董同龢《鄒語研究》。

⑥ 同①。

⑦ 同①。

⑧ 浦忠成《台灣鄒族的風土神話》，台北，台原出版社，1993.6。

⑨ 同①。

⑩ 范純甫主編《原住民傳說》（下），台北，華嚴出版社，1998.4，二版。

⑪ 同⑧。

第十八章

鄒族神明口傳文學

壹、鄒族大神哈莫傳說故事

在鄒族的創世神話中，大神哈莫是鄒族最敬畏的神明。哈莫大神是人類的創作者，是至高無上的大神。

浦忠勇《台灣鄒族生活智慧》：①

> 當大地洪水漸漸退去之後，鄒族便從玉山順著陳有蘭溪和濁水溪的方向散布，在適宜生活的地方定居、組成部落，當時天神親自帶領族人開創新的生活天地，鄒族便隨著哈莫天神的足跡停留下來，形成了族人最古老的部落。

> 天神不知從何而來，也不知去向何方，僅在山巒間留下足印，供族人生息繁衍。

> 哈莫第一個足印踏在特富野部落，第二個踏在今達邦部落，第三個踏在今石桌村落，第四個踏在今番路鄉的公田村落，再往西走就到嘉義的平原地區，這兒是山峰群立，天神雙足將這兒整平，變成爲廣闊的平野。

本則傳說故事情節要述如下：

一、洪水退，鄒族人從玉山散佈。

二、鄒族人隨著哈莫大神的足跡定居、組成部落。

三、哈莫大神的第一個足印踏在特富野部落，第二個踏在今達邦部落，第三個踏在今石桌村落，第四個踏在今番路鄉的公田村落。族人據以建立村社。

貳、鄒族尼佛奴女神Nivenu傳說故事

尼佛奴神nivenu爲天地的創造者，是天上的女神，祂曾創造人類。浦忠成〈阿里山鄒族口傳故事‧改造地勢的尼佛奴神〉：②

> 尼佛奴神有碩大無比的身軀，祂的一腳踏在特富野社的後山上；祂走一步可以跨到阿阿在（公田）。

　　　　現在特富野社、達邦社和阿阿在一帶平坦的山頂，
都是尼佛奴神踩過之後形成的。

　　　　西邊的平原本和鄒族所住的地方有山峰，有深谷，
經尼佛奴神走過之後，高山都崩塌了，深谷也被填平，
變成一片平原。

本則傳說故事情節要述如下：

一、尼佛奴神有碩大無比的身軀，袖走一步的跨距相當大。

二、現今鄒族人之居住地特富野社、達邦社和阿阿在一帶平
　　　坦的山頂的形勢，就是尼佛奴神踩過之後形成的。

三、西邊的平原本來也是有山峰深谷的，經過尼佛奴神走過
　　　之後，高山都崩塌了，深谷也被填平，變成一片平原。

　　本故事是一則很古老的傳說，敘說尼弗奴女神留下足跡之
事，因此，鄒族人更加相信遠古確有尼弗奴女神之存在。

　　浦忠成《台灣鄒族的風土神話》：③

　　　　尼弗奴神用播種的方式，創造出二個鄒族的始祖，
他們繁衍後代子孫，尼弗奴神教人們認識粟米、打獵、
捕魚、編器，並指示鄒人所應活動的區域，接著就離開
了。

　　　　一段長久時間後，尼弗奴神又來了，不過還有個惡
神梭也梭哈也來了。尼弗奴用一粒穀粒念咒語就變出一
甕美酒，但梭也梭哈卻忘記咒語，只能變出糞便。

　　　　尼弗奴洗頭時，水面浮滿了許多斛蘭花屑；而梭也
梭哈洗頭時卻浮著大片的茵菇。

　　　　有一次梭也梭哈提議要為尼弗奴找結親的對象，不
過找來的卻是一個無頭人，尼弗奴一直想要逃走，卻苦
無機會。

　　　　有一次便假裝要出外提水，將門鎖住跑走。跑了很

久，看到那無頭怪物追來，尼弗奴便跑到滿佈岩石和裂隙的地方，而怪物一個不留神便陷入岩隙中動彈不得，怪物很生氣的說：「我雖身陷於此，但我變成芒草，在人們工作時割傷他們的身體。」

後來兩神相遇，但梭也梭哈仍心懷不軌，暗中挖了一個洞，待尼弗奴走過時，將之推入坑中，又壓上一個又大又平的石頭，尼弗奴無計可施，發出呼聲，喚來許多老鼠，播開石頭上的泥土，順著一隻老鼠尾巴，尼弗奴爬了出來，自此鄒族不吃老鼠肉。

自坑中出來又遇見梭也梭哈，兩人結伴遠行。但梭也梭哈卻暗中離去；尼弗奴感到孤獨，便道：「屋前的竹刺，讓你的末端伸過來！」當尼弗奴抓到竹刺時，便站在自己的家中。祂心想該是離去的時候，便再叮嚀特富野社的人記住祂所教的事。自此再也沒有見到祂了。

本則傳說故事情節要述如下：

一、尼弗奴神第一次降下凡間是播種人種，教導他們生活及應活動的區域，就離開了。

二、經過一段很長的時間後，尼弗奴神又再度下降凡間，不過還有個惡神梭也梭哈也來了。

三、善惡神的法力與修持有所不同：

　1.尼弗奴用一粒穀粒念咒語就變出一甕美酒，但梭也梭哈卻忘記咒語，只能變出糞便。

　2.尼弗奴洗頭時，水面浮滿了許多斛蘭花屑；而梭也梭哈洗頭時卻浮著大片的茵菇。

四、惡神梭也梭哈心懷不軌：

　1.梭也梭哈為尼弗奴找結親對象，卻是一個無頭怪物，尼弗奴逃走，無頭怪物緊追在後，陷入岩隙中動彈不

得，變成芒草。

2. 兩神又相遇，梭也梭哈挖了一個洞，待尼弗奴走過將之推入坑中，又壓上石頭，尼弗奴發出呼聲，喚來許多老鼠，播開石頭上的泥土，祂順著一隻老鼠尾巴爬出來，自此鄒族不吃老鼠肉。

五、兩神又相遇，結伴遠行，但梭也梭哈卻暗中離去。

六、尼弗奴叮嚀特富野社的人記住祂所教的事。自此再也沒有見到祂了。

參、鄒族冒犯神明傳說故事

《台灣鄒族的風土神話》，浦忠成：④

　　有一次祭女神時，準備了粟神最喜歡的松鼠肉，靜待神自塔山來，有一隻狗也走進祭粟倉，一男子以小竹弓和軟箭向狗射去，未料射中狗之後，又飛至女神的眼睛。

　　女神受此冒犯，將那射箭的人昏迷，把他的靈魂帶走作為懲罰。他的靈魂在塔山停留了一段時間，就被粟女神的神差送回。

本則傳說故事情節要述如下：

一、祭女神時，準備了粟神最喜歡的松鼠肉。

二、女神來自塔山。

三、一隻狗走進祭粟倉，一男子以小竹弓和軟箭射狗，箭又飛至女神的眼睛。

四、女神受到冒犯，讓冒犯者昏迷，把其靈魂帶走作為懲罰。

五、冒犯者靈魂在塔山停留了一段時間，後被粟女神的神差送回。

【註釋】

① 浦忠勇《台灣鄒族生活智慧》，台北，常民文化，1997.2。

② 浦忠成〈阿里山鄒族口傳故事〉，民眾日報，1992.11.29。

③ 尹建中《台灣山胞各族傳統神話故事與傳說文獻編纂研究》，1994.4。

④ 同③。

第十九章

鄒族巫祝與禁忌口傳文學

和其他的遠古民族不同，鄒族的巫師並未享有至高無上的社會地位，他必須和其他的鄒子民一樣從事下田等生產事業，只是在施行巫術後可獲得酒、米、獸肉的饋贈。學習巫術不分男女，只要成年即可，唯一的條件是他（她）必須是曾經夢見天神容顏，或是生重病卻奇蹟痊癒的人。有此境遇者，在巫師認同之後，再祭祀天神，祈求天神允許，就可開始拜師。可惜現今的社會環境似乎已不再需要巫師和巫術了，面對老一輩的巫師逐漸凋零，也許再過幾年，巫師與巫術都變成歷史名詞了！鄒族巫師大多在下列情況下施行巫術：一、祈求風調雨順。二、驅除惡靈以免染病、招致惡運，多是在出遠門、自遠方返家、和家中有死者出靈時。三、治病。四、受人之託，在借助土地神的情況下，詛咒或報復結怨者。施法時，巫師的精神狀態是清醒而正常的，所需的法物包括茅、水、楮葉、敗醬、藜實、鐵片、山豬顎骨、猴頭骨等，至於法物的運用，例如：死者出靈時，以茅葉、藜實拍打身體各部，或是醫治時，以楮葉沾盛於碗中之清水（先要祈求天神靈水），撒潑在病人身上去病。此外，施法時口中還須念咒語或祝詞，例如在祈雨時，邊施法，邊念「急雨！急雨！」①

壹、鄒族鳥占之由來傳說故事

《嘉義縣志稿》（1962），引自《鄒族信仰體系與宗教組織》（1988），嘉義縣政府：②

> 古時候鄒族沒有弓矢，只是用獸機捕獸，後來有一孤兒發明槍器，射擊鳥獸，鋒利如神，而後來他晚年時身體衰弱，不能入山，便告訴族人其死後化為華雀，你們將來出獵，必須注意華雀的啼聲。他死後即五體化為華雀而飛去。

本則故事是鄒族鳥占的由來。本則傳說故事情節要述如下：

一、古時候鄒族人尚沒有弓矢，只是用簡易的捕獸機捕獸。

二、有一位孤兒發明了槍器，射擊鳥獸，打獵更加方便了，這位孤兒對族人做出了貢獻。

三、這位孤兒年老時對族人說其死後化為華雀，爾後出獵，必須注意華雀的啼聲以卜吉凶。

四、這位孤兒果然死後即五體化為華雀而飛去。

貳、鄒族巫祝作法活埋吝嗇人傳說故事

李嘉鑫〈特富野傳奇：巫師作法大崩壁〉：③

　　相傳崩塌地原來住著一戶吝嗇的人家，每次獵到野獸，都不遵守必須分肉給族親的傳統族規，而是關起門來自己偷吃。

　　這種行為終於觸怒了社眾，找來巫師作法，讓該戶人家因山崩而活埋土中，從此以後，這片崩壁就亙古留存，警惕著族人要遵守互相分享的傳統。

本則傳說故事情節要述如下：

一、現今鄒族居住地區有一個地方是崩塌地。

二、有一戶人家非常吝嗇，獵到野獸不與族親分享共食。

三、這一家人的行為觸怒了社眾。

四、社眾找來巫師作法，讓該戶人家因山崩而活埋土中。

本故事結尾說：「從此以後，這片崩壁就亙古留存，警惕著族人要遵守互相分享的傳統」，強調崩壁永遠存在，見到它而記起教訓，並且遵循部落應行的習慣制度與禮儀。

參、鄒族巫祝作法獵區變大崩山傳說故事

浦忠勇《台灣鄒族生活智慧》亦載有一則〈神秘的大崩山〉：④

　　有謂特富野部落的老人充滿自信的說：「這座山的

土石是永遠滑落不完的，因爲已經沒有人可以治理了。」

原來相傳這座山原是族人的獵區之一，鄒族每一氏族都有自己的獵區，其他氏族不能任意侵越，否則一定遭到天譴或報復。

曾經有一氏族的獵人違反此一規範入侵別氏的獵區，該獵區的主人盛怒之下，請一位巫師向那位挑釁的獵人詛咒報復。

這位巫師就作起法來，他要這位獵人的獵區變成荒地，而且要年年土崩石落，果然從那時候開始這座山就改變了原貌，直到今天的樣子。

後來還有一對夫婦想在山的南側附近種植作物，工作中他們帶的兩個孩子哭鬧不停，結果竟哭化成兩塊相連的石頭，此化石雖已風化不似人形，但至今猶在。

那位老人說，除非有更強的巫師出來才能治理這座山，讓它變回原來的樣子。

本則傳說故事情節要述如下：

一、鄒族有一個「大崩山」的地方，此山的土石是永遠滑落不完的。

二、此「大崩山」原來是鄒族的獵區之一。

三、曾經有一氏族侵越別氏族的獵區，主人盛怒請巫師詛咒報復。

四、巫師施法後侵越者的獵場變成荒地，而且年年土崩石落。此即今之「大崩山」。

五、有一對夫婦欲於「大崩山」南側附近種植作物，工作中他們帶的兩個孩子哭鬧不停，結果竟哭化成兩塊相連的石頭，至今猶在。

本則故事還感嘆的說如今鄒族的巫術已經式微，除非有更強

的巫師出來才能治理這座山，讓它變回原來的樣子。

《生蕃傳說集》，佐山融吉、大西吉壽著（1923），余萬居譯：⑤

> 自古傳說，登上山頂，把鋼條插入地中，雙手緊握
> 其上端，向神祈禱一番後向後仰，就能引起山崩，一次
> timor社和tapan社打仗，timor社曾引此法大鬧敵人，今仍
> 常有山崩，係從前地主曾施法所致。

本則傳說故事敘述巫祝引起山崩之法：登上山頂，把鋼條插入地中，雙手緊握其上端，向神祈禱一番後向後仰，就能引起山崩。timor社和tapan社打仗，timor社曾引此法大鬧敵人。

肆、鄒族巫祝黑巫術傳說故事

《鄒族山胞之傳說與禁忌》（1981），《鄒族信仰體系與宗教組織》（1988），張振發：⑥

> 欲使仇人生病，其方法用粟若干，用牙嚼碎，包以
> 樹葉，持至自己所有的土地上，獻於土地神，先向其訴
> 說仇怨，後祈求給予仇人疾病。

本則傳說故事敘述用黑巫術使仇人生病，其法如下：

一、粟若干，用牙嚼碎，包以樹葉。

二、至自己的田地上獻於土地神。

三、向土地神訴說仇怨。

四、祈禱給予仇人疾病。

《鄒族山胞之傳說與禁忌》（1981），引自《鄒族信仰體係與宗教組織》（1988），張振發：⑦

> 本族所有土地被敵佔領，夜間潛行，登上山頂，以
> 鐵片插入地中，用雙手握住鐵片之一端，向土地神祈求
> 山崩，後仰面倒下。

　　若自己土地被他人強佔時，則以酒與木炭置於竹筒中，埋於其地下向土地神祈求，使地下變熱，而使住在這土地上的強佔者罹病而亡。

本則傳說故事是土地被佔領施以黑巫術的故事，分爲兩方面，一是本族土地被佔領時之黑巫術，二是個人土地被佔領時之黑巫術：

一、 本族土地被佔領時：夜間潛行，登上山頂，以鐵片插入地中，用雙手握住鐵片之一端，向土地神祈求山崩，後仰面倒下。

二、 個人土地被佔領時：以酒與木炭置於竹筒中，埋於其地下向土地神祈求，使地下變熱，而使住在這土地上的強佔者罹病而亡。

伍、鄒族飲食禁忌傳說

　　傳說鄒族人獵獲狗熊，肉不准帶回家食用，因爲熊肉會讓人容易飢餓。鄒族人自古以來禁忌吃蛙類及烏鴉、貓頭鷹；禁忌吃灰林鴞鳥之肉；有蹄的動物才能吃，沒有鱗的魚如鰻魚不能吃，從前族人如果捕到鰻魚，通常都拿來餵豬。雞肉和魚肉不能在屋內吃。煮雞肉和魚肉的鍋爐必須和捕魚的工具一起置放在屋外，不可與其他鍋爐混淆，以示愼重。男子在行成年禮之前禁止喝酒，成年人要三十歲之後，才有資格與別人同坐飲酒。禁忌吃蛇肉，因爲蛇是不吉之物。禁忌吃狐狸肉，白鼻心除外。禁忌吃繡眼畫眉，因爲牠是鄒族人的占卜鳥，族人視之爲神鳥。禁忌吃犬、貓、牛等家禽。

本則傳說故事敘述了鄒族人所有有關飲食的禁忌信仰。

【註釋】

① 浦忠勇《台灣鄒族生活智慧》，台北，常民文化，1997.2。

② 尹建中《台灣山胞各族傳統神話故事與傳說文獻編纂研究》，1994.4。

③ 李嘉鑫〈特富野傳奇：巫師作法大崩壁〉，中國時報，1997.7.25。

④ 同①。

⑤ 同②。

⑥ 同②。

⑦ 同②。

第二十章

鄒族婚姻口傳文學

壹、鄒族蛇的後代傳說故事

《大陸雜誌》20（10）：5，（1960）引自《鄒族信仰體系與宗教組織》（1988），杜而未：①

一日有一小孩在野外哭泣，身旁有一大蛇在照顧，人們將小孩帶走，蛇媽媽雖高興，但仍依依不捨。

小孩長大後成為戰士，與別的部族打仗，在生死關頭上他就變成一條蛇，人們均覺得他是最好的戰士，便去保護他，不使其受傷害。

一日，一條男性的蛇化成人形參加鄒族戰祭mahi，並在慶典中跳舞。夜晚，男蛇即追求一名女子，女子見男蛇貌美，便和他結婚。

tawunuana就是蛇的後代，迄今只剩一人，即將絕滅。

本則傳說故事情節要述如下：

一、野外聽見小孩哭泣，其旁有一大蛇照顧，人們帶走小孩，蛇媽媽依依不捨。

二、小孩長大後成為優秀的戰士。

三、在作戰生死關頭上他就變成一條蛇，大家覺得他是最好的戰士，便去保護他，不使其受傷害。

四、一條男蛇化成人形參加鄒族戰祭並在慶典中跳舞。

五、男蛇追求一名鄒族女子，女子見男蛇貌美，便和他結婚。

六、tawunuana就是蛇的後代，迄今只剩一人，即將絕滅。

貳、鄒族貓的後代傳說故事

《大陸雜誌》20（10）：5，（1950）引自《鄒族信仰體系與宗教組織》（1988），杜而未：②

　　一個男子在田裡發現一個由母貓生下的小男孩，便把他帶到jawajana氏族。小孩成年後，從sagdoana氏娶了一個太太，生下了不少子女，但子女彼此不和睦，吃飯時老是吵嘴打架，因此jawajana氏族不能繁衍，迄今只有二家。

本則傳說故事情節要述如下：

一、有一個男子在田裡發現由母貓生下的一個小男孩。

二、男子把母貓生下的小男孩帶到jawajana氏族撫養。

三、小男孩長大後娶了sagdoana氏妻子，生下了不少子女。

四、這些子女彼此不和睦，吃飯時老是吵嘴打架，因此jawajana氏族不能繁衍，迄今只有二家。

【註釋】

① 尹建中《台灣山胞各族傳統神話故事與傳說文獻編纂研究》，1994.4。

② 同①。

第二章

鄒族懷孕與生育口傳文學

壹、鄒族孕婦被俘虜傳說故事

《台灣鄒族的風土神話》，浦忠成：①

　　從前有一個被蔑弗諸人抓走的懷孕婦人，在被帶走的途中，她不斷折斷路邊的樹以爲記號，在敵社生下了一個男孩，與蔑弗諸人生活在一起。

　　孩子長大後，雖然在打獵方面表現很好，卻常遭責罵，孩子不明白爲什麼，母親告訴他原因。

　　兩人便偷偷拿了些小米，沿著記號樹枝逃走，他們走過漢人居住的地方，漢人怕蔑弗諸人追到，他們便叫他們先躲起來，蔑弗諸人很失望的走了。最後兩人終於回家與家人團聚。

本則傳說故事情節要述如下：

一、有一個被蔑弗諸人抓走的懷孕婦人。

二、婦人不斷折斷路邊的樹以爲以後逃亡的路標記號。

三、婦人在敵社生下了一個男孩，與蔑弗諸人生活在一起。

四、孩子長大後狩獵表現很好，卻常遭責罵，孩子不明白是什麼原因？

五、孩子的母親告訴他們是被俘虜來的之後，母子便偷偷拿了些小米開始逃亡。

六、他們沿著以前折斷樹枝的記號逃走。

七、蔑弗諸人在後追趕，漢人怕蔑弗諸人追到，便叫他們先躲起來。

八、最後母子兩人終於回到家與家人團聚。

貳、鄒族女與流木懷孕生子傳說故事

陳千武《台灣原住民的母語傳說》，曹族阿里山方言的tubuja社，akoiono pasuja（男，五十五歲）口述的「有毛的小叔叔」：②

　　昔時，女人在網魚，但被流木勾上了網。把流木除掉，又放網撈魚，網又被流木勾著。放網幾次，網都被流木勾住。

　　遂把流木撿起來，挾在褲帶子回家，想當作薪柴燒。但流木在路上不見了，回到家看不到流木。

　　不久，她卻因此而懷孕了，生下來的孩子，一生下就會自己起來坐。別人都笑他，那個孩子也模仿別人一起笑。

　　孩子有牙齒，也有毛，因為長毛，所以大家都叫他「有毛的小叔叔」。

本則傳說故事情節要述如下：

一、女人網魚，一連幾次都被流木勾上了網。

二、女人把流木撿起來，挾在褲帶子回家，想當作薪柴燒。但流木在路上不見了。女人卻因此而懷孕生子。

三、孩子一生下來就會自己起來坐。別人都笑他，那個孩子也模仿別人一起笑。

四、剛出生的小孩就有牙齒也有毛，所以大家都叫他「有毛的小叔叔」。

鈴木作太郎氏載〈亞艾布庫〉：③

　　從前在佩翁西以peonshi有一個處女，某日冒雨到河邊撒網，撈上了一根棒子，將其往下游擲去，不可思議地棒子竟逆流再次入網。

　　當時不覺異樣，將棒子納入懷中回到家後，卻不見棒子，以為遺失在其處。然而翌日早晨卻懷孕而產下一子。

　　仔細一看，身體的一面長出毛來，宛如熊子一般。不久後即能站立、步行，牙齒的數目與大人相同。

　　往山上狩獵時，即使大熊也有如小雞一般地輕鬆提回。只要一喊叫，山及岩石都會震動裂開，人們為之驚怖。

　　當他死後，社人敬以為神，尊稱他為「亞艾布庫」yaebuku，據說今日亦存在於庭石之下，而感到害怕。

　　某人於改建房子時，因嫌庭石礙眼而打算將其移至其他地方，奈何卻怎麼也無法移動，只好請來知母勝社的頭目，祈禱之後方可開始移動。

本則傳說故事情節要述如下：

一、有一個處女佩翁西以peonshi冒雨到河邊撒網。

二、佩翁西以peonshi撈上了一根棒子，將其往下游擲去，不可思議地棒子竟逆流再次入網。將棒子納入懷中回到家後，卻不見棒子

三、翌日早晨佩翁西以peonshi懷孕而產下一子。

四、孩子身體的一面長出毛來，宛如熊子一般。不久後即能站立、步行，牙齒的數目與大人相同。

五、孩子狩獵時，即使大熊也有如小雞一般地輕鬆提回。只要一喊叫，山及岩石都會震動裂開，人們為之驚怖。

六、他死後，社人敬以為神，尊稱他為「亞艾布庫」yaebuku。據說今日亦存在於庭石之下。

七、某人改建房子嫌庭石礙眼欲移石，卻怎麼也無法移動，只好請來知母勝社的頭目，祈禱之後方可開始移動。

參、鄒族收養孩子傳說故事

《大陸雜誌》20（10）：5，（1960）引自《鄒族信仰體系與宗教組織》（1988），杜而未：④

　　有一婦人在竹林中，看到一被鋸之竹節，因當時下

雨，竹節內盛滿了清水。婦人將此告訴丈夫，丈夫走到該處，卻發現一個十歲的小男孩，就回家稟告父親，他要收養那個小孩，等他在過去時，卻又沒看見那小孩。

第二天他請了有神視的巫者來，而小孩又不見，巫者問小孩為何隱藏，孩子回答他害怕，接著便出現，與他們一同回到家中。

此時，忽然有一老婦出現，詢問他們是否會養育這個小孩，家人回答知道，那老婦立刻消失。

家人替小男孩建一屋，並與他一直生活在一起，小孩做事都很成功，是一個精明的獵人，而且他種的小米在收割後還會吐出穗來。長大後結婚生子，流傳了許多後裔。

本則傳說故事情節要述如下：

一、下雨天一婦於竹林中見一被鋸之竹節，竹節內盛滿了清水，將此稟告丈夫。

二、丈夫前去該處，發現一個十歲的小男孩，回家稟告父親欲收養那個小孩。

三、丈夫又前去該處，卻又沒看見那小孩。

四、第二天請了有神視的巫者來，而小孩又不見，巫者問小孩為何隱藏，孩子回答他害怕，接著便出現，與他們一同回到家中。

五、把孩子帶回家收養後，替他建一屋。

六、小孩後來成為精明的獵人。

七、他也是傑出的農人，他種的小米在收割後還會吐出穗來。

八、他長大後結婚生子，流傳了許多後裔。

《台灣鄒族的風土神話》，浦忠成：⑤

　　從前石氏的人上山犬獵，走了很遠的路之後，聽到
一個孩子的哭叫聲，仔細尋找，發現孩子在山崖邊，便
把孩子帶回家收養，給他取一個姓氏叫做teneoana，意指
沒父母的小孩，也就是安氏的祖先。

　本則傳說故事敘述石家人在山崖邊發現孩子帶回家收養，後
來給他取一個姓氏叫做teneoana，意指沒父母的小孩，亦即安氏的
祖先。

　本則故事也是屬於氏族形成的傳說故事。石氏與安氏兩氏族
有收養之歷史情意，兩家關係密切。

　鄒族的親屬關係主要由三個基礎所組成，即因血緣、婚姻與
收養而結合成親屬關係。其氏族系統與繼嗣制度，均為父系的，
居處法則亦為從父居。

　在擴展家族與核心家庭之中，傳統的鄒族社會亦曾以戰爭之
掠奪、孤兒領養、或經濟資源交換三種方式來擴充徵集家中成
員。養子女與養父母及其氏族之間，產生血緣關係，不可與養父
母氏族人結婚，即使是後來分家或分住小社，仍為其養父母之氏
族的一員。例如：poitsonu為yataujongana所收養、sangoana為
kautoana所收養、tiekeana為yashiyungu所收養，均成為氏族之聯合
家族。收養成為鄒族擴充氏族成員的一個重要的方法。⑥

肆、鄒族收養蛇傳說故事

《台灣鄒族的風土神話》，浦忠成⑦

　　從前有一個婦女，每回她上山工作時總是聽見蛇在
不遠處叫，最初她不以為意，有一回她循聲找去，蛇聲
止時發現了一個男孩，當她問過不是附近人家的小孩
時，便把他帶回家撫養。

等孩子長大後，他的狩獵技術優於常人，每每捕獲野獸。但母親發現孩子走在路上口中不知吃什麼，問孩子他答是吃檳榔，仔細觀察是青蛙一類的東西。

又一次母親尾隨孩子進洞穴，只見洞穴外還留了一段蛇尾，這時她方知自己是收養一條蛇。

過了一段時日，母親見孩子在家中烤火時，身旁偎著一條大蛇，大蛇舐過的地方立刻變為蛇身，當孩子完全變成蛇時，二條蛇便一起離開再也不回來。

本則傳說故事情節要述如下：

一、有一個婦女每回上山工作時總是聽見蛇叫聲。

二、有一次她循聲找蛇處，蛇聲止時發現了一個男孩，便把他帶回家撫養。

三、孩子長大後是一位狩獵好手。

四、孩子口中嚼東西，母親觀察好像是青蛙一類的東西。

五、母親尾隨孩子進洞穴，洞穴外留了一段蛇尾，此時方知她收養了一條蛇。

六、一段時日之後，孩子在家中烤火時，身旁偎著一條大蛇，大蛇舐過的地方立刻變為蛇身，當孩子完全變成蛇時，二條蛇便一起離開再也不回來。

范純甫主編《原住民傳說》（下）載〈蛇王〉：⑧

從前有一次，布朗社的人走過山中，忽然聽到嬰兒哭聲，覺得奇異，走向發出聲音的地方一看，那邊正有一隻蛇，用身體蜷著了一個可憐的嬰兒。

再詳細一看，蛇用舌嘗了一下嬰兒，嬰兒就變成了蛇，但沒多久，又回復為原來的嬰兒。

那個男子看了，不覺生出惻隱之心，同情那可憐的嬰兒，就救出嬰兒抱回家去。先給他吃蕃薯，可是不

吃，給粟也不吃，祇好給用米搗的米粉餵食，這樣嬰兒才肯吃。

以後每日餵吃米粉，那孩子日漸長大，臂力很強，到了十二、三歲時，社中已沒有一個人能夠和他對敵。

一次敵族來襲，社人去汲水途中被射殺。社中的所有男人全部武裝驅馳。這時那孩子即用八條藤綑在腹圍，趕往聚會所，並從聚會所的高棚跳下來，但是跳下時，腹上紮的藤都斷掉了。

孩子就再找八條藤緊紮於腹上，又跳下了一次，這次藤都不斷。於是他如疾風般的為先鋒，猛烈地衝入敵營。

敵人要斬殺他，他卻忽而變成了大蛇，復於要殺敵時又變回成人。敵營終被他的此種神秘力量壓倒，大驚失色而不敢敵對，全都喪命。

本則傳說故事情節要述如下：

一、有一次布朗社的人在山中聽到嬰兒哭聲就去尋找，正有一隻蛇用身體蜷著一個嬰兒。

二、蛇用舌嘗了一下嬰兒，嬰兒就變成了蛇，但沒多久，又回復為原來的嬰兒。

三、布朗社人把嬰兒抱回家收養，餵他蕃薯、粟都不吃，最後用米搗米粉餵食嬰兒才肯吃。

四、嬰兒長大後臂力很強，到了十二、三歲時，社中已沒有一個人能夠和他匹敵。

五、有一次，汲水的社人中被敵族射殺，社中的所有男人全部武裝驅馳。

六、他用八條藤綑在腹圍趕往聚會所，並從聚會所的高棚跳下來，但是跳下時，腹上紮的藤都斷掉了。紮藤是為了

　　爲了跑步迅速而有力。

七、他再找八條籐緊紮於腹上，又跳下了一次，這次籐都不
　　斷。於是他如疾風般的爲先鋒，猛烈地衝入敵營。

八、當敵人要殺他時，他忽然變成了大蛇，復於要殺敵時又
　　變回成人。

九、敵營大驚失色，全都喪命。

【註釋】

① 尹建中《台灣山胞各族傳統神話故事與傳說文獻編纂研究》，1994.4。
② 陳千武譯述《台灣原住民的母語傳說》，台北，台原出版社，1995.5。
③ 浦忠成《台灣鄒族的風土神話》，台北，台原出版社，1993.6。
④ 同①。
⑤ 同①。
⑥ 王嵩山《阿里山鄒族的歷史與政治》，台北，稻鄉出版社，1990.10。
⑦ 同①。
⑧ 范純甫主編《原住民傳說》（下），台北，華嚴出版社，1998.4，二版。

第二二章

鄒族愛的痛苦與異族情誼口傳文學

壹、鄒族愛的痛苦傳說故事

在茶山、新美二村交界處，有一條「達庫布雅努溪」，溪旁有一座小山洞，有一則傳說故事：

> 相傳曾有達庫布雅努女人與鄒族人私通，兩人被殺害之後，被埋葬在山洞口，因此目前該山洞還有兩棵高大的「鴛鴦樹」。

本則傳說故事敘述達庫布雅努女子與鄒族男子相戀，不幸兩人被殺害，埋葬於「達庫布雅努溪」，溪旁小山洞，至今該山洞還有兩棵高大的「鴛鴦樹」。

茶山早期曾有「達庫布雅努」人居住在此，但於清代因內部戰爭以及流行瘟疫，人口銳減，近乎滅族。根據鄒族長老傳說，古時候確實有達庫布雅努人居住在茶山。

《生蕃傳說集》，佐山融吉、大西吉壽著（1923），余萬居譯：①

> 古時本社有二男子，每日做完其工作之後，都會跑去鄰社、達邦社某少女家，與少女談心，他們認爲這是莫大的樂趣。

> 然而有一天，因爲下大雨致河水氾濫，他們無法渡河去找那女子，其中一人便望水興嘆地說：「恨我非鳥，若是，便能時時飛到她的身邊。唉！與其忍受這種痛苦，不如永懷如今無限思慕之情，和美麗的情感，在此一死了之！」

> 於是他便衝到突出於溪流之中的一塊岩石上去，面向著達邦社，以其陽物力撞大石而死。

> 朋友嚇破了膽子，沒有照料那可憐男子就跑回去。

本則傳說故事敘述一男子因爲有一次下大雨致河水氾濫，無法渡河去達邦社找那心儀的女子，便以其陽物力撞大石而死。愛情眞令人感動。

貳、鄒族異族情誼傳說故事

在原住民族群中，東海岸的阿美族與阿里山的鄒族部份族人擁有一身較白皙的皮膚，五官輪廓也較明顯，族中的傳言皆與荷蘭據台時通婚混血有關。

明鄭時期，鄭成功趕走盤據台灣的荷人，在此之前荷人或多或少與當地居民有所接觸；傳說在戰事中，不少荷人流落民間，可能是與族人共同生活，爲生了婚姻關係，留下了早期「異國鴛鴦」的歷史情誼。②

鄒族原住民的面孔，本身就是一大特色，他們幾乎個個人高馬大，濃眉大眼、鼻梁高挺，甚至還有金髮碧眼，酷似西方人。

明朝末年，鄒族人居西南沿海時，曾與荷蘭人聯姻，荷蘭人還曾跟隨鄒族人遷入特富野。

【註釋】

① 尹建中《台灣山胞各族傳統神話故事與傳說文獻編纂研究》，1994.4。
② 林建成〈鄒族的異族情誼〉，台灣時報，1994.4.19。

第二三章

鄒族喪葬口傳文學

壹、鄒族復生說傳說故事

浦忠成〈阿里山鄒族口傳故事〉載「為什麼人會死」：①

　　尼弗奴神在剛剛創造人類時，每個人的壽命都像「朔洗有阿那山」（阿里山）上的檜樹一樣。

　　即使死了尼弗奴神也能讓人復活，每個人都要經過五次救活之後，才真會死去。

　　梭也梭哈神常常模仿尼弗奴神行神奇的能力，但是每每導致不好的結果。有一天，有人第一次死亡，正巧尼弗奴神不在，被梭也梭哈神發現了，就在家屋裡面，挖了洞穴把死者埋了，並且站在旁邊哭泣。

　　不久，尼弗奴神回來了，想要讓死者復活，但是因為梭也梭哈神已經先哭泣了，尼弗奴神也沒有辦法讓他復活，於是就真的死去了，人死了一次，就沒有辦法再復活了。

本則故事謂：古昔人類可以死五次，自從梭也梭哈神把第一次死的人埋了之後，人類就只死一次了。

本則傳說故事情節要述如下：

一、起初尼弗奴神初造人類時，人的壽命都像檜樹一樣長壽。

二、初時人死了尼弗奴神也能讓人復活，每個人都有五次死的機會，才會真正死去。

三、有一天尼弗奴神不在，有人第一次死，被梭也梭哈神發知道即在家屋裡挖了洞穴把死者埋了，並且站在旁邊哭泣。

四、尼弗奴神回來了，想要讓死者復活，但是因為梭也梭哈神已經為死者哭泣了，因此沒有辦法讓他復活。

五、自此人只死一次便無法再復活了。

《台灣鄒族語典》，聶甫斯基（N.A.Nevskij）著（1993），白嗣宏、李福清、浦忠成譯：②

　　尼福內和索埃索哈是一同出現，人們替他們擺渡，不過尼福內穿著很差，所以人們不重視祂。

　　但過河後，尼福內洗澡，身上流下的泥像槲蘭花；而索埃索哈的泥卻像狗屎。因此大家便開始尊敬尼福內。

　　尼福內只要放一粒米在鍋裡和缸中，再唸煮飯和釀酒的咒語，就會有滿滿的一鍋飯和一缸酒。索埃索哈想要學祂，卻老是變出狗屎。

　　據說那時人死五次方才會真正死去，在死時只要尼福內施魔法，他就會復生。

　　有一次尼福內不在，有一個人死了，索埃索哈也想模仿，但不成功，就把他埋葬了。

　　而尼福內從此無法使人死而復生，祂很傷心，隨藜種點的煙上升飛天。

索埃索模仿尼福內神的復生術，但是不成功，就把死者埋葬了，從此人死後就不能復生了。本則傳說故事情節要述如下：

一、尼福內和索埃索哈是一同出現，人們替他們擺渡。

二、起初尼福內穿著很差，所以人們不重視祂。

三、兩神洗過澡後尼福內神身上流下的泥像槲蘭花；而索埃索哈神的泥卻像狗屎。大家便開始尊敬尼福內神。

四、尼福內神法術高超，放一粒米在鍋裡和缸中，再唸煮飯和釀酒的咒語，就會有滿滿的一鍋飯和一缸酒。

五、索埃索哈想要學尼福內神一粒米變出滿滿的一鍋飯或一缸酒，但是卻老是變出狗屎來。

六、古昔之人死五次方才會真正死去，尼福內神施法即復生。

七、有一次尼福內神不在，有一個人死了，索埃索哈神也想
　　模仿尼福內神施法讓他復活，但是不成功，就把他給埋
　　葬了。

八、尼福內神從此也無法使人復生，因此祂很傷心隨著藜種
　　點的煙上升飛天。

《嘉義縣志稿》（1962），引自《鄒族信仰體系與宗教組織》
（1988），嘉義縣政府：③

　　在創造神剛造人時，人均可長壽，即便死去，神也
能施法使其復活，只要不超過五次，人都能活得好好的。

　　有另一神常學創造神做事，不過總是得反效果。有
一次有一個第一次死的人，而那時創造神無暇替他施復
甦的法術先走一步，而被那個愛學創造神的神看到，於
是庭內掘窖掩屍而哭之。

　　後來創造神回來，但因已被神所哭，使其施術無
效。自此凡人一死，即不能復生。

本則故事也是與前則故事相似，即把第一次死的人埋了，並
且還為他哭泣，因此就真的不能施術復生了。本故事的神沒有名
字，只謂「創造神」與「愛學創造神」。

《蕃族調查報告書：鄒族阿里山蕃四社蕃簡仔霧蕃》（1983）
，引自《鄒族信仰體系與宗教組織》（1988），佐山融吉著，余萬
居譯：④

　　太古時，女神nibunu在玉山創造人類，當時人們只
要接受女神之神術就可復活，所以人口平常是不死的。

　　有次女神將一死者置於床上便外出，恰巧soesoha神
來到看到死者，便將其掩埋，並在旁哭泣，由此人們便
在死去親者墓旁哭泣，因此nibunu亦無力回天，從此人
們便會死了。

　　　　soesoha神向無惡意，但其行事總是得反效果，煮飯
釀酒卻製造出糞便，故有惡神之譽。

　　本則傳說故事敘述soesoha神向無惡意，但其行事總是得反效
果，如把人埋了，從此人不能復生；煮飯釀酒卻製造出糞便，故
有惡神之譽。

　　聶甫斯基著，白嗣宏、李福清、浦忠成譯《台灣鄒族語
典》：⑤

　　　　據說尼福內和索埃索哈是一起出現在這裏的，傳說
　　人們是在河邊遇見他們的。人們打算把他們擺渡到對岸
　　去。人們從遠處看好像尼福內穿得很差，因此他們確實
　　爭相擺渡索埃索哈，而相當勉強地把尼福內擺渡過去
　　（幾乎忘記擺渡尼福內）。

　　　　尼福內和索埃索哈擺渡以後，他們在洗澡，不知爲
　　什麼尼福內身上流下來的泥像fiteu（木斛蘭花）；索埃
　　索哈身上流下來的泥像狗屎。因此大家忽然開始尊崇尼
　　福內，大家把她帶回家裡。

　　　　尼福內是一個多麼不平凡的女神呀！每當她想做飯
　　時，她只拼開一粒米，扔進大鍋以後說：「煮滿滿一大
　　鍋粥出來！」每次打開鍋一看，的確是滿滿一鍋香噴噴
　　的粥。每當她想釀酒時，她也用同樣方法，只拼開一粒
　　米，扔到缸裏以後說：「釀滿滿一缸美酒出來！」每次
　　打開鍋一看，果然是滿滿一缸香噴噴的美酒。

　　　　索埃索哈根本不懂巫法，卻每一次都想模仿尼福
　　內，也想煮粥，經常要問尼福內怎麼辦。據說她打聽到
　　怎麼辦以後，由於在路上她老是跌倒，從而老是忘記該
　　怎麼說，傳說她總是說：「煮滿滿一鍋狗屎來！」傳說
　　每當打開以後，確是滿滿一鍋狗屎；每當她想釀酒時，

結果也是這樣。

　　當時生活在世上的人，如果說要死了，那麼傳說尼
福內就對他施魔法，使死者復生。傳說人死五次，才是
真正死去了。

　　有一回尼福內不在的時候，有一個人要死了，傳說
索埃索哈看見他以後，她也想模仿尼福內使死者復生，
由於她的模仿並未成功，索埃索哈就這樣埋葬了死者，
還舉行了哀弔。

　　尼福內回來以後，她想使死者復生，但是，由於他
被索埃索哈埋葬了，並哀弔過了，再也沒辦法使他復
生。從此尼福內（女神）沒有辦法使世上的人死而復生
了。尼福內很傷心，於是點燃了藜種，乘煙昇天了。

本則傳說故事情節要述如下：

一、尼福內和索埃索哈女神是一起出現，人們從遠處看好像
　　尼福內穿得很差，爭相擺渡索埃索哈。

二、尼福內女神洗澡，身上流下來的泥像fiteu（木斛蘭
　　花）；索埃索哈女神身上流下來的泥像狗屎。因此大家
　　忽然開始尊崇尼福內女神，大家把她帶回家裡。

三、尼福內女神做飯時，拼開一粒米扔進大鍋說：「煮滿滿
　　一大鍋粥出來！」就變出一鍋香噴噴的粥；釀酒時，拼
　　開一粒米，扔到缸裏說：「釀滿滿一缸美酒出來！」果
　　然變出一缸香噴噴的美酒。

四、索埃索哈女神喜歡模仿，由於走路老是跌倒，會忘記該
　　怎麼說，煮飯、釀酒總是說：「煮滿滿一鍋狗屎來！」
　　結果變出狗屎來。

五、古代人死五次才是真正死去了。尼福內女神能使人復
　　生。

六、有一回尼福內不在，有人要死了，索埃索哈女神模仿尼
　　福內女神欲使死者復生，結果並未成功，就把死者埋葬
　　了，還舉行了哀弔。

七、尼福內女神回來已經沒辦法使他復生。她很傷心，點燃
　　藜種，乘煙昇天了。

貳、鄒族室內葬傳說故事

《台灣鄒族的風土神話》（1993），浦忠成：⑥

　　　從前有一個孩子告訴母親，要她把他分成大小一樣
的兩半，用簸箕覆蓋著，過一段時間再打開，母親如是
做了，打開發現兩個一模一樣的小孩在那。

　　　後來孩子漸漸長大，一日他們要求母親到河邊汲
水，母親沒汲到水，因為上游有二個女孩把水弄混濁，
孩子說那是他們的妻子，於是母親就促成了二對佳偶
了。

　　　過了許久，那個躺在簸箕左邊的孩子回到天上去
了，於是一家人便分開。後來他自天上回家，問人家另
外一人，大家告訴他，那人已死了，埋在屋子內。

　　　天上那人就說：「既然如此，以後都照這樣的方法
做。」所以鄒族的人都把死去的家人葬在屋子裡。

這是一則鄒族室內葬習俗的傳說。本則傳說故事情節要述如
下：

一、從前有一個孩子告訴母親，要她把他分成大小一樣的兩
　　半，用簸箕覆蓋著。

二、經過過一段時間打開發現兩個一模一樣的小孩在簸箕
　　裡。

三、兩個孩子長大，一日要求母親汲水，母親沒汲到水，因

上游有二個女孩把水弄混濁，孩子說那是他們的妻子，於是母親就促成了二對佳偶了。

四、過了許久，一個孩子（躺在簸箕左邊者）回到天上去了。

五、後來他自天上回家，問人家另外一人，那人已死了，埋在屋子內。

六、他說以後都照這樣的方法把死者埋葬在家屋室內。

參、鄒族鬼魂傳說故事

《嘉義縣志稿》（1962），引自《鄒族信仰體系與宗教組織》（1988），嘉義縣政府，亦見於浦忠成著《台灣鄒族的風土神話》：⑦

昔時有兄弟二人共赴山中打獵，傍晚時弟先返家炊食，哥哥回來時，兄看見屋子附近有一片血跡，就以為其弟被人馘首。

連忙跑入屋中，到門口時聽見飯鍋挖飯聲，心中暗自竊喜弟未遭不測，入屋果然見弟挖飯吃，但仔細看卻見飯由頸之傷口入腹，而其頭已不在身上。

哥哥深受驚嚇逃出，腳碰到爐邊的柴薪發出聲音，無頭的弟弟發現了哥哥，大聲疾呼：請等一下，請等一下，高舉雙手追來。幸好正有許多社眾打獵歸來，兄大聲求救，幽靈見人眾，旋即消失。

本則傳說故事情節要述如下：

一、兄弟二人打獵，傍晚時弟先返家炊食。

二、哥哥返回時，見屋子附近有一片血跡，以為弟弟被人馘首。

三、哥哥聽到屋內有挖飯聲，暗喜弟未遭不測。

四、哥哥仔細看卻見飯由頸之傷口入腹，而弟弟頭已不在身
　　上。

五、哥哥驚嚇逃出，腳卻碰到爐邊的柴薪發出聲音，無頭弟
　　弟發現大聲疾呼：請等一下，請等一下，高舉雙手追
　　來。

六、此其時正有許多族人打獵歸來，哥哥大聲求救，幽靈見
　　人眾，旋即消失。

肆、鄒族被跳蚤咬死傳說故事

《生蕃傳說集》，佐山融吉、大西吉壽著（1923），余萬居
譯：⑧

　　　　古時有一個人糊裡糊塗地走過眾多跳蚤聚集遊玩的
　　地方，終被那些跳蚤咬死。

本則傳說故事其意勿亂闖不該去的地方，否則會有不幸之事
發生，切記！切記！

伍、鄒族哥哥報復茄苳樹傳說故事

《台灣鄒族的風土神話》，浦忠成：⑨

　　　　曾有兩個極爲友愛的兄弟，一天弟在茄苳樹下休
　　息，突然死亡。哥哥知道了十分氣憤，便拿直刀來砍伐
　　那棵樹。

　　　　他整天砍伐直到傍晚時，只剩最後一刀，便用盡所
　　有的力氣，奮力一砍，而樹在此時突然連著莖幹枝葉飛
　　到對岸，化成一塊巨石，到今時有人經過時還能聽見人
　　的聲音。

本則傳說故事情節要述如下：

一、弟弟在茄苳樹下休息，突然死亡。

二、哥哥十分氣憤，便拿直刀來砍伐茄苳樹。

三、只剩最後一刀，便用盡所有的力氣，奮力一砍，而樹在此時突然連著莖幹枝葉飛到對岸，化成一塊巨石。

四、據說今時有人經過那塊巨石時還能聽見人的聲音。

【註釋】

① 浦忠成〈阿里山鄒族口傳故事〉，民眾日報，1992.11.29。

② 尹建中《台灣山胞各族傳統神話故事與傳說文獻編纂研究》，1994.4。

③ 同②。

④ 同②。

⑤ 轟甫斯基著，白嗣宏、李福清、浦忠成譯《台灣鄒族語典》，台北，台原出版社，1993.7。

⑥ 同②。

⑦ 同②。

⑧ 同②。

⑨ 同②。

第二四章

鄒族身體裝飾口傳文學

北鄒男子於年十五、六歲時拔齒，卡那卡那布社群男女在十一、十二歲時拔去前齒及犬齒各兩枚。

泰雅、布農、曹（鄒）族三種族，男女都有鑿齒之風。有人拔掉左右兩邊的犬齒、有人拔掉小臼齒各一支、或者是小臼齒與犬齒各一支，拔牙大部份是由父母進行。拔牙的年齡大約是八、九歲到十一、二歲之間，將木片抵住需要拔掉的牙齒，用柴刀的刀背敲擊，使牙根搖動，然後找一支樹枝，在其兩端繫上麻繩，綁在牙齒上，拉動樹枝拔掉牙齒，在傷口上塗抹一些煤煙。而拔掉的牙齒大都是埋在戶外，或是在住家屋簷滴水處。他們說鑿齒是古來的習慣，笑的時候顯得可愛些，而牙齒也比較不會重疊長出。……沒有鑿齒風俗的排灣、阿美、雅美等三個族都有吃檳榔的嗜好，但他們也利用這種方式染齒，這是裝飾的一種，如果不夠黑，就利用草木的汁液塗抹，希望增加美觀。①

鄒族上顎的門齒祗留下最前面兩顆，側門齒和犬齒左右各拔去一顆。②

對拔落的牙齒，原住民都認為是本人生命的一部分，所以這些牙齒得特別珍貴地埋藏起來，以免散失。……曹（鄒）人放在屋頂的茅草中。③

這種拔牙的風俗，可追及太平洋各地民族，一九四九年後中國發掘的大汶口文化和長江流域許多新石器遺址中，也發現有拔牙的頭蓋骨和下顎骨，證明當時也有此習俗，距今已有幾千年了。④

《嘉義縣志稿》（1962），引自《鄒族信仰體系與宗教組織》（1988），嘉義縣政府：⑤

　　昔日祖先住在玉山，有一部落首長之子，忽然暈倒，眾人想要以清水灌之，無奈其雙口緊閉，無法使口張開，有一智者見此情形，立刻用石打落其門齒，灌以

藥水，於是呼吸如常，自此便有拔牙的習俗。

　　昔日在特富野有兄弟二人，兄性溫順，弟頑劣，兩人相處不容，一日二人出獵，因分配獵物又起爭執，兄怒不可遏，竟殺其弟。

　　同族相殘，為一禁忌，族長下令逮捕，但兄已逃到平地，未能找到。首長便令眾人拔去四個門齒，等將來哥哥回來，就可識別。

按本則傳說故事謂鄒族拔牙缺齒的習慣是為了「識別」。本則傳說故事情節要述如下：

一、有一部落首長之子暈倒，雙口緊閉無法張開，有一智者立即以石打落其門齒，灌以藥水，於是呼吸如常，自此便有拔牙的習俗。

二、昔日特富野有兄弟二人，兄性溫順，弟頑劣，兩人相處不容。

三、兩兄弟因為分配獵物起爭執，兄竟殺其弟。

四、同族相殘，為一禁忌，族長下令逮捕哥哥，他已逃到平地，未能找到。

五、首長下令眾人拔去四個門齒，等將來哥哥回來，就可識別，即可逮捕。

【註釋】

① 吳瑞琴編校《台灣原住民風俗誌》，台北，台原出版社，1998.1。
② 宮本延人著、魏桂邦譯《台灣的原住民》，台中，晨星出版社，1993.9。
③ 范純甫主編《原住民風情》（下），台北，華嚴出版社，1996.8。
④ 同③。
⑤ 尹建中《台灣山胞各族傳統神話故事與傳說文獻編纂研究》，1994.4。

第二五章

鄒族鞣皮織布與服飾口傳文學

壹、鹿皮啓發鄒族人揉皮術

鄒族有關揉皮的傳說故事，范純甫《原住民風情》載阿里山群傳說：①

> 兩個獵人見到一個巨大的怪鹿，十分驚訝，鼓起勇氣射箭，只見樹幹上留下鹿的屍體。過幾天，屍體成了皮，由此他們懂得揉皮術。

本則傳說故事情節要述如下：

一、兩個獵人射怪鹿，只見樹幹上留下鹿的屍體。

二、過了幾天，鹿的屍體成了皮，因此啓發，鄒族開始知道揉皮術。

貳、人皮啓發鄒族人鞣革術

《生蕃傳說集》，佐山融吉、大西吉壽著（1923），余萬居譯：②

> 古人不懂得祭山神，打獵每遇怪事，有一人甚至被怪物殺死掛在樹上。

> 社人經過發現他只剩一層皮，獲得靈感，發明了鞣革之法。後來，人們懂得祭山神、獸類不再作怪，人們獵獲漸豐。

本則傳說故事情節要述如下：

一、當鄒族人還不懂得祭祀山神的時候，族人打獵常常遇到許多怪事。

二、有一天有一個人被怪物殺死，而且還被掛在樹上。

三、族人經過發現他的時候，他只剩一層皮掛在樹上。

四、族人看到他的皮張掛在樹上，獲得靈感，發明了鞣革之法。

五、以後，族人開始祭祀山神，不但獵獲漸豐，而且怪事也不再有了。

　　《嘉義縣志稿》（1962），引自《鄒族信仰體系與宗教組織》（1988），嘉義縣政府：③

　　　　古時在未祭地神之時，獸類可化成人形出現。一日，一人至山中獵獸，藏身水邊，有鹿出，獵人彎弓射之，其鹿變大，頭可觸天，目光如日月照耀，獵人目眩不敢射。

　　　　另一人亦碰到相同情形，但他膽子較大，一箭射去，鹿忽然消失，獵人追去，看到地上有一似布片之物，不遠處即有一怪人立於樹下，獵人亦追之，但巨人忽然轉身，用樹枝擊殺獵人，將屍體掛在樹枝。

　　　　之後社人經過，僅發現人皮一張掛在樹上，自此便知揉皮之術。

本則傳說故事情節要述如下：

一、當族人還未舉行祭祀地神的時候，獸類可以化成人形出現。例如有一人狩獵，有鹿出變大，頭可觸天，目光如日月照耀，獵人不敢射。

二、另有一人遇相同之怪事，一箭射之，鹿消失不見，獵人追之，又見一怪人立於樹下亦追之，巨人忽然轉身，用樹枝擊殺獵人，將屍體掛在樹枝。

三、當族人發現他的時候，他只剩下一張皮掛在樹上，自此便知揉皮之術。

范純甫主編《原住民傳說》（上）載〈鞣皮〉：④

　　　　往古尚未祭山神的時候，山獸常化作怪物，困擾人家。有一次有人狩獵，看見一隻鹿，正要矢射，那隻鹿卻很快地變得碩大，頭頂快要沖入雲霄，眼光炯炯四射。獵人目眩心懼，終不敢射牠。一看，那隻鹿早已遁失無蹤。

另有一人也遇到這隻變幻自在的怪鹿，可是這人較奮勇，終於射中了。然而被射中的怪鹿很快地失蹤，不知匿跡何處。

這人雖四處找尋，卻找不出下落，而僅在射中的地力撿到一塊布片。再仔細一看，在那樹下，有個人大概是足部受傷，正用布塊綑綁腳，而一看到獵夫走近，就匆匆逃掉了。

獵夫從後追趕，不料那個人忽然一回蹠，抓住了追趕中的獵夫，用力地將他向樹幹壓擠著殺死了。又把死骸吊在樹枝上，揚長而去。

若干時日後，有人經過樹邊，發現了死骸被日曬得僅剩一張皮，由此始知鞣革的方法。後來祀祭山神以後，獸類也不再鬧怪異，獵獲物也逐漸增多了。

本則傳說故事情節要述如下：

一、有一人狩獵正要矢射一隻鹿，鹿變幻碩大沖入雲霄，眼光炯炯四射。獵人目眩心懼，不敢射牠，那隻鹿就遁失無蹤。

二、另外一獵人亦遇此怪事，其不畏懼射中了鹿，但是鹿迅速失蹤了。

三、獵人在樹下看到有個人大概是足部受傷，正用布塊綑綁腳，而一看到獵夫走近，就匆匆逃掉了。

四、獵夫在後追趕，不料那人突然一回蹠，抓住獵人用力地將他向樹幹壓擠，殺死了就把死骸吊在樹枝上，揚長而去。

五、有一天有人經過樹邊發現死骸被日曬得僅剩一張皮，由此始知鞣革的方法。

六、據說鄒族人開始祀祭山神以後，獸類就不再鬧怪異，獵獲物也逐漸增多了。

　　尹建中《台灣山胞各族傳統神話故事與傳說文獻編纂研究》載〈鞣皮法的開始〉：⑤

　　　　從前，野獸和人差不多，而且他能變成各種樣子。有一個勇敢的男子上山打獵，正要射箭時，怪獸忽地不見蹤影，他循著足跡追蹤而至，只發現布片，驚訝之餘，發現樹上有人。他定晴一看，發現人的腳被綁住了，待他靠近人又不見了。

　　　　突然怪人抓住他往樹梢丟去，男子就此一命嗚呼，他將人摩擦樹幹，身體柔軟後，去其骨肉，剩下皮，掛在樹枝上。

　　　　後來族人經過樹，看見人皮掛在樹上，皆大吃一驚。但他們從此便始知道了鞣皮的方法。

　　本則傳說故事敘述一位獵人被幻化為人形的野獸殺死，將他摩擦樹幹使柔軟後，去其骨肉，剩下皮則掛在樹枝上。人見之皆大吃一驚，但是自此便始知道了鞣皮的方法。

【註釋】

① 范純甫主編《原住民風情》，台北，華嚴出版社，1996.8。
② 尹建中《台灣山胞各族傳統神話故事與傳說文獻編纂研究》，1994.4。
③ 同②。
④ 范純甫主編《原住民傳說》（上），台北，華嚴出版社，1996.8，一版。
⑤ 同②。

第
二
六
章

鄒族歌舞口傳文學

　　鄒族的歌謠與舞蹈創作是用於祭拜天神，以示感謝，有神授說和瀑布說、玉山說三種。

壹、鄒族歌舞神授說傳說故事

　　　　傳說，有一天從天上降下一個男孩，不但教鄒族人生活上的技能，最重要的是教導他們天上祭祀的儀式和歌謠，從此鄒族人不但有了祭祀的活動，也賦予這些歌舞神聖的意義。

本則故事謂鄒族之祭儀和歌謠是傳自於天降下的男孩的傳授。本則傳說故事情節要述如下：

一、天上降下一個男孩。

二、男孩教導族人生活技能。

三、男孩教導族人天上祭祀的儀式和歌謠。

本則故事謂天上降下的男孩，他所教授鄒族人之祭祀的儀式和歌謠正是天上所舉行的，更增加鄒族祭祀儀式和歌舞的神聖性。

浦忠勇《台灣鄒族生活智慧》：①

　　　　傳說族人帶兒子到河邊撈魚，無意間男孩看見一個葫蘆從天垂降到他面前，他用手伸進葫蘆口想要嚐一點裏面的米酒snima，結果就被拉到天上去了。孩子的父親到處尋找失蹤的兒子，始終沒有找到。

　　　　孩子升到天上pepe之後，停留了五年，跟天上的人住在一起，學習了很多事，後來天上的人告訴他：你原本不是天上的人，你要回到你父母那裏。回去之後，把你在這裏學習到的事情好好教導他們。

　　　　有一天，族人坐在男子集會所中，忽然有兩塊圓石taucunu從天穿破會所屋頂，落到會所，不久又有矛menngzu和盾牌從天而降，接著是山豬頭，最後是以前

失蹤的那個男孩降下來。

　　他向眾人說：以前失蹤的孩子就是我。於是他把升上天所見到、學到的事一一地教導族人，並且叮嚀他們這些事情要牢牢記住。

　　最好要從幼兒就開始傳授，好讓每一個人長大之後都能嫻熟這些技能。其中一項最重要的事情就是教導族人學習天上祭祀的儀式，包括歌謠（祭歌）在內。於是族人開始有了戰祭的活動。

本則傳說故事情節要述如下：

一、父親到河邊撈魚，小孩見從天垂下葫蘆，欲用手伸進葫蘆口，被拉到天上去。父親遍尋不著。

二、小孩升到天上住了五年，學習了很多事。

三、上天派他到凡間指導鄒族人祭祀儀式和歌謠。

四、他們從天而降到會所，其順序是兩塊圓石、矛、盾牌、山豬頭，最後是小孩。

五、小孩教導族人祭祀儀式與歌謠後，鄒族人開始舉行戰祭。

　　很多族人認為祭歌的歌詞沒有人能真正了解，但卻都相信天上神明（戰神）聽了之後一定會明白，因為這些歌就是天上傳下來的。這樣的說法不但增加了祭典儀式的神聖性，也使歌詞意義得到另一種合理的詮釋。②

貳、鄒族歌舞瀑布說傳說故事

鄒族音樂，傳說是瀑布的音響啟示了族人創造和音的靈惑：

　　傳說鄒族祖先在瀑布下，傾聽水泉飛懸而下的聲音，覺得非常和暢，因此模仿和音，所以鄒族的祭歌，聲韻就有似瀑布之聲了。

本則傳說故事謂鄒族之祭歌源於水泉飛懸之聲和暢，因此模仿和音之。故鄒族祭歌聲韻有似瀑布之聲。

以前想要學習唱歌的族人，先要準備一份禮物，前往高大的瀑布落水處，背對著瀑布，然後把所準備的禮物（如糯米糕）丟進水裡，祝神並祈求神明教導歌唱；然後同樣背著瀑布靜坐一段時間之後，回家睡覺卜夢，夢中神明就會傳授一些歌謠，包括古歌謠及祭歌。這些歌謠都是神明直接提示的，詞意艱深，但神明喜歡人們吟唱。③

參、鄒族歌舞玉山說傳說故事

浦忠勇《台灣鄒族生活智慧》：④

當洪水氾濫、鄒族人避居山頂上等待洪水退去的時候，族人想以練習吟唱來頌神。

起初把山羊頭用竹棍插立在地上練習，但聲音不怎麼好聽，就插猴頭來試唱，聲音進步多了。

最後族人商議以壞男孩或殘缺的男孩kui ci yoko的頭顱祭神，歌聲才真正好聽，這些歌聲便是今日祭歌的來源。

本則傳說故事敘述鄒族人歌舞祭歌的發展，在玉山避難洪水的時候，即已經發展完成。本則傳說故事情節要述如下：

一、洪水避難玉山，族人希望洪水潮退，他們想以吟唱來頌神。

二、最先山羊頭用竹棍插立在地上練習，但聲音不怎麼好聽。

三、其次用插猴頭來試唱，聲音進步多了。

四、最後以壞男孩或殘缺的男孩的頭顱祭神，歌聲才真正好聽。

【註釋】

① 浦忠勇《台灣鄒族生活智慧》，台北，常民文化，1997.2。

② 同①。

③ 同①。

④ 同①。

第二七章

鄒族鬼的情感世界口傳文學

壹、鄒族靈界也有飢餓傳說故事

浦忠成著《台灣鄒族的風土神話》：①

以前曾經有一家人，吃完早餐後將剩餘食物留在家中，便去田裡工作，晚上回來卻發現殘飯已不見，深感奇怪。

翌日，留一人於家中藏於被下，查看究竟何人所為。竟發現是葬在屋中已亡的人，將殘飯拾起，放在爐上煮而自食，那些死亡之人個個面黃肌瘦。

而藏身之人實被驚嚇，雙腿發抖不止，死亡之人以為是犬聲，便入地窖消失不見。

這是因為沒有請巫師來驅逐亡靈，所以現在家有死者必請巫師至家中驅魂，此事便不再發生。

本則傳說故事情節要述如下：

一、有一家人，早餐尚有剩餘食物，晚上自田中回來發現殘飯已不見，深感奇怪。

二、翌日，留一人於家中藏於被下，查看究竟何人拿取剩餘食物。

三、發現葬在屋中已亡的人面黃肌瘦將殘飯放在爐上煮而自食。

四、藏身之人驚嚇雙腿發抖不止，死人以為是犬聲，便入地窖消失不見。

五、據說這是因為家宅沒有請巫師來驅逐亡靈所致。

本則故事謂靈界的生活與人世間的生活是一樣的，除了鬼靈會眷戀人世間的生活，表示其有感情與人相同，其也會憤怒，表示其亦有人間之七情六慾，喜怒哀樂愛惡欲，並且其社會也有饑餓。

塔山hocubu位於南投、嘉義二縣邊境，在鄒族人的心念中，有著與陽世迥異的境界，是許多鬼神的居地，有那直通冥府的穴

道，是傳說中的身後世界。

鄒族人相信人死後魂歸北阿里山山脈西側的塔山，塔山因而被認爲有一座「眾靈的會所」。

至於小塔山則是凶死者的歸宿。②

族人相信人死之後，游離魂piepia先留在部落最後消失；而身體靈（即「靈」，鄒語稱爲hio或hzo）則要以塔山（阿里山對面）爲永遠歸處，而且死於天命者（爲善者）居大塔山，死於非命者（爲惡者）居小塔山，於是塔山成了族人宗教信仰中的大冥府。③

對鄒人而言，hitsu跟身體是可分開的，當人一斷氣以後，已經不是同一個了。屍體歸屍體，他的靈就是hitsu，hitsu雖由人的身體分離出來，但又與生人極不相同，不受人歡迎、必須趕走。將靈趕到在阿里山附近塔山hotsuvu，塔山頂是死者的住所，即「靈的會所（kuba）」。那裡的地形很險峻，只有靈可以住，人還是可去那裡獵山豬，鄒人認爲到那邊常常可以聽到人講話，白天沒有、都在晚上出現異聲。巫師認爲靈都在那邊。④

貳、鄒族喜歡看人爭吵、仇恨的鬼怪傳說故事

浦忠成《台灣鄒族的風土神話》：⑤

據說從前有一回祭祀完成後，眾人因故鬥毆，結果附近大樹上出現一隻像月亮般發出亮光，卻又現出微笑的怪物，注視著互毆不止的人群，這時大家看到這樣的景象，才驚覺差錯，趕緊言和，以後再也不敢魯莽傷了和氣。據說那是一種喜歡看人爭吵、仇恨的鬼怪。

本則傳說故事敘述鄒族有一種喜歡看人爭吵、仇恨的鬼怪，有一次祭祀完畢，族人因故鬥毆，結果附近大樹上出現一隻像月亮般發出亮光，卻又現出微笑的怪物，注視著互毆的人群，大家看到這樣的景象，以後再也不敢魯莽傷了和氣。

【註釋】

① 尹建中《台灣山胞各族傳統神話故事與傳說文獻編纂研究》，1994.4。

② 浦忠成《台灣鄒族的風土神話》，台北，台原出版社，1993.6。

③ 浦忠勇《台灣鄒族生活智慧》，台北，常民文化，1997.2。

④ 王嵩山《阿里山鄒族的社會與宗教生活》，台北，稻鄉出版社，1995.2。

⑤ 同①。

第二一八章

鄒族人與鬼情口傳文學

壹、鄒族癡女追隨已逝情人成親傳說故事

〈tsuao族傳說〉《台灣時報》（1988），引自《鄒族信仰體系與宗教組織》（1988），丙午生著、黃耀榮譯：①

　　昔時，有一對尚未結婚之相戀男女，而男子突然逝世，女子便活在悲感之中，一日女子突不知所蹤，家人出去尋找，但未獲音訊。

　　不幾日女子忽然返家，告訴家人偕夫婿來。但旁人不見其夫身影乃感詫異，女子回答：夫雖已死，如今身為幽魂，所以不能久留，將再回去塔山。

　　在女子逗留中，其一人食二人份，臨走前並要求每日送餐至塔山的岩穴，便與其丈夫回去塔山。

　　家人如是做，每日送飯卻不見其身影，只見有無數隻手，自岩穴伸出索求食物。有一日送上食物卻不見人取用。

　　自此此山hohutsumu便視靈魂聚集之處，一般人不得擅入。

本則傳說故事情節要述如下：

一、一對戀人，男子突然死去。

二、女子非常悲淒，突然不知所蹤。

三、不久女子忽然返家，說是偕夫婿來，但不見其夫身影。

四、女子在家，一人食二人份。

五、女子臨走前要求每日送餐至塔山的岩穴給其與夫婿吃。

六、家人如是做，每日送飯卻不見其身影，只見有無數隻手，自岩穴伸出索求食物。

七、有一日送上食物卻不見人取用。自此此山hohutsumu便視靈魂聚集之處，一般人不得擅入。

浦忠成《台灣鄒族的風土神話》：②

　　　從前特富野社有一對十分相愛的男女，可是男子突
然得病身亡，而女子哀傷情郎永訣，常常一個人唱著兩
人一起唱的情歌。

　　　有一次當她一人悲吟時，死去的情郎出現，她要求
情郎帶她去，情郎禁不住要求，便帶她去塔山，進了一
個洞穴後看見許多房屋，也有許多人住在那裡，她就和
情郎過著幸福的日子。

　　　後來她生了一個漂亮的嬰兒，便與她的情郎一同回
家探望。席間情郎談笑自如，飲用餐酒，一如常人，只
是不見人影，而那嬰孩方在母親懷中為人，他人一拿則
變為樹根。

　　　臨行前女兒說：「我這一次是最後一次回家，日後
在塔山上看見我所穿的白衣，就是我死的時候。

　　　過了很久的時間，大家看到塔上有白衣便知她已
死，永遠伴著她親愛的情郎。

本則傳說故事情節要述如下：

一、有一對相愛男女，男子突然得病死了。

二、女子哀傷常常唱著兩人一起唱的情歌，有一次死去的情
　　郎出現。

三、女子要求情郎帶他走，他們便到塔山去，過著幸福的日
　　子，也生下一嬰孩。

四、有一回女子帶著情郎與孩子回家探望。席間情郎談笑自
　　如，飲用餐酒，一如常人，只是不見人影，而那嬰孩方
　　在母親懷中為人，他人一拿則變為樹根。

五、女子離開時告訴家人日後在塔山上看見我所穿的白衣，
　　就是我死的時候。

六、過了很久的時間，果見塔上有白衣，即知她已死，永遠
　　伴著她親愛的情郎。

浦忠勇《台灣鄒族生活智慧》：③

　　從前，在特富野部落，有一對非常相愛的年輕男女，每到傍晚，便會見到他倆手拉著手在部落裏散步，令大家非常羨慕。

　　可是好景不常，有一天，男子病了，且沒多久就死了。女子萬分傷心，一直不願接受這樣殘忍的事實，常常一個人帶著難過的心情哼唱以前他們常唱的情歌。

　　有一天，當女子又在含淚悲唱時，忽然看到死去的男友就站在她面前，令她驚喜不已：「你怎麼丟下我不管就這樣走了，我不要跟你分開，我要和你在一起。」

　　男子起先猶豫了一下，最後禁不住她的撒嬌和懇求，才點頭同意。他牽著她走到塔山的一個洞穴前，進去之後，女子發現裏面住有許多人家。於是女子就跟情郎一起生活在這裡，且每隔一些時日就帶著糯米酒回家探望。

　　有時她的家人也會帶些酒到洞口前，把酒放在豎立於洞口的長矛旁，待看到裝酒的竹筒進入洞裡，知道酒被收下了，方才離去。

　　就這樣過了幾年，女子生下了一個漂亮的嬰兒，兩人便高高興興地抱著小孩回家看祖父、祖母、外公、外婆。

　　女子的母親特地為他們煮了一桌好菜，席間只見杯盤碗筷移動，所盛的食物亦被吃盡，聽見如常人般的談笑聲，就是不見任何人影。更奇怪的是，小孩抱在媽媽懷中是個正常、漂亮的嬰兒，一抱到外婆手裡，頓時就變成樹根。

　　該是回塔山的時候了，女子在道別時告訴父母：
「這是我最後一次回來，如果有一天你們看到塔山的岩壁
上掛著這件穿在我身上的白衣時，就表示我已經死了。」

　　不知過了多少歲月，族人們果真看見一件白色衣裳
懸掛在塔山的岩壁上。女子死了，永遠和她所愛的男人
相守在一起。

　　據說那件白衣到現在還披掛在塔山險峻陡峭的岩壁
上，陪著這浪漫的傳說一直流傳下去。

本則傳說故事情節要述如下：

一、相戀的男女每到傍晚便手拉著手在部落裏散步令人羨
　　慕。

二、有一天，男子病了沒多久就死了，女子萬分傷心。

三、女子懷念情人常哼唱以前他們常唱的情歌，突然死去的
　　情人就站在她的面前。

四、男子帶她去塔山一起生活，女子每隔一些時日就帶著糯
　　米酒回家探望。

五、家人也懷念女兒，有時也會帶些酒到洞口前，把酒放在
　　豎立於洞口的長矛旁，待看到裝酒的竹筒進入洞裡，知
　　道酒被收下了，方才離去。

六、過了幾年他們生下了漂亮的嬰兒，兩人高高興興地抱著
　　小孩回家看祖父、祖母、外公、外婆。

七、家人特地備了好菜，只見杯盤碗筷移動，飯菜被吃盡，
　　聽見談笑聲，就是不見任何人影。

八、小孩一抱到外婆手裡，頓時就變成樹根。

九、女子告別父母說：如果你們看到塔山的岩壁上掛著我身
　　上穿的白衣時，就表示我已經死了。

十、過了很長的一段時間，果見衣裳懸掛在塔山的岩壁上。

女子死了，永遠和她所愛的男人相守在一起。

十一、據說那件白衣到現在還披掛在塔山險峻陡峭的岩壁上，陪著這浪漫的傳說一直流傳下去。

尹建中《台灣山胞各族傳統神話故事與傳說文獻編纂研究》載〈塔山的白石〉：④

從前有一位脾氣好，又長得十分美麗的女孩，村裡的男人都想一親芳澤，但她只鍾情於一位勇敢的美男子。兩人每天都在屋旁的樟樹下情話綿綿，無論是刮風下雨，沒有一天看不到他們。

但好景不常，男孩得了重感冒病死了，女孩聞訊後，連續哭了兩天三夜，哭得人都瘋了，每天叫著情人的名字。

她眼睛四周的淚水變成了鏡子，她由鏡子裡看見已死去的情人，還可以互相交談，但別人卻看不到。

她隨著情人到達塔山，兩人愉快地生活著，其間她時常回家帶酒來，夫家也時常送酒給她娘家，但只見酒瓶自己長腳走路。

她抱了一個白胖娃兒回家，她母親高興得不得了。日子就這麼過著，直到有天她回家請母親隔日一定要送酒去，母親託村人帶去，村人到了塔山，只見槍枝林立，大家放了酒瓶後，就嚇得呆住了，又見五六隻大手伸出取酒。村人們怕得飛也似地逃回家。

事隔不久，她回家告訴母親說：「我死時，塔山頂部會變白。」事情才有了變化。果然母親望見塔山山頂變白了，從此女兒再也沒出現過。

女孩變成的白石至今還在，因此村裡的人都謠傳塔山是妖怪山。

本則傳說故事情節要述如下：

一、美麗的女孩與村裡勇敢的美男子感情令人羨慕。

二、不幸男子得了重感冒病死了，女孩哭了兩天三夜不斷叫著情人的名字。

三、女孩眼睛四周的淚水變成了鏡子，從鏡子裡看見已死去的情人，還可以互相交談。

四、女孩隨著情人到塔山一起生活，她也時常回家帶酒來，夫家也時常送酒給她娘家，但只見酒瓶自己長腳走路。

五、這對人鬼姻緣生下了白胖娃兒回家，她母親高興得不得了。

六、有一天她回家告訴母親說：「我死時，塔山頂部會變白。」

七、果然母親望見塔山山頂變白了，從此女兒再也沒出現過。據說女孩變成的白石至今還在。

浦忠成《台灣原住民的口傳文學》：⑤

　　一個痴情的女子追隨病死的情人，一同到塔山裡成親、生子，並曾攜夫帶子回到陽世，人們在飲宴中只見杯碗交錯，卻不見賓客身影。她死後所穿白衣高懸塔山石壁，人言至今可見。

以上數則傳說故事，都是女子追隨已逝的情人之靈到塔山與之成親的故事，故事曲折動人，令人心酸。

貳、鄒族凡男與鬼女情傳說故事

浦忠成《台灣鄒族的風土神話》：⑥

　　從前有一男子帶著狗去打獵，追著一隻山羊一直到塔山的一個洞穴裡，他鼓起勇氣繼續前進，碰見一人叫他閉起眼睛，過了不久，獵人張開眼就看見一座高大的

房子，有好幾個人在熱情的迎接，他後來與其中一年輕
女子結為夫妻。

　　他帶狗打獵，但狗不追獸只追蛇，自然無收穫，家
人告訴他蛇就是鹿，第二天便打了一隻鹿回家。

　　住了一段時間，獵人想回家看看，與妻子約定好五
日後來接他。但他出洞五天並無人來接，直至五年後獵
人突然死去，人們方知人間的一年等於冥間的一天，獵
人的妻子來接他走。

本則傳說故事情節要述如下：

一、有一男子帶著狗去打獵追著一隻山羊到塔山的一個洞穴
　　裡。

二、有一人叫他閉眼睛，過不久，他張眼見到一座高大房
　　子，有數人熱情的迎接他。

三、他後來與其中一年輕女子結為夫妻。

四、在那裡他帶狗打獵，但狗不追獸只追蛇，自然無收穫，
　　他才知道蛇就是陰間的鹿，第二天再出獵便打了一隻鹿
　　回家。

五、他住了五天便想回自己的家看看，他記得出門打獵與妻
　　子約好五天來接他。可是未見妻子來接他，原來人間的
　　一年等於冥界的一天。

浦忠成《台灣原住民的口傳文學》：⑦

　　鄒族的冥間在阿里山對面的塔山，相傳曾有獵人追
一隻山羊而誤入石穴，石穴內別有洞天，他在裡面與一
女子成親。行獵時見獸而射，獲得的卻是一條蛇，見蛇
而射，獲得的卻是一條鹿。

　　上二則故事是有關塔山的一些事，靈界的「指事」與人間是有
差異的，如前一則指「蛇」為「鹿」，後一則指「獸」為「蛇」。

　　族人相信人死之後，游離魂先留在部落最後消失，而身體靈則要以塔山爲永遠歸處，而且死於天命者（爲善者）居大塔山，死於非命者（爲惡者）居小塔山，於是塔山成了族人宗教信仰中的大冥府。⑧

參、鄒族食物供祀祖先傳說故事

浦忠成《台灣鄒族的風土神話》載〈食物供祀祖先〉：⑨

　　從前有一個人家，早餐後把吃剩的食物留在家裡，全家便到田野間工作。傍晚回來，所留的食物都沒有了，而且一連幾天都這樣，大家都感到奇怪。

　　有一天便留下一個人躲在床底下，準備查看是誰來偷吃飯菜。等到其他人都已走了，連狗也離去，留在家躲藏的人突然見到埋在屋裏地底下的亡故親人從土裡走出來，繞著屋子尋找食物，這個人的面孔消瘦，臉呈綠色，它先拾起落在地上的飯粒，看看沒有其他可吃的，便到火爐旁，用餘燼烤自己的腳肉吃下。

　　躲藏在屋內的男子看見了，全身毛骨悚然，驚嚇不已，兩腿也顫抖不停，出來索食的亡魂聽見了，以爲狗回來，又鑽入地底下。其他的家人回來之後，留守的人把他目睹的情景講述了一遍，大家也都覺得不可思議。

　　從前鄒族人是將已死的親人埋葬屋內地穴裡，而且對於死者也並不供祀食物，那樣的事發生之後，族人便開始有以食物供祀的習俗。

本則傳說故事情節要述如下：

一、從前有一家人一連幾天上山工作，留在家裡吃剩的食物不翼而飛。

二、有一天躲一個人在床底下，準備查看是誰來偷吃飯菜。

三、屋裏地底下的亡故親人面孔消瘦，臉呈綠色，從土裡走
　　出來，繞著屋子尋找食物，拾起掉落地上的飯粒吃，又
　　到火爐旁用餘燼烤自己的腳肉吃下。

四、躲於床底下的人顫抖不停，亡魂聽見了，以為狗回來，
　　又鑽入地底下。

五、自此以後，族人便開始有以食物供祀的習俗。

【註釋】

① 尹建中《台灣山胞各族傳統神話故事與傳說文獻編纂研究》，1994.4。

② 同①。

③ 浦忠勇《台灣鄒族生活智慧》，台北，常民文化，1997.2。

④ 同①。

⑤ 浦忠成《台灣原住民的口傳文學》，台北，常民文化，1996.5。

⑥ 同①。

⑦ 同⑤。

⑧ 同③。

⑨ 浦忠成《台灣鄒族的風土神話》，台北，台原出版社，1993.6。

第二一九章

鄒族人與動物情口傳文學

壹、鄒族女與蝌蚪情傳說故事

陳千武譯述《台灣原住民的母語傳說》載〈蝌蚪〉：①

　　有個男人來玩，說：「我們講話，不要讓人家聽到，小聲一點，讓家裡的人聽到了很不好。我回去之後，妳就到我家來玩，我們來跳舞歡樂。」

　　女人說：「你家在哪裡？你告訴我，我會跟隨著你去，你不告訴我，我怎麼去呢？」

　　男人說：「那麼告訴妳吧！你到河邊來，我家就在河裏。」

　　第二天，女人回來說：「我去過河邊，但是那兒只有水淵，卻沒有家。我看到蝌蚪，蝌蚪很多粘在帶子上，我拿起帶子撐了一下，很多蝌蚪都摔落到河裡，卻只有一隻蝌蚪不摔落，怎麼撐也不離開，我用手把牠剝下來丟掉了。」

　　到了晚上，那個男人又來了。

　　「你的家在哪裡？」女人又問。男人說：「我的頭很痛，因為白天被打了頭。」

　　女人說：「噢！我知道了，你就是白天那隻蝌蚪，我很害怕蝌蚪，不能再跟蝌蚪幽會了，我要逃走……」

　　那個男人就是蝌蚪。終於回家去了。

　　本則是鄒族的傳說故事非常有趣，女子的男友竟然是蝌蚪。本則傳說故事情節要述如下：

　　一、有個男人來玩，邀約女子到他家跳舞歡樂。

　　二、那男人的家在河邊。

　　三、第二天女子依約到河邊找他，可是那兒只有水淵，卻沒有家。

　　四、河邊蝌蚪很多粘在帶子上，女子拿起帶子撐了一下，蝌

蚪都摔落到河裡，卻只有一隻蝌蚪不摔落，怎麼撢也不
離開，就用手把牠剝下來丟掉了。

五、晚上，那個男人又來了，說頭很痛，因為白天被打了
頭。

六、女子馬上知道他就是那隻蝌蚪，逃走了。

浦忠成《台灣鄒族的風土神話》：②

　　古時候有一女子暗中與陌生男子交往，一日那男子
告訴女子：「我將參加祭舞，請把布帶借我，我家住在
河邊。」

　　一日，少女到河邊卻不見有屋子，只看一水潭蝌蚪
成群，共執少女之布帶。

　　少女取帶，蝌蚪均落，只一隻不肯離，少女用力打
牠，其頭部落地。當天晚上陌生男子又來訪，少女問為
何未見其家，男子只答頭痛不已，少女頓悟其為蝌蚪，
男子抱頭而去，不再出現。

這也是一則男友為蝌蚪的故事，當男子被識破為蝌蚪時，即
抱頭而去，不再出現。本則傳說故事情節要述如下：

一、有一女子暗中與陌生男子交往。

二、有一日陌生男子將參加祭舞，向女子借布帶。

三、有一日女子到河邊找陌生男子卻不見有家。

四、女子看見一水潭蝌蚪成群，共執少女之布帶。

五、少女取帶，蝌蚪均落，只一隻不肯離，少女用力打牠，
其頭部落地。

六、到了晚上陌生男子又來訪，稱說頭痛不已。

七、少女頓悟其為蝌蚪，男子抱頭而去，不再出現。

貳、鄒族女與青蛙情傳說故事

《生蕃傳說集》，佐山融吉、大西吉壽著（1923），余萬居譯：③

> 某家有一少女，每晚都有個美青年來找她，她因不知其為青蛙，遂以身相許。

> 有一晚，青年邀她參知一個舞會，並要求少女把腰帶借給他。女孩依約前往參加舞會，卻只見一片荒漠原野，沒半個人影，只聽到傳來青蛙的叫聲。

> 少女自認上當，回，但有隻大青蛙死抓住那腰帶不放，她一怒便把牠摔在一大石頭上，就氣呼呼地回去。

> 當晚該青年又來，說他今日頭昏目眩不舒服。少女仔細一瞧，他的頭受了傷，少女大驚，說：「你這可惡的青蛙！」便一腳踢了過去。男子現出青蛙的原形，蹦蹦地跳走。

本則故事，少女的男友是一隻青蛙，少女非常生氣，一腳踢了，青蛙現出原形，蹦蹦地跳走開了。

本則傳說故事情節要述如下：

一、每晚都有個美青年來找一少女，少女遂以身相許。

二、有一晚，青年邀少女參知舞會，並向少女借了腰帶。

三、女孩依約前往參加舞會，荒漠原野沒見個人影，只聽到青蛙的叫聲。

四、有隻大青蛙死抓住腰帶不放，少女把牠摔在一大石頭上就回去了。

五、當晚該美青年又來，說他今日頭昏目眩不舒服。

六、女孩領悟他就是那隻大青蛙，一腳踢過去，美青年現出原形，蹦蹦地跳走。

參、鄒族女與老鼠情傳說故事

《生蕃傳說集》，佐山融吉、大西吉壽著（1923），余萬居譯：④

> 古時有一美青年，每晚皆去找某女，一天夜裏，男的約其女隔天到田地相見。
>
> 第二天，女的左等右等皆不見男子出現，突有一隻大老鼠拼命咬斷田裏芒草的根。女的拿起棍子就拼命打老鼠，後來，女的也不等男子，就回家去了。
>
> 當晚男的又來，女的數落他的失約，男的反而責其一而再、再而三的無情追殺。
>
> 女大驚地說：「原來你就是那一隻老鼠！」而歎息不已。同時，這也是他們之間永遠的訣別。

本則故事，某女當她發現了男友為一隻老鼠的時候，就與之永遠訣別。本則傳說故事情節要述如下：

一、有一美青年，夜裏約女隔天到田地相見。

二、女子依約前往，不見美青年，只見大老鼠拼命咬斷田裡芒草的根。女子拿起棍子拼命打老鼠就回去了。

三、當晚美青年又來，女子發現他就是那隻大老鼠，就與他永訣別。

肆、鄒族女與蟲情傳說故事

《生蕃傳說集》，佐山融吉、大西吉壽著（1923），余萬居譯：⑤

> 某家姑娘與一英俊的青年交往，後來才知道原來那青年是桑樹上的yutosa蟲之化身。

本則故事，姑娘與男友交往，後來發現其男友為桑樹上的yutosa蟲化身。後來他們怎麼樣了，故事沒有進一步說明。

伍、鄒族女與豬情傳說故事

浦忠成《台灣鄒族的風土神話》：⑥

　　從前在曾文溪的達古布揚社，有一隻山豬化作人形，結識了社中未嫁的女子，每夜均在她家夜宿。

　　後來一晚女子的哥哥發現山豬化為人形進妹妹房，便趁山豬離去時，將牠殺死，這時妹妹方知情郎為一山豬。

　　而那隻山豬被殺後，附近的山豬便成千上百的聚集，一齊奔向達古布揚社，人們知道山豬來攻擊，便躲到男子會所去，而會所很高山豬上不去，而男子便在會所射箭殺死山豬；山豬死亡很多堆積成山，其他山豬踩著屍體衝入會所，將所有人殺害。

　　當時社裏到雅馬西亞那山打獵的人，回社看到所有人被山豬殺害，便循著山豬的足跡前去。

　　他們首先在阿縈縈尼大草原發現山豬群停留，但來不及火攻，山豬又離去。最後在雅古幽縈那山燒死了所有的山豬。據說從那時起山豬的數量就很少了。

　　本則故事是一名不知情的女子與山豬的戀情，女子的哥哥把山豬殺死後，引起成千上百山豬的憤怒，攻擊殺害人類，最後人類也殺害了山豬。

　　本則傳說故事情節要述如下：

一、有一隻山豬化作人形，每夜均在未嫁女子家夜宿。

二、哥哥發現山豬化為人形之後把牠殺死了，妹妹才恍然大悟。

三、成千上百隻山豬攻擊達古布揚社，人們在會所射箭反擊。最後所有人被山豬殺害。

四、當時上山狩獵未遇害的獵人回社後循著山豬的足跡，最

　　　　後在雅古幽紮那山燒死了所有的山豬。

陸、鄒族女與蛇情傳說故事

《生蕃傳說集》，佐山融吉、大西吉壽著（1923），余萬居譯：⑦

　　　　某家有一美女，有個男子每晚隨著嘴琴聲來找她，她因對方的英俊，遂以身相許，她甚至不知對方的名字。

　　　　一天，美女跟著她的情人上山，走到一座美輪美奐的大房子前，郎君說要去提水，美女想趁此先打掃一番，但卻發現屋內有許多蛇。

　　　　她一驚，就用掃帚打牠們，那時郎君正好回來，用未曾有過的口氣對待她、阻止她。

　　　　過了幾天，郎君有事外出，並吩咐她不准去開倉庫的門。她因好奇，忍不住去開了倉庫的門，從裡面爬出來數量驚人的大、小蛇。

　　　　少婦害怕，拔腿就跑，但那些蛇卻在後面緊跟著她。此時，跨坐在大岩石上削藤的keisipoputou神望見此一情形了，可憐她，用力一踩地，整個地面都起了一大火，大小蛇類悉數葬身火海中。

　　　　只有一條聰明的青蛇躲進洞裡，所以只被燒傷尾巴的一小部分而保命。至於郎君，也隨著此次大火而喪身。現在所有的蛇，都是那一條青蛇的子孫。

　　本則故事是蛇郎君隨著嘴琴追求女子的故事，惟結局以悲劇收場。本則傳說故事情節要述如下：

　　一、有一美女與英俊男子交往，遂以身相許，她甚至不知對方的名字。

二、有一天，美女跟著情人上山到他美輪美奐的大房子。

三、郎君要去提水，美女趁此先打掃一番，她發現屋內有許
　　多蛇，就用掃帚打牠們，郎君看到很生氣的阻止她。

四、過數日，郎君不在家，美女打開倉庫的門，從裡面爬出
　　來數量驚人的大、小蛇。美女拔腿就跑，但那些蛇卻在
　　後面緊跟著她。

五、正跨坐在大岩石上削藤的keisipoputou神用力一踩地，整
　　個地面都起了一大火，大小蛇類悉數葬身火海中。郎君
　　也在此次喪生。

六、只有一條聰明的青蛇躲進洞裡，所以只被燒傷尾巴的一小
　　部分而保命。現在所有的蛇，都是那一條青蛇的子孫。

浦忠成《台灣鄒族的風土神話》：⑧

　　從前有一個婦人和蛇妖變成的人住一起，有一回她
拿起掃帚掃地，蛇妖便指責為何將孩子掃掉，原來她把
地上的小蛇也掃走，但那時她還不知同住的是蛇妖。

　　後來蛇妖叮嚀她千萬不可打開木匣子，裏面住著老
祖父，她因為好奇，還是打開了木匣，發現是條大蛇，
嚇得趕緊逃走。

　　她跑到桃阿田神那，告訴神她所看見的。於是神就
召集了所有的蛇類，等牠們到齊，神覺得蛇對人有害，
便下決心將之除去，拿起手杖發出一圈烈火將蛇圍了起
來，這樣子把所有的蛇都燒死了。

　　只剩下一條被燒尾巴的蛇，所以現在蛇的尾巴都好
象被火燒焦過，就是這個緣故。

　　本則故事是婦人與蛇妖居住在一起的故事，後來神認為蛇對
人有害，把蛇都燒死了，僅餘的一條是被燒尾巴的蛇，所以現在
蛇的尾巴都好像被火燒焦過，此之故也。

柒、鄒族男與蛇情傳說故事

《政大學報》六（1962），引自《鄒族信仰體系與宗教組織》
（1988），胡耐安、劉義棠：⑨

> 古時有一平地青年，入山狩獵，遇一大鹿，青年放
> 箭射鹿，鹿負傷而逃，青年尾追而至，不知覺中進入深
> 山，但天色已晚，青年不小心失足落入深谷，昏迷不
> 醒。

> 翌日清醒，發現身旁有一大蛇，正為己療傷，事後
> 為感蛇之救命恩，遂結夫婦。一年之後蛇生下子女數
> 人，皆為人形，一家共居於山中。此後，又經多年，青
> 年厭倦山中生活，且不願與蛇為夫婦，便藉口出獵逃回
> 平地。大蛇見情郎負義，便吞食子女為報復，當時剛好
> 有子女一人，離母較遠，乘機逃脫，是曹族祖先。

> 這是一則鄒族人與蛇的婚姻戀情，有一獵人打獵，
> 不慎失足落入深谷，昏迷不醒，被一巨蛇療傷，獵人為
> 感謝蛇之救命恩，遂結夫婦，且生下子女數人，皆為人
> 形，不過獵人後來又逃走了，蛇妻非常生氣「蛇見情郎
> 負義，便吞食子女為報復，當時剛好有子女一人，離母
> 較遠，乘機逃脫，是曹族祖先」。

本則故事與其他人蛇情不同的是，本則是男人與蛇情，其他
的故事大多為女人與蛇情。

捌、鄒族女與蚯蚓情傳說故事

《鄒族山胞之傳說與禁忌》（1981），引自《鄒族信仰體系與
宗教組織》（1988），張振發：⑩

> 昔時有一少女，為製作木凳而到山上伐木，得一木
> 塊，雖中有小孔仍作成木凳，試坐其上時，覺有一物搔

其陰處，心意蕩然，後察看木凳發現小孔中有一大蚯蚓。

此後少女每日自田園歸來，便從暗處取出凳來坐，母親見其意念恍惚，甚感奇怪。

一日女外出，取凳詳看，發現此一大蚯蚓，方大悟，乃將沸水注入孔中，使其燙死，其女返家仍取凳來坐，才發現蚯蚓已死，鬱鬱不樂，此時少女已懷孕，日後臨盆生下蚯蚓多條。

台灣原住民有關人獸配對的傳說故事很多，鄒族也不例外，台灣原住民族不乏少女與蚯蚓情這類的傳說故事。本則傳說故事情節要述如下：

一、有一少女，為製作木凳而到山上伐木。

二、少女得一木塊中有小孔，試坐其上覺有一物搔其陰處，乃發現小孔中有一隻大蚯蚓。

三、少女每日自田園歸來，便從暗處取出凳來坐以享受情趣。

四、一日女外出，母親取凳詳看，發現有一大蚯蚓，方大悟女兒為何坐在凳上心意蕩然。

五、母親用沸水燙死蚯蚓，女兒知道後鬱鬱不樂，此時少女已懷孕，日後臨盆生下蚯蚓多條。

玖、鄒族女與狗情傳說故事

《台灣鄒族的風土神話》，浦忠成：⑪

從前鄒族有一個女子，嫁到卡由布由阿那社，她生下一個男孩，當孩子已能走路，公公叫她去田中挖地瓜，她心中便感不祥，但又不敢違抗。

回去後家中均已飽餐一頓，留了一份給她，她發現

是自己兒子的頭，便趁機逃走。卡由布由阿那族的人，發現她逃走，馬上放狗去抓她，幸好那些狗平日均是她餵食，狗兒找到她，也不吠叫，因此她才能逃回告訴大家這件事。

　　本則傳說故事敘述一位婦女，公公叫她去田中挖地瓜，回家後大家都已經吃飽，留了一份給她，卻發現是自己兒子的頭，便趁機逃走。家人便放狗去抓她，因為那些狗平日是她餵食的，所以狗兒找到她，也不吠叫，因此她才能逃回來。

【註釋】

① 陳千武譯述《台灣原住民的母語傳說》，台北，台原出版社，1995.5。
② 尹建中《台灣山胞各族傳統神話故事與傳說文獻編纂研究》，1994.4。
③ 同②。
④ 同②。
⑤ 同②。
⑥ 同②。
⑦ 同②。
⑧ 同②。
⑨ 同②。
⑩ 同②。
⑪ 同②。

第三十章

鄒族人與植物情口傳文學

壹、鄒族男與女葉人結婚

《大陸雜誌》引自《鄒族信仰體系與宗教組織》，杜而未：①

> 有一天ninewu神搖動樹木，落下來的葉子都變成了
> 女人。當時世界已有了男人，可是那些女葉人不願和男
> 人一起，ninew便主張飲酒聯歡，可是女葉人不肯喝酒，
> ninewu最後將兩種人互為婚姻。

本則傳說故事搖樹造人的是ninewu神。當ninewu神搖動樹木，落下來的葉子都變成了女人，但是這些女葉人都不願意與鄒族男子在一起，ninewu神就辦了飲酒聯歡，將兩種人互為婚姻。

貳、鄒族以茅草為始祖

〈台灣土蕃傳說〉《東京人類學會雜誌》，伊能生著，劉佳麗譯：②

> 從前，我族祖先的神祇，從天而降，占據草原為
> 居。一日，以茅草作了二具偶像，並變成活的男女二
> 人，其後繁衍子孫，建立各部落，成為始祖。

本則傳說故事謂神祇以茅草做了茅草人，結果變成了男女真人，是為鄒族始祖。

參、鄒族以赤榕為神樹

會所庫巴之廣場植有被族人視為神樹的赤榕，鄒人相信，在舉行瑪雅斯比祭典時天神、軍神會沿著赤榕樹而下，進入會所。

赤榕樹是神從天而降的橋樑，所以族人在舉行祭典時，會在神樹前殺豬祭神、敬獻供品，而從神樹至會所庫巴間的空間是神聖的，不容許有閒雜人等穿越。

肆、鄒族以木槲蘭為神花

瑪雅斯比祭典當日，族內壯丁（特富野五大家族汪、石、陳、高、杜派員）在清晨破曉時分天剛亮時上山採回神花fideu（木槲蘭），趕赴會所庫巴前大聲呼喊予天神知悉後，登上庫巴將神花放在庫巴的屋頂和入口的地方，和放置在神櫃sukayou上；並且分給參祭的所有勇士，與祭男子用木槲蘭插在帽飾帶以及刀帶上。按路祭時亦以木槲蘭繫住茅桿。

會所庫巴屋頂與正門兩側經常栽植的木槲蘭，為鄒族的神花，據云此係戰神的帽飾之花；會所庫巴前的赤榕樹則為神樹，是祭典中天神降臨的媒介：階梯。

相傳以木槲蘭為帽飾，是戰神認識的標誌，有了鄒族神花做佩飾，才能得到戰神的佑助。

鄒族的聖所庫巴屋頂上及正門兩側均栽植神花，主祭者要時常注意神花生長的情形，不能讓它枯死，如果生長得不太好，那麼在小米收成祭homsyaya結束前的民族會議提出來，做為是否要舉行戰祭的重要參考事項。③

重修會所ekubi時必須搬移神花，也要由主祭者在會所前奠酒祝神，然後謹慎地將神花安放在神樹yono底下，才能開始翻修。神花之地位由此可見。④

木槲蘭生長在高山原始林的老樹幹上，位高不易攀取，花瓣顏色呈鮮黃，在樹林間格外顯得高雅。一九八三年達邦村民大會，由頭目家族……汪光男先生提案將木槲蘭作為村花，獲村民一致贊同。目前有很多族人喜歡把它栽種在門前的盆景中，一來美化，二來可以紀念這代表戰神佑助的標誌。縱然出草戰事已埋入歷史，但依然想見部落神花處處開的景象。⑤

【註釋】

① 尹建中《台灣山胞各族傳統神話故事與傳說文獻編纂研究》，1994.4。

② 同①。

③ 浦忠勇《台灣鄒族生活智慧》，台北，常民文化，1997.2。

④ 同③。

⑤ 同③。

第三二章

鄒族人與物情口傳文學

壹、鄒族是泥土造的傳說故事

浦忠成〈阿里山鄒族口傳故事・天神播種人種〉載：①

> 古時候哈莫天神從天上降臨特富野社，播植人種。
> 祂播下的種子從土地裡長出來，就成為現在人類的祖
> 先，所以「人」亦叫做「滋木非多久阿」，意思就是
> 「從土裡長出來的」。

> 天神造人，就是最初的那一次，以後的人都是由泥
> 土中長出來的人相互交配而漸漸繁殖增強的。

本則傳說故事也可謂「土生說」，鄒族人是哈莫天神播種於
土裡的人種，所以鄒族人是從土中長出來的人。

《政大學報》六（1962），引自《鄒族信仰體系與宗教組織》
（1988），胡耐安、劉義棠：②

> 太古之時，hamo（大神）神負著播種人種的使命來
> 到大地，將人種播種於地下，於是人從土中生長出來，
> 就是現在人類的祖先。之後那些土生人繁殖交配，成為
> 眾人，曹族亦是其中之一。

本則傳說故事與上則故事相似。

《民族所集刊》（1956），引自《鄒族信仰體系與宗教組
織》，許世珍：③

> 太古時，大神hamo降臨圖富雅社，播種人類。其種
> 由地中生長成為今人之祖。故人亦名為tsamuh tsojoua
> （由土生長者）

本則傳說故事謂哈莫大神於圖富雅（特富野）播種人種。按
鄒族此類神播種人之傳說亦有謂是尼弗奴nivenu女神所播種。

《政大學報》六（1962），引自《鄒族信仰體系與宗教組織》
（1988），胡耐安、劉義棠：④

> 從前有uimunu女神，是百神之中最能幹的，她用泥

土造男女各一人，並給予其生命。女神對此一對男女
說：你們應好好生活，並後傳子孫。是鄒族的祖先。

本則傳說故事謂uimunu女神用泥土造人一男一女，並給予其
生命，傳衍子孫，爲鄒族之祖先。

貳、鄒族女與短棒情傳說故事

《政大學報》六，引自《鄒族信仰體系與宗教組織》，胡耐
安、劉義棠：⑤

　　從前peonsi氏族有一女子，前往溪中洗衣，忽有一
短棒，順溪而下，掛於衣上，女子乃將棒拾起，丟于水
中，使其流下。翌日，女子又往該處洗衣，見棒又掛於
衣上，甚感驚奇，於是將棒拾起放入懷中即歸。抵家
後，不料棒竟不翼而飛。次日起床，稍覺腹脹，用手撫
摸，頓覺腹痛難忍，乃入內休息，卻生下一男孩，遍體
長毛，形狀如熊，沒有幾日，就長大成人，而且臂力過
人，勇猛無比，社人皆以爲其爲神，呼其名okei-
jamuumuua。死後，其靈不滅，永在社內保護其後代。

本則是peonsi氏族一女子至溪中洗衣，遇到奇異的短棒，丟之
不去，即將之入懷中以歸，這位女子即有孕了，其子叫okei-
jamuumuua，型態怪異，後來成爲守護神。

范純甫主編《原住民傳說》（下）載〈神恩〉：⑥

　　某家有個少女，一天到河邊拋網捕蝦，有一支光滑
的棒子流入網中。少女拾起後，把它扔到河裡，可是那
棒子又入網來。

　　少女又再把它扔到更遠的地方，但它依然流入網
中，而且粘著不去。她便將那根棒子帶回家，想作薪木
燒，但是當她正要燒火的時候，眞奇怪，那根棒子卻不

見了。

　　第二天早晨，少女起床後，不知怎樣的，腹部比平時膨大了幾倍，令她驚駭萬分。過了不久，開始腹痛，竟生出了一個男孩，這男孩全身長著又黑又濃的粗毛，除了有著人的臉孔外，簡直像熊一樣。

　　少女一看他的怪樣，怕得連抱都不敢抱，可是男孩毫不介意似地笑著，而且馬上能夠行走。這樣過了五天，他很快地長大成年。人家都稱他爲阿克耶牟麻（生毛的神）。

　　話說，在那時，達邦社內有人遭敵族殺戮，阿克耶牟麻聞悉此事，就對鄰居說：「我要去討伐敵族。」說著，率領了同族，自己爲先鋒，一路衝殺。

　　入夜從他的軀體發出了太陽般眩耀奪目的光芒，因此宛如白日，險峻的山路都看得很清楚，就這樣，順利地攻入敵社。

　　這時阿克耶牟麻的身上又發出熊熊的火焰，一瞬間把敵人燒滅。由於像這類神妙不可思議的事蹟發生，社人對他都敬若神明。

　　經過許多年以後，他終於溘然長逝。死後，其靈則長留社內，庇護族人。例如正在煮粟時，偶因有事要他出，只需祈求阿克耶牟麻爲之守火，這樣當他從外回來，火固然照顧得很安全，就是連飯也不會燒焦的。雖然阿克耶牟麻如此靈驗，然而後來族人不知崇德報功，疏於祭祀，自此起各種靈驗遂逐漸消滅了。

本則傳說故事情節要述如下：

一、有個少女到河邊拋網捕蝦。

二、有一支光滑的棒子流入網中，丟之又流入，丟之更遠，

仍又流入網中，而且粘著不去。

三、少女只好將那根棒子帶回家欲作薪木燒，當燒火時，棒子卻不見了。

四、次日晨起床，腹部膨大開始腹痛，竟生出一個男孩。

五、男孩全身長著又黑又濃的粗毛，除了有著人的臉孔外，簡直像熊一樣。

六、過了五天男孩已長大成年，人稱為阿克耶车麻，意即生毛的神。

七、達邦社有人遭敵族殺戮，阿克耶车麻聞悉此事，率領族人，自己為先鋒。

八、入夜他的身體發出光耀奪目的光芒，宛如白日，險峻山路看得很清楚，他們順利地攻入敵社。

九、作戰時他身上發出熊熊的火焰，一瞬間把敵人燒滅，社人視他若神明。

十、其死後，其靈長留社內庇護族人。

參、鄒族女與人糞情傳說故事

《生蕃傳說集》，佐山融吉、大西吉壽著(1923)，余萬居譯：⑦

　　某少女與一青年交往，但青年是人糞的化身。一天不慎露出馬腳來，從此緣盡義絕。

　　本則傳說故事的少女發現其情人是人糞的化身，就與之緣盡義絕，也未免太現實吧！

【註釋】

① 浦忠成〈阿里山鄒族口傳故事〉，民眾日報，1992.11.29。
② 尹建中《台灣山胞各族傳統神話故事與傳說文獻編纂研究》，1994.4。
③ 同②。

④　同②。
⑤　同②。
⑥　范純甫主編《原住民傳說》（下），台北，華嚴出版社，1998.4，二版。
⑦　同②。

第三二章

鄒族性愛與性器官口傳文學

壹、鄒族女與短棒性愛神交傳說故事

《政大學報》六，引自《鄒族信仰體系與宗教組織》，胡耐安、劉義棠：①

> 從前peonsi氏族有一女子，前往溪中洗衣，忽有一短棒，順溪而下，掛於衣上，女子乃將棒拾起，丟于水中，使其流下。翌日，女子又往該處洗衣，見棒又掛於衣上，甚感驚奇，於是將棒拾起放入懷中即歸。抵家後，不料棒竟不翼而飛。次日起床，稍覺腹脹，用手撫摸，頓覺腹痛難忍，乃入內休息，卻生下一男孩，遍體長毛，形狀如熊，沒有幾日，就長大成人，而且臂力過人，勇猛無比，社人皆以為其為神，呼其名okei-jamuumuua。死後，其靈不滅，永在社內保護其後代。

本則是peonsi氏族一女子至溪中洗衣，遇到奇異的短棒，丟之不去，即將之入懷中以歸，這位女子即有孕了，其子叫okei-jamuumuua，型態怪異，後來成為守護神。

貳、鄒族生殖器傳說故事

《生蕃傳說集》，佐山融吉、大西吉壽著（1923），余萬居譯：②

> 古有一人，名biyauku，扛著巨大陽物去打獵。一個喜開玩笑的社人敲了他的pokki，他把它拖著跑，因而刺上了很多刺。
>
> 其妻延聘巫師前來替他拔刺，那時，他伸到屋前院子裡去的陽物長有十七至十八尺。

本則傳說故事情節要述如下：

一、有一名叫biyauku的人，扛著巨大陽物去打獵。

二、一個喜開玩笑的社人敲了他的pokki，他便拖著陽物跑，因而刺上了很多刺。

三、巨大陽物的biyauku之妻子還延聘巫師前來替他拔刺。

四、據說他的陽物長有十七至十八尺。

《台灣鄒族的風土神話》，浦忠成：③

　　從前有一個男子，他的陽具很大。有一天夜裡，他與一位婦人交合，卻不能拔出。

　　一直到第二天的清晨都躲在房中，女子的母親叫女兒起床，未見動靜，進去一看有一陌生男子亦在屋中，女兒起不了身，便叫來家人，將他們掛在樑柱上以分開，這時陽具折斷了，男子當場死亡。

本則傳說故事情節要述如下：

一、陽具巨大的男子夜裡與一位婦人交合，卻不能拔出。

二、婦人的母親叫她起床，未見動靜，一看有一陌生男子在屋中，女兒起不了身。

三、母親叫來家人，將他們掛在樑柱上以分開。

四、男子陽具折斷，當場死亡。

《台灣鄒族的風土神話》，浦忠成：④

　　從前有一個人，他的陽具很大，可裝滿一個網袋。從山上打獵回來均背二個網袋，一個是裝野獸、一個是裝陽具。

　　人家就問他：「若敵人出現來追趕你該怎麼辦？」他答：「趕緊把它裝進網袋背著逃走。」

　　有一次他在山中行走時，有人惡作劇大叫：「敵人來啦！」他來不及將陽具裝入網袋，只好拖在地上跑過了荊棘林中，使陽具被扎了許多刺。

　　回家後，便釀酒以供替他取出陽具之刺的人飲用，總共有三十人來幫忙，十五人各在一邊，而他妻子則在另一端取刺。

本則傳說故事情節要述如下：

一、有一個人陽具很大可裝滿一個網袋。

二、他打獵均背二個網袋，一個是裝獵獲物，一個是裝陽
　　具。

三、有一次他在山中，有人惡作劇大叫：「敵人來啦！」他
　　來不及將陽具裝入網袋，拖在滿佈荊棘的地上逃跑，陽
　　具被許多針刺所刺。

四、回到家釀酒請人幫忙把針刺拿掉。

五、總共有三十人來幫忙拔針刺，十五人各在一邊，而他妻
　　子則在另一端取刺。

【註釋】

① 尹建中《台灣山胞各族傳統神話故事與傳說文獻編纂研究》，1994.4。

② 同①。

③ 同①。

④ 同①。

第三三章

鄒族戰爭與出草口傳文學

　　狩獵與出草爲個人藉由個體之能力來獲得社會地位、提昇家族地位的方法。鄒族的征帥eozomu即屬於這類。征帥不但個人武勇造成隊團信心，敵情判斷、陣勢佈署、攻擊節奏，也都能掌握得很好；不但如此，他還具備某種宗教能力，即能傾聽一種叫oazomu的鳥，來判斷吉凶；因此其在社內經常其有很大的影響力，甚至隱然成爲部落首長的競爭者。①

壹、鄒族出草傳說故事

（一）出草源於狗頭羊頭猴頭

　　鄒族職首的傳說：

　　　　洪水之時，鄒族以射殺野獸爲生。一日，殺一犬而食，將其頭取下穿於竹竿，插在地上，供眾娛樂。又一日，獵得一猴，又將其頭插於地，眾人更覺有趣。

　　　　其後，眾人想：如殺人頭必更爲有趣。適有頑童經過，乃殺之，取頭高插於地，眾人大樂。

　　　　洪水退後，各族分散謀生，時日既久，情感也自然疏遠，於是互殺取頭以行樂，遂成馘首習慣。

　　本則傳說故事謂在洪水時代，鄒族人即已有馘首之遺俗，馘首之肇始源於「行樂」，後來洪水退後，族人分途下山定居，由於「時日既久，情感也自然疏遠，於是互殺取頭以行樂，遂成馘首習慣」。

　　本則在洪水神話中所提及獵人首習俗之源，強調獵人頭的快感，遂成馘首之習俗。

　　　　當鄒族人居住在玉山頂時，就想要創作歌曲來取悅天神，可是每當他們唱歌的時候，總是不能唱好，大家都覺得很納悶，於是有人提議殺猴子的頭來祭祀天神，果然歌聲變得很動聽，幾經演變，族人就擊殺敵人的首

級來祭祀天神，這就是鄒族出草獵首的由來。

本則傳說故事比上則故事更直接說明洪水時代，馘首以祭祀天神。遠古鄒族人祖先創作歌曲以祭祀天神，先是殺猴祭祀天神，後來發展以敵首祭祀天神。

浦忠成一九九一年二月二十日於特富野探錄一則與上則傳說相似的故事，內容比上則較為詳明：

> tsou聚集在玉山躲避洪水的時候，沒有粟米可以吃，只吃獸肉，要吃獸肉的時候，先看牠是否肥美，才殺了吃。
>
> 有一天，眾人想製作歌曲，唱給神聽，於是便殺了一隻山羊，取其頭以竹竿夾持而插於地上。眾人想出聲唱歌，卻覺得歌聲不協。
>
> 於是抓了一隻狗殺死，再取其頭嘗試製作歌曲，此次所唱已比較好些，但眾人仍然不滿意。
>
> 於是再抓猴子取其頭，這時候，大家的歌聲已經相當好，但是仍感覺到有一些缺憾。
>
> 當時有一個極為頑劣的少年（na' no kuici-oko另一義為殘缺的孩子），有人便說，把這個孩子殺死，拿他的頭試試；眾人果真把這個少年殺了，拿他的頭祭神，眾人又再一次唱起歌來，這回所唱出的歌聲便非常動聽，眾人也知道這是天神所喜歡的。

本則傳說故事敘述鄒族人練習吟唱祭歌，使用了山羊頭、狗頭、猴頭為牲禮，皆不慎滿意，最後用人首大家就非常滿意，天神也喜歡。

高淵源《台灣高山族》載〈獵人頭的緣起〉：②

> 太古時代，天神「哈目」，降臨玉山頂，製造人類祖先後，子孫繁衍，分散各地尋食。

　　有一次，忽然洪水氾濫，淹沒了整個平原，人們從四面八方紛紛逃到玉山頂避難。

　　那時候，人的祖先還不知道農業生產的方法，過著採集野生植物或獵取野生動物為食。

　　有一天，他們殺了一條狗，把狗頭用竹桿插在地上，大家看了很高興。有人說：如果換上猴頭，一定更好看，乃殺一隻猴子，把狗頭換下來，固然好看多了。

　　但又有一人說：換上人頭，必更有趣，於是殺死一個人人討厭的頑童，用其首級換上猴頭，大家看了皆大歡喜，自此，人們開始出草取樂。

本則傳說故事敘述鄒族人出草源於取樂。本則傳說故事情節要述如下：

一、天神「哈目」，降臨玉山頂，製造人類祖先後，子孫繁衍，分散各地尋食。

二、洪水氾濫人們從四面八方紛紛逃到玉山頂避難。

三、有一天，他們殺狗，把狗頭用竹桿插在地上，大家看了很高興。

四、有人提議換上猴頭，固然好看多了。

五、最後換上頑童首級，大家看了皆大歡喜，自此，人們開始出草取樂。

《蕃族調查報告書：鄒族阿里山蕃四社蕃簡仔霧蕃》（1983），引自《鄒族信仰體系與宗教組織》（1988），佐山融吉著，余萬居譯：③

　　太古時，名叫hamo的神在玉山上創造了人，隨著人口增多而逐漸離去；後因洪水泛濫，人們便帶著動物又回到玉山上。

　　當時無穀類可食，只有捕殺動物，有一次人們將狗

頭用竹竿插起，豎在地下，眾人覺得好玩，後來又嘗試用猴頭與人頭。

不久洪水退了，人分別下山，以後遇到侵他們的人，就砍下他的人頭，這就是出草的濫觴。

《蕃族調查報告書：鄒族阿里山蕃四社蕃簡仔霧蕃》（1983），引自《鄒族信仰體系與宗教組織》（1988），佐山融吉著，余萬居譯：④

……後來洪水泛濫，人們再次回到山上，但無食物可吃，只好殺畜牲為食。湊巧有人將狗頭插於棍上揮舞，後來又用猴頭，時值有一惡小孩害人無數，便如法拋製。自此對付外人就用此辦法開始了出草。

《鄒族山胞之傳說與禁忌》（1981），引自《鄒族信仰體系與宗教組織》（1988），張振發：⑤

大古時，天神降臨頂，創造人類後，子孫繁衍，分散至各地尋食；洪水泛濫，人便又回到玉山頂，以殺捕獸類為食。

一日，他們殺了一隻狗，把狗頭用竹插在地上告祭天神，結果洪水稍減。於是人們用猴頭，結果洪完全減退。

心想若以人頭效果應更好，於是殺了社中的一個惡童，用其頭祭天，結果風調雨順，野生動植物甚多。

自此人們開始出草殺人，以首祭告天神，以祈求平安。

本則傳說故事敘述：

一、鄒族人逃避洪水避難遇山頂上，他們殺了一隻狗，以狗頭告祭天神，結果洪水稍減。

二、他們又殺了一隻猴，以猴頭告祭天神，結果洪水完全減

退。

三、他們又殺了一個惡童，以其頭告祭天神，結果風調雨
順，野生動植物甚多。此後即以人首祭告天神祈求平
安。

以上故事的敘述雖然只是很單純解釋昔日曾經存在的獵首的
起源，可是仔細探究，其間似乎已經隱約見出其時鄒族祖先所進
行的祭儀雛形。

《蕃族調查報告書》（1951）：⑥

　　遠古時候，尼福納女神降臨Niitaka山，首次造人…
…後來不知道過了多少年，後代流遍四方，發生過一次
大洪水，不僅平地，連大山都埋沒水下。各地居民驚慌
失措，又聚集在Niitaka山頂。當時同現在的情況不一
樣，根本沒有糧食，人們靠殺野獸為食。

　　有一次，一位青年想殺死一條狗吃，他用木棍打死
狗以後，把牠的頭穿在棍子上晃來晃去玩。後來他殺了
一頭猴子，也把猴頭穿在一根竹棍頂上，又晃來晃去
玩。他覺得很好玩。他想，如果是人頭的話，那就更好
玩了。

　　有一次，大家殺了一個給同部落人帶來許多災難的
壞孩子。青年把他的頭穿在竹棍頂上，高高舉起，玩得
很開心，心情也平靜了一些。但是心裡想，如果那是一
顆異族人的頭該多好啊！

　　此後不久，大水退去，埋沒的山和山谷都再次顯露
出來。於是大家都想搬到更好的地方去住，成群結隊地
下山而去。青年們利用這個機會實現宿願，拿起武器去
獵人頭。

　　我們這一組的先人也從Niitaka山下來，來到了現在

我們居住的地方。他們做了一個吉夢，確定把這片地方當作常住地點，起了個名稱叫特富野。這個村落從那時起一直流傳到今天。

本則傳說故事情節要述如下：

一、鄒族人出草緣於一位喜歡玩樂「頭」的青年人。

二、有一次青年人想殺死一條狗吃，用木棍打死狗以後，把狗的頭穿在棍子上晃來晃去玩，以爲玩樂。

三、又有一次青年人殺了一隻猴子，也把猴頭穿在一根竹棍頂上，又晃來晃去玩，覺得很快樂。

四、又有一次族人殺了一個給部落人帶來許多災難的壞孩子。青年人又把他的頭穿在竹棍頂上，高高舉起，玩得很開心。

五、此時青年人心裡又再想，如果那是一顆異族人的頭該多好啊！

六、洪水退後，族人成群結隊地下山尋找居住的地方，青年們利用這個機會實現宿願，拿起武器去獵人頭。

浦忠成《台灣鄒族的風土神話》載〈人首自天而降〉：[7]

　　鄒族祖先自玉山下山時，已有馘首之習，然不知諸神是否喜悅。一日天神召眾人聚集於男子會所，眾人齊集後，有一巨石穿破屋頂落下，繼有矛及俊美青年降下，再有繫上木槲花之男佩胸衣落下，其中裹有馘後不久的人頭，眾人始知天神嗜好人頭。

　　此一降下之青年，原出生於部落，幼時忽失，眾人原以爲其人已死，至其時始歸，以後即以此青年爲主帥，征戰馘首，非常激烈。

本則傳說故事情節要述如下：

一、鄒族祖先自玉山下山時，已有馘首之習，然不知諸神是

否喜悅。

二、一日眾人齊集會所，一巨石穿破屋頂落下，繼有矛及俊美青年降下，再有繫上木槲花之男佩胸衣落下，其中裹有馘後不久的人頭，眾人始知天神嗜好人頭。

三、降下之青年原出生於部落，幼時忽失，原來是升天了。

四、此青年成為主帥，率領族人征戰馘首。

（二）出草源於蜻蜓的頭

鈴木作太郎《台灣の蕃族研究》，陳佩雲翻譯，四社群的傳說如下：⑧

> 從前有四個兄弟，從小便失去父母，由祖母一手帶大。一日他們砍下蜻蜓的頭，擺置於石上，手牽著手，圍著石頭，一邊唱歌一邊跳躍。
>
> 之後砍下了「ダリパ」（ta ri pa）的頭，同樣置於石上，又唱又跳。一次、二次、三次，快樂逐次增加。
>
> 終於產生砍殺人頭的欲望，然而，這並非易事。四人苦無對策，終於決定砍下祖母的頭，於是趁其睡著時砍下首級，接著亦擺置於石上，一邊觀看，一邊手牽手，唱歌跳舞，感到前所未有的愉快。
>
> 等到興頭已過，回過神來，才驚覺祖母渾身是血，而頭在另一端的石上滾轉，四人悔恨交加，悲傷不已，向神明祈求讓祖母的身體恢復原狀。神亦憐憫他們，於是完成他們的心願。……

本則傳說故事情節要述如下：

一、四個兄弟由祖母一手帶大。

二、四個兄弟砍下蜻蜓的頭，擺置於石上，手牽著手，圍著石頭，一邊唱歌一邊跳躍。

三、之後四個兄弟又砍下了「ダリパ」（ta ri pa）的頭，同

樣置於石上，又唱又跳。一次、二次、三次，快樂逐次增加。

四、最後砍下祖母的頭，一邊手牽手，唱歌跳舞，感到前所未有的愉快。

本則故事也是基於「行樂」而砍殺人頭，最後形成獵首行為與儀式。可憐的祖母被殺了，無知的小孩悔恨交加，上天憐憫他們讓他們的祖母又活了過來。

《台灣の蕃族》，藤崎濟之助著（1930）黃文新譯，亦有相似的故事：⑨

從前有四個失去父母由祖母撫養的四個兄弟，一日他們去捕捉蜻蛉截其首放於石上，互相手遷手歌舞圍繞，愈繞愈感快樂，乃心生要以人頭替代之念，於是便想要用祖母之頭試試，便趁機接近祖母割了她的頭，將之置於石上，在旁歌舞作樂，果然獲得極大快樂。

但歡樂後見祖母染血的身軀，且屍首異處，又甚感悔恨，神憫其情，故使祖母復活四兄弟克盡孝道。但自此有馘首之風。

《生蕃傳說集》，佐山融吉、大西吉壽著（大正十二年），余萬居譯：⑩

古有四兄弟，先是切了蜻蜓的頭玩，繼而切下其他昆蟲乃至其他各種動物的頭玩，愈玩愈入迷，終至砍人頭玩，其後只要見到漢人，就殺掉取其首級。

本則傳說故事敘述四兄弟先是切了蜻蜓的頭玩，繼而切下其他昆蟲乃至其他各種動物的頭玩，最後坎人頭玩。

（三）出草源於蒼蠅的頭

《生蕃傳說集》，佐山融吉、大西吉壽著（1923），余萬居譯：⑪

古時一名nakuraiparaku，由摘下蒼蠅頭、猿猴的頭
進而摘下人頭玩賞，後來，有一次他爲了摘小孩頭玩，
發生意外，慘遭報應。

本則傳說故事敘述有一名叫做nakuraiparaku的人，由摘下蒼蠅
頭、猿猴的頭進而摘下人頭玩賞。不過他最後獲得報應，有一次
他爲了摘小孩頭玩，發生意外。

（四）馘首可另組一氏族

四社群傳說：

據說鄒族原來僅有一氏族，自馘首成習以後，遂定
一規則：凡戰事每取敵人一頭，可另組一氏族，並以被
殺者之名爲氏族名，於是鄒族氏族乃漸加多。

本則故事謂獵首者可以另外組成一氏族，並以被殺者之名爲
氏族名，這是強調英勇的表現，於是獵首行爲興焉。

鄒族的地名有以馘首之勇士之名而產生，浦忠成《台灣鄒族
的風土神話》載〈馘首的故事〉：⑫

大洪水退去後，祖先於新高山頂率先建立了「伊西
基亞那」ishikyana社。不久之後分爲「伊姆索」imuso、
「特伊基亞那」toikiyana兩個新社。特伊基亞那所在地位
於今日的嘉義附近，後來分出的達邦社，是以取得「布
農」族首級的勇士之名而產生的。

本則傳說故事謂：「後來分出的達邦社，是以取得『布農』
族首級的勇士之名而產生的」。

浦忠成《台灣鄒族的風土神話》載〈馘首的故事〉：⑬

洪水後我們的祖先從新高山頂，首先建立了伊西基
亞那社，不久便新出現了伊姆茲imutsu、特伊基亞那二
社，一分爲三。特伊基亞那的所在地在今日的嘉義附
近。當時在嘉義地方茂盛地長著一種名叫soo的樹木。那

一帶爲與瑪雅的分界處。瑪雅帶領著大多數特伊基亞那族人北進。剩下的族人則移至他比艾亞那tabieyana，之後又分成達邦、知母勝、普拉pura三社。稱爲達邦，是因爲在組織此社時，第一個砍下布農族首級的勇士名叫達邦。由於開始瑪雅帶著多數的族人前往，之後便只剩極少數的人。因此，雖然從伊西奇亞基亞那的本社出現尼阿烏右雅那niauyogana、諾阿沙奇亞那noasatsiyana及特斯庫tosuku三姓，但人數很少。於是，便遣人喚回散居各社的人。如此一來，便從特伊基亞那社來了亞西尤古一yashiyugu、烏契那utsina兩姓，從伊姆茲移來他胖tapan。終於逐漸形成如今的規模。

本則傳說故事謂「稱爲達邦，是因爲在組織此社時，第一個砍下布農族首級的勇士名叫達邦」。

貳、鄒族同族間之出草戰爭傳說故事
(一) 攻打伊姆諸

浦忠成《台灣鄒族的風土神話》：⑭

　　從前粟收穫祭結束後，伊姆諸社依俗邀特富野社的親友來社飲宴，當時有四個別雍西氏的男子及數名婦女去。

　　正當盡情飲酒時伊姆諸社的人就把別雍西殺了，再將他們陽具割下放在反綁的婦女手上，並打了十個結，代表十天後兩方交戰。特富野社的人很生氣，把時間縮短爲五天。

　　五天到了，伊姆諸社的人都在男子會所整裝待發，可是一天過去了，不見特富野社的人，以爲他們怕了，便解下武裝在會所內休息。

　　　　這時特富野社的人故意延遲一天來攻其不備。率領
特富野社是雅伊布谷和雅帕舒有鳥，特別雅帕舒有鳥人
稱meaishi，意指食量很大的人，人有常人三倍高，食量
很大，他的皮膚好似樹皮又厚又硬，敵人的箭無法刺進
他的皮膚，他身先士卒，殺了許多敵人。

　　　　這次的交戰，伊拇諸幾乎全遭殲，除了未參知的方
家武士和武氏家的外甥。

本則是依拇諸社與特富野社戰爭的傳說故事。本則傳說故事
情節要述如下：

一、特富野社四個別雍西氏的男子及數名婦女去伊拇諸社參
　　加飲宴。

二、伊拇諸社的人把別雍西殺了，再將他們陽具割下放在反
　　綁的婦女手上，並打了十個結，代表十天後兩方交戰。

三、特富野社的人把交戰的時間縮短為五天。

四、特富野社故意延遲一天來攻其不備。

五、率領特富野社是雅伊布谷和雅帕舒有鳥，雅帕舒有鳥人
　　食量很大，為常人三倍高，皮膚又厚又硬，敵人的箭無
　　法射進他的皮膚，他殺了許多敵人。

六、此次的交戰，伊拇諸社幾乎全遭殲滅。

（二）tubura社屠殺imutsu社人

〈tsuao族傳說〉《台灣時報》（1988），引自《鄒族信仰體系與
宗教組織》（1988），丙午生著、黃耀榮譯：⑮

　　　　古時曾發生海嘯，陸地均變成一片水鄉澤國，祖先
便避難至玉山山頂。後來因有爭執失和，一部人便下玉
山，而一半盤踞於imutsu地，另一半去嘉義，但受到中
國人的驅逐，又回到imutsu，但集會所kuba就有二個，
遂營成獨立二社同居一地的情況。

　　　　一日tubura社的人前來，於酒宴中又起爭端，tubura
人便屠殺該社人，使其頻臨絕滅，但仍有少數人殘存，
繼續繁衍，在其振興之際，又逢天花病害，使該社再度
衰亡。

　　本則傳說故事敘述洪水退後，鄒族人從玉山下山生活的情
形，有一半盤踞於imutsu地，另一半去嘉義，但受到中國人的驅
逐，又回到imutsu，因此集會所kuba就有二個，遂營成獨立二社同
居一地的情況。

　　有一天tubura社的人前來，於酒宴中又起爭端，tubura人便屠
殺該社人，使其頻臨絕滅，但仍有少數人殘存，繼續繁衍，在其
振興之際，又逢天花病害，使該社再度衰亡。

　　按南投魯富都社也因日人施行理蕃計劃，將布農族遷址至該
地區，又加上天花流行而人口減少，並同化於布農族，已呈廢社
狀態。因此目前鄒族僅留阿里山的特富野和達邦兩個大社。

（三）維佑攻打牟牟茲人

陳千武譯述《台灣原住民的母語傳說》載：⑯

　　　　祖先從玉山出來，分成達邦社、知母勝社和魯特
社，到維佑住下來的時候，有兩個人去狩獵，卻沒有回
來。社裡的人去找，來到兩個人狩獵的地方，還是找不
到。

　　　　我們去問牟牟茲人，牟牟茲人不回答。一定被牟牟
茲人殺死了，卻不招供。社裡的人逼他們招供，並要求
「給我們土地」。

　　　　他們不但拒絕要求，加之把我們地界的標石推倒。
我們看被推倒的標石，再建起來。但是，標石又被推倒
了。我們很生氣。

　　　　牟牟茲人確實殺死了那兩個人。我們為了維佑，建

立了標識，發現了兩個人的骨骸，但沒有頭。

我們回去維佑，製造弓箭，決定和年年茲打戰。我們包圍年年茲，殺死了很多年年茲人，把年年茲的頭帶回維佑。搬不了的頭放在路邊，再回來搬。

我們佔領了年年茲的好土地，把馬達巴拿、特特散拿、那海達拿等地區開墾為旱田，種植甘藷和粟子。

從達馬哈拿移住在佛保，蓋新的房子住下來，這裡才不生病，可以住久。從此繁衍下來。

本則傳說故事情節要述如下：

一、從玉山到維佑住下來的時候，有兩個人去狩獵，卻沒有回來。

二、他們認為兩個獵人是被年年茲人殺死，便要求給他們土地。

三、年年茲人拒絕他們的要求，還把地界的標石推倒。他們便殺死了很多年年茲人，把年年茲的頭帶回維佑。

四、他們佔領年年茲的好土地，把馬達巴拿、特特散拿、那海達拿等地區開墾為旱田，種植甘藷和粟子。

五、從達馬哈拿移住在佛保，蓋新的房子住下來，這裡才不生病，可以住久。從此繁衍下來。

（四）特富野社出征達庫布揚

浦忠成《台灣鄒族的風土神話》載〈出征達庫布揚〉：⑰

雅伊布谷與蔵埃西曾經率特富野社的男子遠征敵對的達庫布揚社去獵首，當時正逢該社的壯丁大多上山狩獵而不在社裡，雅伊布谷就領著社裏的男子殺了幾個留守的人後歸社。

過了幾天，雅伊布谷以及蔵埃西二人不帶男丁，而且並不武裝，就進入達庫布揚社，該社的壯丁見了不敢

抵擋。二個人直接走入首長家，雅伊布谷背倚著巨石坐下，蔑埃西也靠著屋壁坐下。

這個時候社裏的壯丁都帶著弓箭、矛槍來到首長家，全體跺足，並且用槍矛叩地，要求首長下令殺死雅伊布谷兩人。

雅伊布谷向他們說：「我們今天來到這裏並沒有什麼惡意，只是想跟你們講和，請你們能同意。」

有一個碩壯的達庫布揚的武士說：「如果前天我們都在社裡，你們絕對沒有辦法活著回去。」

蔑埃西回答：「其實我們前天來這裡，社裏也有不少勇士，可是他們不但不能打敗我們，甚至都不能傷我們分毫，當時你們的勇士所流的血跡現在還看得見，如果你們想爲他們復仇，今天正是時候。」

達庫布揚人聽了都很生氣，便分兩路向兩人進攻，這個時候雅伊布谷忽然起身，隨手就把攀爬在屋外石壁上的粗藤拉斷，而蔑埃西也捉住走過他面前的豬，左手握住前肢，右手握住後肢，稍使上力氣，就把豬撕裂了。

達庫布揚人看見都驚駭不已，知道不能力敵，就紛紛放下武器，在首長家舉行和解的宴會。

本則傳說故事情節要述如下：

一、雅伊布谷與蔑埃西率特富野社的男子遠征達庫布揚社，當時正逢壯丁大多上山狩獵，雅伊布谷率領殺了幾個留守的人後歸社。

二、過數日，雅伊布谷以及蔑埃西二人不帶男丁也不武裝去達庫布揚社酋長家。

三、達庫布揚社壯丁攜武器到酋長家，全體跺足槍矛叩地，

要求酋長下令殺死雅伊布谷兩人。

四、雅伊布谷向他們說：我們今天來只是想跟你們講和，請你們能同意。如果你們想復仇，今天正是時候。

五、達庫布揚人準備分兩路向兩人進攻。

六、雅伊布谷忽然起身把攀爬在屋外石壁上的粗藤拉斷，而蓂埃西也捉住走過其前豬，把豬撕裂了。

七、達庫布揚人見之驚駭不已，放下武器，就在酋長家舉行和解的宴會。

（五）知母勝社復仇

浦忠成《台灣鄒族的風土神話》載〈知母控社復仇〉：⑱

　　從前，全仔社與知母勝社曾因爭奪壯丁人數而發生戰爭。當時全仔社因戰敗，失去許多壯丁，因此割讓土地，達成和平協議，然而之後幾十年，全仔社的人口逐漸增加至較知母勝社多，於是日漸變得心高氣傲，秘密籌劃準備給予對方痛擊，以報前仇。

　　某年播粟祭後，全仔社舉辦宴席，邀請知母勝社的男女前來。當時並謊稱全仔社的頭目外出狩獵，而由頭目家的男孩及四人，伴隨許多婦女列隊歡迎。

　　飽食酒酣之際，全仔社的壯丁突然襲擊而出，將知母勝社的男子殺死，割下其陽具讓女子握著，以羞辱對方。而後並在麻繩上打十個結，交給一位女子，誇口：「妳們回去後告訴社人，如果想要報仇的話，就在解開這些結後那日，亦即十日後來攻吧！」

　　另一方面，知母勝社知道後非常憤怒，立刻派遣兵使送去打有五個結的麻繩，意思是十日太長，縮短爲五日。

　　於是全仔社方面便共同武裝後，聚集到公廨，並將社內的狗全數繫於公廨，以便敵人來臨時可屠而食之。然而是日卻未發現敵人踪影，以爲敵人畏懼不敢前來，於是便將狗放了。

　　在知母勝社方面，命令全部社民，召集壯丁，晚一日出發。頭目家有一位名叫雅伊布谷的智謀策士，之下還有名叫亞撲塞歐古‧姆奇那那yapuseogu muk inana的勇士以及容貌魁偉、身高爲常人三倍，食量甚大的勇士，社人稱其爲「葳埃西」。此外尚有許多的勇士，眾人皆憤怒躍進，突然進攻全仔社的公廨。

　　全仔社亦激烈應戰，頻頻發箭，但是由於勇猛的葳埃西其皮膚較之樹皮更硬，因此箭只是悉數滑落。而後雅伊布谷跳上公廨，全仔社的壯丁們揮舞槍枝，對著他的咽喉刺去，結果一個閃失，只弄痛他兩顆門牙而已。

　　然而公廨已無法承受葳埃西的重量，全仔社的人忽又眾人一起集中向葳埃西刺去，雖然槍多達三十枝，但尖端僅及於皮膚表面而已，連一滴血也沒有流。反倒是葳埃西的槍，尖銳的穗尖上嶔著如杵一般的大柄，因此，可自由自在地揮舞，一端便可將敵人砍倒。只要一接觸到，便忽而身首異處或骨頭挫傷，呈現痛苦的死樣。

　　全仔社社人驚惶失措，狼狽而逃，然而知母勝社在十里、二十里外將公廨包圍住，無情地殺戮。

　　當時有一人棄刀蹲在公廨一角，葳埃西正打算將他

擊斃時，他害怕地說：「請不要殺我！我是你的『佩阿夫艾歐伊』（peafueoi 宗族之女出嫁後所生之子」。」果真他是叔母家的孩子，於是赦免他的命。此役造成全仔社的男子幾乎全數滅亡。

本則傳說故事情節要述如下：

一、曾經全仔社與知母勝社因爭奪壯丁人數而發生戰爭，全仔社戰敗失去壯丁割讓土地，十年後密謀報復。

二、某年播粟祭後全仔社舉辦宴席邀請知母勝社的男女前來。酒酣之際壯丁突襲，殺死知母勝社男子。

三、全仔社割下陽具讓女子握著以羞辱。

四、全仔社在麻繩上打十個結，交給一位女子說：如果想要報仇，十日後來攻吧！」

五、知母勝社立刻派員送去打有五個結的麻繩，意即十日太長縮短爲五日。

六、第五日全仔社全副武裝聚集公廨，所有的狗繫於公廨，但是卻未發現敵人來襲，以爲敵人畏懼不敢前來，於是便將狗放了。

七、在知母勝社方面晚一日出發，他們有許多優秀的勇士：

　　1. 雅伊布谷──智謀策士。

　　2. 亞撲塞歐古・姆奇那那──勇士

　　3. 蔑埃西──容貌魁偉、身高爲常人三倍，食量甚大。

八、此場戰役全仔社大敗，造成全仔社的男子幾乎全數滅亡。

（六）裈將佛尤

浦忠成《台灣鄒族的風土神話》載〈裈將佛尤〉：⑲

　　從前在離鄒族特富野社數里的地方有一個小社叫「阿也要」，有一次不知道因著什麼事這裏的社人邀了幾

個住在特富野社的親友來宴飲，其中包括當時善戰勇猛
的征將伊尤蘇古，和因有著俗稱內八的兩腳，每逢要征
獵遠行都要先到河裏取來滑苔墊在腿膝間以防磨傷的禪
將佛尤。

　　到了傍晚，征將和其他的人都已有醉意，但仍未停
止飲酒。隨行同來的是征將的妻子和不滿週歲的小兒
子。

　　這個時候小兒子不知什麼緣故，一被抱入屋裡，就
似被人撐了一樣而放聲大哭不止，怎麼勸撫都不能讓他
安靜，做母親的只好又走出屋外；一走出屋外，孩子立
即就停止哭鬧，一連幾次，母親心裏就有些嘀咕。

　　又過了一會兒，在屋外玩耍的兒童們跑來告訴正在
飲酒的大人們，在上頭的大石上有人不斷探頭窺看，可
是大人們全不當回事。有人說，孩子們看花了，那是石
上果樹熟了，狐狸跑來吃果子，仍舊在那裏飲個不停。

　　這時征將的妻子看見丈夫醉了，孩子也不停哭鬧，
決定趁著天色尚明趕回特富野的家，於是便扶起醉了酒
的丈夫走了。其他人見征將走了，雖然也不再飲酒，有
的就地休憩，有個人拿起木杵橫置，頭就枕著睡，還說
道：「敵人偷襲進來，就在這把木杵上砍斷我的頭吧！」

　　征將昏沈沈的在妻子的牽扶下跌跌撞撞的走回去，
四週一片寂靜，正要轉過山背時，征將的妻子聽見淒厲
慘絕的叫聲，她知道來襲的敵人已經衝入那間躺著橫七
八豎醉飲者的房裏展開一場屠殺。她背上的孩子已經沈
睡，於是加快腳步，心裏也盤算著回到社裏要如何的作
法。

　　回到家中不動聲色的讓丈夫、孩子安睡後，她便靜

靜的通知社中每位壯丁的妻子們，讓她們趕緊舂米，一時之間全社同時響起了咚咚咚咚的舂米聲，有些丈夫們醒了，詢問著爲什麼要在夜裏舂米？征將的妻子早已交待她們回答：「免得明後天工作晚了回來又得匆匆舂米才煮飯。」

米舂得夠了，妻子們又趕緊將米浸入水中泡軟，米軟透了，又趕緊升火熱起蒸籠，把糯米蒸熟了，糯米蒸熟了，又把糯米飯放進木臼用杵搗擊成糕，再用竹籤皮一塊塊包好。食糧備妥，已經是大半夜的時間過去了。

這個時候婦女們已經叫醒她們的丈夫，備妥了行囊武器，長老們很快的決定追擊的策略。全體的人員聚集在公廨上義憤塡膺，矢志要替「阿也要」小社死難的族人復仇。

素來性情暴烈的禪將正由兩、三個青年按住其後腰的束帶，以免他貿然就上路進擊。長老拿出燧火袋發出火苗占卜吉凶，一連三回都順著將要追擊的方向。神佑已定，追擊的隊伍便在夜幕裏急急的出發了。

來襲的隊伍在進擊小社成功並獵獲了不少頭顱後，急速的循著來路撤回，每走一段路，到了一處山脊便一同停下腳步向撤回的路徑的前一山脊瞭望，希望及早發現追擊者的踪影。

走了一夜，到了天明，又從清晨走到中午的時分，他們都見不到追擊者的影子，大家都逐漸鬆懈了，加上日夜不停急行，每個人都感到疲憊。過午之後的陽光由西向東射著，他們仍然在走到山脊的時候一齊用手掌貼著眉角眺望前一處山脊，他們沒有看到什麼，而追擊的特富野社壯丁早就在他們立在山脊眺望之前翻越，在強

烈的金黃陽光的掩護下，追擊者已經逐漸接近他們的對
手了。

　　就這樣追趕到近晚的時候，他們到達了「達卓佛伊
基發歐」（長溪），前行的壯丁聽見人語聲，便躡手躡足
接近，一看原來就是那來襲的敵眾，他們都已經解去裝
備，武器也放置一旁，有的還在溪裏洗浴。

　　特富野社的隊伍到達之後，全體就在草木叢中偵
伺。忽然一旁響起又粗獷又高亢的笑聲，循聲一望，原
來有一個身材非常壯碩的敵人把二個原本均甚俊美的男
女頭顱用竹竿插起豎立，他一晃動竹竿，男頭耳垂所懸
的飾環便會發出聲響；他就是以此為樂而發出笑聲的，
旁邊的徒眾似乎都聽從他的號令。

　　這時裨將佛尤仍由人按住束腰帶，看到這樣的情
景，征將叮嚀唯一的射擊槍手瞄準這個強壯的敵人，並
作勢準備衝出時，忽然聽見其上又傳出更粗更高的聲
音，特富野社的眾人一看，卻不禁怔住了，那個人的頭
已禿了，但身材比起下頭那位更要壯碩，胸膛足有裝粟
的大藤簍那樣寬闊。原來他才是發號施令者。

　　征將下令將槍口對準這個人，射手一動板機，追擊
的眾人霎時同奔而出，攻擊措手不及的對手。那個最強
壯的領頭者被打斷脊骨，要轉身逃跑時，上半身直挺挺
的折斷下來，他的頭顱已經懸在胯間，還不停逃跑，征
將追上去砍倒在地，取下他的頭顱。

　　裨將佛尤衝出之後，因為行動稍慢，只能追逐逃跑
的敵眾。他循著剛滴的血跡，在草叢裏，發現一個敵人
正抱著腿上被砍的傷口，神情十分痛苦，可是一見到
他，卻立即躍起，拿著直刀割去身旁的草木，準備決

戰。

　　褌將拿起長矛，向敵人刺去一矛槍卻被對手握住，並且使力拉扯，想要奪走矛槍，就在使力拉扯的時候，褌將趁著對方正巧用力拉著矛槍時，順勢把矛槍刺入他的胸膛裡。而敵人卻在此時自己用力將長矛拉向他自己的方向，讓矛槍刺穿己身，移動身子，要靠近褌將做最後的一擊，褌將就在他近身的時候，抽出佩刀，砍殺而死。

　　這個敵人一殺死，褌將看見另一個敵人逃跑，便向前追趕，可惜他的速度慢，縱然極力追逐，總隔著那麼一段距離，漸漸的他們要攀越一處山嶺，那逃掉的敵人雖然沒被追上，卻也始終甩不掉他，那一段上坡的路已經筋疲力竭，眼見二人的距離逐漸縮小，褌將正想衝出最後的氣力追上去，那敵人已翻越山嶺，連滾帶爬的衝向陡斜的來路。無奈的留下一個生口逃回去，褌將只得忍著已經磨破兩股皮肉的疼痛走回去。

　　在溪畔殲滅其他敵眾的特富野眾人清點人數後，發現褌將佛尤不知去向，便同聲吶喊呼叫著佛尤，可是都聽不見回音，一行人都以為他陣亡，便心懷愁憂走回。

　　等眾人行到最後尚能眺望極遠處的山峰時，一個同伴建議大家不妨在那裏做最後一次的呼嘯，如果沒有回音，那就肯定已被敵人所殺。於是全體夥伴使用盡氣力，高聲呼嘯著，那遠颺的聲音越傳越遠，已經要消失的當兒，忽聽見幾座山後一聲微小的回聲，眾人先是狐疑，嘗試再發一聲，那聲音仍舊回答著，大家才轉為欣喜。每隔一段時間，眾人便發出呼聲，褌將所發出的回音也越來越近，越來越清晰；等候了大半天，褌將趕上

了，兩股間已經是一片血肉模糊了。原來爲要追趕逃敵，不覺已跑了很長的路。直到現在，眾人一聽到禪將回音的地方仍稱作「布阿鳥」（野青鳩），因爲眾人在那裏聽見的回音微弱得像遠處青鳩鳥發出的聲音那樣。

　　眾人整理隊伍之後，一行人欣喜的趕回社裡。這時原本裝在繩袋中敵人主將的頭顱，卻咬嚙著繩袋，並發出聲音怒罵征將，征將對他說：「我的靈魄比你旺盛，所以今天才能制服你，你就服氣吧！」敵將也說著：「我也殺死你們不少人，我比你還要厲害！」一路上二個就不停的爭吵著。

　　回到社裏之後，按著慣例把敵首插在竿上豎起，並舉行敵首祭典。據說那隻敵人主將的頭顱會冒出火花，火花飛迸到旁邊的聖樹雀榕上，那靠近的雀榕就枯了。所以曾經有一段時期，特富野的聖樹雀榕有一棵是枯的，人們都說那敵人主將的確也有極強的靈魄才會如此。

　　據說那個逃回去的人，回到敵社裡，跟社裏的長老說明征途所發生的事之後，就因精疲力竭而死，那位長老搖著頭說：「我不是曾經告訴過你們，千萬不要侵擾那些穿紅色衣袍的鳥，誰招惹了牠們，牠們一定會報仇的！」（或者說「千萬不要越過那裏的紅色土地，住在那裏的人受到侵擾是一定會報仇的！」）

本則傳說故事情節要述如下：

一、阿也要社邀了住在特富野社的親友來宴飲，其中包括征將伊尤蘇古和禪將佛尤。

二、到了傍晚，征將和其他的人都已有醉意但仍未停止飲酒。征將的妻子和不滿週歲的小兒子亦隨行同來。

三、此時兒子一被抱入屋裡，就放聲大哭不止，一走出屋外，孩子立即就停止哭鬧。

四、又過了一會兒，在屋外玩耍的兒童們跑來告訴正在飲酒的大人們，在上頭的大石上有人不斷探頭窺看，可是大人們不當回事，仍舊繼續喝酒。

五、此時征將的妻子扶起醉了酒的丈夫趁著天色尚明趕回特富野。其他人還留在那裡橫七八豎躺著。

六、正要轉過山背時，征將的妻子聽見淒厲慘絕的叫聲，她知道來襲的敵人已經衝入那間躺著橫七八豎醉飲者的房裏展開一場屠殺。

七、回到家，征將的妻子安靜的通知社中每位壯丁的妻子們趕緊舂米，一時之間全社同時響起了咚咚咚咚的舂米聲。

八、趕緊將米浸入水中泡軟，升火熱起蒸籠，把糯米蒸熟了，又把糯米飯放進木臼用杵搗擊成糕，再用竹�籜皮一塊塊包好。

九、大半夜的時間過去了，此時婦女們叫醒丈夫，備妥了行囊武器，長老們很快的決定追擊的策略。

十、來襲的隊伍在進擊小社成功並獵獲了不少頭顱後，急速的循著來路撤回。

十一、追趕報復的特富野社隊伍到近晚時到達「達卓佛伊基發歐」（長溪）發現了來襲敵人的隊伍。

十二、特富野社的隊伍到達之後，全體就在草木叢中偵伺。征將下令射擊，眾人霎時同奔而出，敵對措手不及，征將取下敵將頭顱。

十三、裨將佛尤衝出追逐逃跑的敵眾，殺死了一人，又追另一人逃走者，他翻山越嶺追逐了一段時間，無奈的留

下一個生口逃回去，裨將只得忍著已經磨破兩股皮肉的疼痛走回去。

十四、在溪畔殲滅敵眾後清點人數後，裨將佛尤不見了，以為他陣亡了，便心懷愁憂走回。他們在一處山峰呼嘯，果然聽見了微小的回聲，大家轉為欣喜。

十五、等候了大半天，裨將趕上了，兩股間已經是一片血肉模糊了。原來為要追趕逃敵，不覺已跑了很長的路。

十六、回社後，把敵首插在竿上豎起，並舉行敵首祭典。據說敵將的頭顱冒出火花迸到旁邊的聖樹雀榕上就枯了。故曾經有一段時期，特富野的聖樹雀榕有一棵是枯的，這是因為敵將的確也有極強的靈魄才會如此。

參、鄒族與布農族人出草戰爭傳說故事

浦忠成〈魯富都社的防衛戰〉：[20]

從前有別族的人煽動斯布昆人（布農族一支）：現在鄒族魯富都社的人很少，而且力量也不強盛，你們應該前去攻打他們。

斯布昆人果真前來攻擊魯富都社，當時的大社在胡胡鳥柏（橘林）。魯富都社的人看到斯布昆人前來攻擊，便叫婦女孩子到高處，並且交待她們：妳們看我們跟敵人作戰，如果見披黑色外衣的人越來越少，妳們就回到特富野社。

婦女們看他們作戰了很久，穿黑衣的人仍然很多，便說：「大概斯布昆人並不能打敗我們的男人」。

過了一段時間，她們發現穿黑衣的人越來越多，她們說「斯布昆人並沒有打敗我們的男人，讓我們下去幫助我們的男人吧！」她們就回去幫助男子們應戰。

　　當時斯布昆人正要做最後攻擊，後來他們卻都被魯富都社的人殺死了，他們一共有五十五人，而魯富都社只有三十人。魯富都社的人留下一個活口。

　　他們說：「把他綁起來，放他回去，告訴他的族人。」這次魯富都社的防護戰贏得了勝利。

本則是南投縣信義鄉鄒族魯富都社與布農族斯布昆人作戰的傳說故事。本則傳說故事情節要述如下：

一、布農族斯布昆人前來攻擊鄒族魯富都社。

二、斯布昆人一共有五十五人，而魯富都社只有三十人應戰，結果魯富都社的防護戰贏得了勝利，僅留下一個活口。

浦忠成《台灣鄒族的風土神話》：㉑

　　從前鄒族魯富都社有一人非常驍勇善戰，每次作戰均能大獲全勝，但在一次戰役中他的小舅子死了，他的妻子因此責備他，而他內心深感自責與遺憾，想一死以贖罪。

　　在下一次出征時，他抱著必死的決心，但敵人殺來時，又忍不住奮勇殺敵。這樣幾次後，敵人決心全力殺他一人，當敵人包圍他時，他突然起身拔起佩刀，向敵人揮出劃開其胸腹，並伸手取出肝肉，大口齧咬，敵眾既驚且駭。

　　但他想這樣如何能死，便取下隨身佩帶的燧火器，此時他作戰時的異能全部消失，便被敵人合擊而亡。

　　因他生前曾領軍消滅了好幾個敵社，所以過了許久，敵社便有人去看他的屍骨，有人甚至想對白骨不利，卻反遭白骨的殺害，同行之人只好默默離去。

本則是敘述南投縣鄒族一位戰士奮勇殺敵的英勇壯烈故事。

本則傳說故事情節要述如下：

一、魯富都社有一人非常驍勇善戰，作戰均能獲勝，唯於一次戰役中其小舅子戰死，其妻責備之，其深感自責與遺憾欲一死以贖罪。

二、又一次出征時，敵人全力殺他一人，當他被包圍，拔起佩刀向敵人揮出劃開其胸腹，並伸手取出肝肉，大口齧咬，敵眾既驚且駭。最後被敵人合擊而亡。

三、經過了很久，敵社有人去看他的屍骨，有人想對白骨不利，卻反遭白骨的殺害。

〈tsuao族傳說〉《台灣時報》（1988），引自《鄒族信仰體系與宗教組織》（1988），丙午生著、黃耀榮譯：㉒

　　往昔於tebura社有二個頭目hosa、tapan，二人相約殺bunun族的首級，而出草前赴segukun地。

　　hosa先出發，在tonpu社時將行李寄放於此，而tapan之後亦到達該社，是夜與頭目起爭端，遂殺之。

　　一日後hosa一行回抵該社，tonpu社人要報仇，取下hosa首級。hosa一行人丟下行李倉皇返社。

　　時值tapan正以toupu首級慶功，hosa一行人對tapan深感不滿，遂起爭執，將tapan一行人趕出社。

　　於是tapan一夥便赴ishigiyana創立新社，距原地之西一公里處，此即現在達邦社。

　　此外在陳有蘭溪的rohuto亦是由tebura分出，而namahamana（楠仔腳萬社）是從rohuto分出。

　　就鄒語hosa是本社或大社，而renohin則是小社或分社之意。

本則是阿里山鄒族與南投布農族東埔社的戰爭故事。本則傳說故事情節要述如下：

一、tebura社有二個頭目hosa、tapan，二人相約殺bunun族的
　　首級，而出草前赴segukun地。

二、tapan到達社tonpu社，是夜與tonpu社頭目起爭端，遂殺
　　之。

三、tonpu社人取下hosa首級，hosa一行人丟下行李倉皇返
　　社。

四、hosa返社後，tapan正以toupu首級慶功，hosa一行人對
　　tapan深感不滿，遂起爭執，將tapan一行人趕出社。

五、tapan一夥便赴ishigiyana創立新社，距原地之西一公里
　　處，此即現在達邦社。

肆、鄒族與漢族出草戰爭傳說故事

陳千武《台灣原住民的母語傳說》載：㉓

　　古早，台灣還是海的時候，大家都在玉山，吃魚和
野獸。沒有海之後，分成曹（鄒）和瑪耶，並分配弓做
紀念。曹去曼阿拿，瑪耶去東方。

　　而這裡的曹族是從曼阿拿米到特夫耶，有的人去幾
阿拿，姓耶休克和宇茲拿就到平地去。但是大家還是互
相交往。

　　此時平地的曹族在海邊看到陌生的人出現，那是漢
人頭一次來的。

　　開始打仗了，曹族沒有鎗，漢人有鎗。在平地打
仗，絕不會勝過有鎗的人。平地的曹族就回到山地來。
曹族很生氣，他們看到漢人就要全部殺掉。曹族說：
「他們是阻礙這個土地的人。」但後來流行了天然痘，死
了很多人。像馬一樣的人跑到社裡來，說是殺人的報
應，從那時起就不殺了。

　　漢人說：「不能殺人，給你們圓圓的石頭，如果這個石頭都磨滅了，才能再殺人。」那時總督命令他的部屬十個人或二十個人，住在曹族家，勸曹族去打獵。

　　曹族獵到的獵物都送到台南去。一年一次曹族到平地去參加盛會，他們回山時行李都很重。

　　有一次有一個人在公廨睡著，漢人叫醒他，說：「為甚麼在這裡睡？」漢人不知道那個人被豬咬了，被咬的地方很痛，才在那兒睡。那個人被吵醒了很生氣，便拿刀刺了漢人，其他的漢人都逃回台南去。

　　曹族集合商量要欺騙漢人，叫頭目的兒子去台南道歉。他們接受道歉當然沒問題，如果不接受，就派女人們去竹腳迎接漢人，對漢人說：「曹族的男人都跑到玉山去了，你們去找也沒有用。」

　　如果漢人折回去不報復了就好，假如不聽，女人們就幫忙漢人拿鎗和彈藥。女人們要過河的時候，就假裝跌倒，給他們看看陰部，並把鎗和彈藥浸入水裡。

　　走路時，女人們都要先走，走到瀑布下面不必急，走到瀑布上面，我們會向最後的女人投石頭做信號，女人們要趕快離開瀑布的地方，我們會把女人們和漢人之間遮斷。

　　那時，頭目的兒子到了台南，向總督道歉謝罪，但是要和曹族打戰的軍隊已經出發了。

　　總督說：「軍隊已經出發去了，你趕快回去看。」他回到竹腳，看到河水染成紅紅。他想：「河水的血不完全是族人的，也有漢人的吧！」

　　過了河，就遇到兩個漢人，頭髮被綁在一起，沒有手指。他知道是族人做的，心裡很高興。漢人三百個

人，被三十個曹族人全殺光了。

本則傳說故事情節要述如下：

一、洪水退後，鄒族祖先分散各地居住，有的遷徙平地生
　　活。

二、遷徙平地的鄒族人與有鎗的漢人作戰，結果打輸了，就
　　回到山地來。

三、鄒族人獵到的獵物都送到台南去，一年一次鄒族到平地
　　去參加盛會。

四、有一次一個人在公廨睡著，漢人叫醒他，那個人被吵醒
　　了很生氣，便拿刀刺了漢人。鄒族人集合商量要欺騙漢
　　人，叫頭目的兒子去台南道歉。

五、他們想如果漢人不接受道歉，則派女人們去竹腳迎接漢
　　人，對漢人說：「曹族的男人都跑到玉山去了，你們去
　　找也沒有用。」

六、如果漢人還是要報復，則女人們就幫忙漢人拿鎗和彈
　　藥。女人們要過河的時候，就假裝跌倒，給他們看看陰
　　部，並把鎗和彈藥浸入水裡。

七、那時，頭目的兒子到了台南，向總督道歉謝罪，但是要
　　和鄒族打戰的軍隊已經出發了。

八、頭目的兒子迅速回去看，回到竹腳，看到河水染成紅
　　紅。過了河，就遇到兩個漢人，頭髮被綁在一起，沒有
　　手指。他知道是族人做的，心裡很高興。

九、此次戰爭的結果，漢人三百個人，被三十個曹族人全殺
　　光了。

本則傳說故事亦涉及到鄒族人停止出草的原因有二：

一、流行疫疾使然：「後來流行了天然痘，死了很多人。像
　　馬一樣的人跑到社裡來，說是殺人的報應，從那時起就

不殺了」。

二、漢人之勸說：「漢人說：『不能殺人，給你們圓圓的石
　　頭，如果這個石頭都磨滅了，才能再殺人。』那時總督
　　命令他的部屬十個人或二十個人，住在曹族家，勸曹族
　　去打獵」。

浦忠成《台灣鄒族的風土神話》：㉔

　　清代有一時期特富野受到瘟疫肆虐，死了許多人，
社裡只剩下三十個壯丁，那時台南方面的清軍得知此
事，便決定派兵去征伐；而特富野方一邊派人去求情，
一邊讓社中婦女裝扮，在曾文溪而下，等待清兵。求情
的人到南方時清兵已經出發了，只好趕緊回程。

　　那些受命迎接清軍的婦女，在沙米箕社遇見清兵，
她們佯稱社中男丁不多，盼清軍勿消耗精力，所以先前
來幫忙背負物品。

　　帶兵官不疑有詐，心中暗喜，讓鄒族婦女帶領上
山；經過一夜後士兵的士氣鬆懈了，而婦女亦趁渡河
時，將彈藥浸水。

　　逐漸到了瑪葳斯必那，原先約定埋伏之所，婦女加
快腳步，使得清兵與她們有一段距離，埋伏的勇士一躍
而出，大敗清軍，血流成河，只剩下兩人存活作為通風
報訊，但那二人被回程求情之人殺死。經此一役之後清
軍久久不敢入侵。

本則傳說故事情節要述如下：

一、特富野社瘟疫肆虐，只剩下三十個壯丁，台南清軍得知
　　便決定派兵去征伐。

二、特富野社一邊派人去求情，一邊讓社中婦女裝扮，在曾
　　文溪而下，等待清兵。

三、求情的特富野社人到台南時，清兵已經出發了，只好趕緊回程。

四、受命迎接清軍的特富野社婦女，在沙米箕社遇見清兵，她們佯稱社中男丁不多，盼清軍勿消耗精力，所以先前來幫忙背負物品。

五、清軍不疑有詐，讓鄒族婦女帶領上山；經過一夜後士兵的士氣鬆懈了，而婦女亦趁渡河時，將彈藥浸水。

六、清軍到達瑪葰斯必那鄒族埋伏之所，婦女加快腳步脫離清兵，埋伏的勇士一躍而出，大敗清軍，血流成河。

七、此次戰役清軍只剩下兩人存活作為通風報訊，但那二人被回程求情之人殺死。經此一役之後清軍久久不敢入侵。

另一則與上兩則相似的故事敘述是林道生編著《原住民神話故事全集（二）》載達邦社〈鄒漢之戰〉：[25]

從前，台灣是海，那時候的人居住在玉山，以魚類和野獸為食物。當海消失了，鄒族tsou與馬雅人maja折弓為半各自持一半為紀念而分開。鄒族人往manana，馬雅人往東方去。鄒族人又從manana到tufuja（特富野）。有的人去isikiana，jasijugu姓與utsuna姓下到平地。

utsuna與jasijugu與tufuja及isikiana的居民互相來往。那時候下山到平地的鄒族人在海的附近看到了人類，這些不認識的人後來才知道是初來台灣的漢人。不久便為了爭地而起爭執，但是平地的人擁有槍枝，鄒族人沒有槍枝，在平地打仗抵不過平地人，平地的鄒族人只好又回到原來的山上。山上的鄒族人大為生氣。認為這些平地人是土地的邪魔，只要看到平地人就全部殺光。

後來，山上流行天花，死了許多人。有隻像馬的東

西在部落裡奔馳，從此鄒人就不再殺人了。因爲那時平地人說不可以殺人，然後給了一塊圓石頭，說是當圓石頭磨滅了才可以再度殺人。當時的總督又命令他的部下一、二十人住在鄒族人的家裡。又鼓勵大家狩獵。

那時族人所獵到的獵物都運到台南。鄒族人每年一度下山到平地接受平地人的招待，並且帶回許多貨物回山上。

有一位在公廨（會所）睡覺的年輕人，平地人來了把他叫起來問他在做什麼？因爲平地人不知道他被山豬咬了一口，受傷躺在那邊，年輕人生氣地拔起刀砍向平地人，其他平地人看了都逃回台南。

鄒族人也開始商量，「是不是該派頭目的兒子去台南，把事情說個清楚。如果能被了解就好了。不然就再派婦女去竹腳迎接他們！」男人都逃往玉山。決定由婦女去跟平地人談判，如果平地人不接受，婦女就搬運槍枝和彈藥。長者並指示：妳們渡河時要倒立著露出陰部讓平地人瞪眼看著。槍枝和彈藥要浸泡在水裡別讓他們看到。女的走前頭，男的在後面。通過瀑布時不可慌張太急，男的在前一步步地通過，最後的婦女一過了瀑布要投丟石頭暗示前方的人，那時前面的人就快步爬到瀑布上方。這時候我們會切斷後面追來的平地人。

那時，頭目的兒子去台南的總督告訴殺害平地人的情形，但是已經遲了一步，總督說：「兵卒已經出發，來不及了，你們還是趕緊回去的好。」當頭目的兒子要渡過竹腳的河溪時，河水已經是一片紅色。他獨自在河邊看著染紅了的河水，自己安慰的說：「河裡的血水不會全部是族人的血，應該也有平地人的血！」才繼續上

路。上了河岸，看到兩位平地人，結著長髮，手臂卻無手指，知道戰況慘烈，趕緊奔跑回去。

　　回到部落，知道攻打過來的大約三百名平地人，都被三十位鄒族殺害了，只有十個人逃入石洞躲避，一個人爬到mamespinana絕壁。石洞內的人躲在薄石後面隱蔽的地方，但是露出了腳踵，族人用箭射他，但是沒有射中，另一人則被射害，其他在石洞內的平地人，都由一位族人去把他們殺掉了，他自己也受了傷。

　本則傳說與前面數則故事相似，唯本故事尚有戰後的情節敘述，大約三百名平地人，都被三十位鄒族殺害了，但是還有十個人逃入石洞躲避，一個人爬到mamespinana絕壁。石洞裡的人全部都由一位族人去把他們殺掉了，他自己也受了傷。

　本故事也敘述鄒族人停止出草的原因有二：

一、天花流行：山上流行天花，死了許多人。有隻像馬的東西在部落裡奔馳，從此鄒族人就不再殺人了。

二、漢人勸戒：漢人說不可以殺人，然後給了一塊圓石頭，說是當圓石頭磨滅了才可以再度殺人。

浦忠成《台灣鄒族的風土神話》載〈特富野美人計〉：㉖

　　清朝的某一個時期，特富野社受到瘟疫的肆虐，死了許多的人口，只倖存三十個壯丁，和少數的老弱婦孺。

　　札哈姆（今台南）方面的清兵知悉這樣的事，想起特富野壯丁們勇武慓悍的作風，都認為應當藉這一個機會出兵，一舉消滅特富野社，並搶走婦女。案議已決，便擇日出兵。

　　由於當時清人與鄒人往來極多，此一消息便傳到特富野社裡。部落首長與長老們以及領導壯丁的征將尤俄

熱拇，聚集公廨商議應變的方法。商議之後，大家都明
白，由於現在己方的人少，不能像已往力敵，只能智
取，於是先派部落首長，即汪家的雅伊布谷（亦有人說
係當時的尤俄熱拇）順著曾文溪下到台南向當時的清廷
官府求情；又派出社中年輕的婦女裝扮後，亦順曾文溪
而下，等待清軍。

　　特富野社的代表到台南，並向當時的官長求情，官
長回答，你來的太慢了，要上山的一千名軍隊早已開拔
了。

　　無奈的鄒族代表只得彎下身子，束緊所著的鹿皮鞋
帶，又沿著曾文溪回社。當他走到半途，忽然看見河水
都染成血紅色，大驚之餘，想到自己的族人已經被清人
殺滅，禁不住悲傷起來，但腳步仍然加快。

　　等走了一段，卻看見河水被血染浸得更濃更紅，孤
獨悲傷的求和者霎時又振奮起來，因為他清楚社裏僅有
的人數被殺，血液根本不能將溪水染得那樣般紅。

　　又走過了一般路，他遠遠見到兩個人循著溪畔跌跌
撞撞卻又分不開似的奔逃下來，待他仔細觀看，原來這
兩個人的長辮子被綁在一起，雙手也被反縛著，大概是
倖免被殺，留下生口回去要報信的。他想想這些上山想
襲滅族人的清軍居心可惡，仍然橫下心腸，抽出直刀也
把他們砍落在溪流裡。

　　原來那些受命迎接清軍的婦女們在順著溪流走下之
後，便在沙米箕社附近的溪畔相遇，清軍看見前來相迎
的竟然不是男丁，而是鄒族年輕的婦女們，先是滿頭霧
水，接著領頭的婦女對他們說：「我們社裏的男丁只剩
下少數老弱而已，知道不能跟你們相對，因此讓我們前

來迎接你們，幫你們背負攜帶的物品，希望你們到達社裡，能手下留情，不要消滅我們。」

帶兵官不疑有他，心中竊喜，就讓鄒族的婦女帶領著上山，到了夜晚，全體軍兵們就和鄒族的婦女同在溪邊休息，有的官長還以鄒女的腿膝為枕；鄒族年輕的婦女們甜言蜜語，讓所有的軍士們的士氣鬆懈了。聽說當時有個清兵頭枕在鄒女腿上打鼾聲大作，鄒女忍不住說了：「現在打鼾，不多時你就要腐臭了。」

次日清晨，全體人又一起向社裡進發，領頭的婦人見到敵兵的心防已經渙散了，便授意婦女們在每回渡河的時候幫著清兵帶槍，趁機將槍口向下浸水，讓彈藥浸濕。

而這些心不在焉的清兵們果真把槍交給鄒女們，就在渡河的時候，年輕的婦女們故意高高抓起衣裙，走在後頭的清兵一個個心神蕩漾，渾然不覺自己的槍彈已經被浸濕了。

經過幾回渡河，全部的槍彈都已浸濕了，這時候他們也逐漸行到「瑪葰斯必阿那」，那是男子們與她們約定埋伏的所在；這個時候婦女們有意無意的加快步伐，與隨行的清兵空出一段距離，清軍還不知道怎麼回事，溪畔的草林叢中突然灑出一把石子，這時婦女們便立即拔腿狂奔，而鄒族的三十勇士紛紛跳出，先用箭一一射倒前行的敵兵，等到兩方接鋒時，便取出矛槍，直刀刺殺、砍伐、殺聲震天。

而原本士氣渙散的清兵想要舉槍射擊，卻連一發都擊不出，就在溪畔被鄒族的勇士追逐殺戮，他們的屍體被拋入溪裡，血流染紅了溪水。

　　當時鄒族的勇士放走了兩名清兵，後來也被下山求和的代表殺了。還有一位躲在又高又險的崖上，只見他以手抱膝頭，不能藏好身子，被一位神射的勇士射中而死，所以那一次戰役，來襲的清兵盡被殺戮，有很長的時間都不敢入侵。

本則傳說故事情節要述如下：

一、清朝時特富野社瘟疫肆虐，死了許多人，只倖存三十個壯丁，和少數的老弱婦孺。札哈姆（今台南）方面的清兵知悉案議一舉消滅特富野社，並搶走婦女。

二、特富野社部落首長與長老們以及領導壯丁的征將尤俄熱拇，聚集公廨商議應變的方法。先派部落首長，即汪家的雅伊布谷（亦有人說係當時的尤俄熱拇）到台南向清廷官府求情；又派出社中年輕的婦女裝扮後，順曾文溪而下等待清軍。

三、特富野社的代表到台南官長求情，只是太遲了，要上山的一千名軍隊早已開拔了。迅速返回，見河水被血染浸知以開戰。

四、迎接清軍的婦女在沙米箕社的溪畔相遇，清軍恍然相迎的竟是婦女，婦女領頭說：社裏只剩下少數老弱讓我們迎接，幫忙背負物品，希望不要消滅我們。

五、清軍就讓鄒族的婦女帶領著上山，到了夜晚，全體軍兵們就和鄒族的婦女同在溪邊休息。

六、次日清晨進發，婦女們在每回渡河時幫著清兵帶槍，趁機將槍口向下浸水，讓彈藥浸濕。婦女們故意高高抓起衣裙，走在後頭的清兵一個個心神蕩漾，渾然不覺自己的槍彈已經被浸濕了。

七、他們行到「瑪蔑斯必阿那」，此即約定埋伏之處，此時

溪畔草林叢中突然灑出一把石子，婦女們便立即拔腿狂
奔，三十勇士跳出，殺聲震天血流染紅了溪水。

八、當時鄒族的勇士放走了兩名清兵，後來也被下山求和的
代表殺了。

九、有一位躲在又高又險的崖上，只見他以手抱膝頭，不能
藏好身子，被一位神射的勇士射中而死。

鈴木作太郎氏載〈達邦社美人計〉：㉗

鄒族中北「茲歐烏」勇敢強悍，智慧謀略兼具，並
且充滿義氣。尤其是達邦社，知母勝大社（阿里山頂四
社之中），留存最多祖先的功名譚。

從前，在未設置諸羅縣（嘉義縣）以前，本族所占
居的地域乃隸屬於台南沙哈姆sahamu官衙所管轄，對於
官令極爲服從。當時許多的漢人交換進入山界，欺侮族
人且極爲貪心，因此漢原間糾紛頻仍，他們極爲暴虐，
在族社內巡視時，若是白天發現有男子留居家中，便立
刻斥責對方爲何沒有出外狩獵，並毆打對方，要求給與
少額的物品，謀得不當的利益。某次頭目爲交換人（漢
人）所打，因而激怒，最後將交換人斬殺。然而台南衙
門並未審理此事便直接發兵討伐，族人亦無法保持緘
默。

達邦社的頭目授計給亞瑪卡艾娃yamakaewa及比沙
比奇bisabiki兩小社的美女，企圖以美人計瓦解軍官將士
的心防，擊破大軍。這是因爲兩社接近平地，社民經常
與庄民往來，和漢人接觸的機會很多，言語能夠溝通。

於是兩社的婦女下到平地，迎接清兵，對他們哀
述：「我們社裏的男子全部震懾於大人們的威勢，逃入
深山之中了，剩下的只有我們這些老弱、婦女而已。我

們將盡快導引大人們到族社去，請大人們不要傷害老人及幼兒，房子也不要任其荒廢。」另外，又誠懇地替官兵背負行李等，以各種方式來討好他們。

如此一來，上自將校下至士卒，無一不被婦女們的笑容所感，而不知她們真正的意圖。鬼迷心竅地聽信了婦女們的話，夜晚毫不懷疑地露宿溪底，之中甚至連將校也以婦女的膝為枕。婦女們以甜言蜜語讓將卒們心神蕩漾，迷失自我。

到了半夜，則偷偷爬起，在敵人寶貴的槍口注入水。這是因為當時族人的手上仍沒有槍，並曾因清軍擁有此一利器而嘗過苦頭，因此極為恐懼，此次的討伐亦苦思對策，希望將槍掠取到手。

次日早晨，清軍拔營，由於全都受到婦女的誘惑，以為兇暴的頭目及壯丁必定是震懾於自己的威勢而逃竄了，社內將連一個留守抵抗的人都沒有，因此軍紀鬆散，大多數的士兵且把自己的槍讓婦女背負。

如此，行進入曾文溪底，一來到達邦社的西南「艾烏扒卡那」eupakana，突然從右方的斷崖丟下一塊石頭。

與此同時，婦女們立刻將行李丟棄，奪了槍後便奔跑上崖或沒入草叢之中，一時之間官兵們全都驚愕地呆立現場。瞬間忽然草原上響起喊叫聲，急箭如雨般射下。

清兵雖開始覺醒到中了族人的計謀，然而為時已晚。前路為族人所控，後路又已被截斷，右方為斷崖絕壁，左方亦有深谷，而且多數的士兵又被奪去武器，實在不知如何是好。連剩下的槍也因火藥濕透而無法使

用。而後頑強的族人們舉槍，猛然地突擊而來，官兵支持沒有多久便被消滅殆盡，血流成河，屍橫遍野，埋骨溪底。

本則傳說故事情節要述如下：

一、許多漢人交換進入山界謀得不當的利益。某次頭目為交換人（漢人）所打，因而激怒，最後將交換人斬殺。台南衙門未審理直接發兵討伐。

二、達邦社的頭目授計給亞瑪卡艾娃yamakaewa及比沙比奇bisabiki兩小社的美女，企圖以美人計瓦解軍官將士的心防，擊破大軍。

三、婦女下到平地迎接清兵，哀述說：社裏男子震懾於你們已逃深山，剩下老弱婦女。我們導引你們到族社去，請不要傷害我們。又替官兵背負行李等。

四、清軍誤信，夜晚毫不懷疑地露宿溪底，之中甚至連將校也以婦女的膝為枕。

五、至半夜，婦女偷偷爬起，在敵人的槍口注入水。

六、次日早晨，清軍拔營，由於軍紀開始鬆散，大多數的士兵且把自己的槍讓婦女背負。

七、行進入曾文溪底，來到達邦社的西南「艾烏扒卡那」eupakana，突然從右方的斷崖丟下一塊石頭。婦女們立刻將行李丟棄，奪了槍後便奔跑上崖或沒入草叢之中。

八、草原上響起喊叫聲，急箭如雨般射下突擊而來，官兵沒多久便被消滅殆盡，血流成河，屍橫遍野，埋骨溪底。

伍、鄒族沒有與日本政府發生衝突

日人之入據阿里山鄒族大社，一直未曾與鄒人有過衝突，主

要原因有二：（一）可能因鄒人在傳說上的支持，認為日人是洪水退後下山，折箭為信物後，與鄒人分散的兄弟。（二）更可能是由於日人初至阿里山，即與特富野社頭目所派出代表樂野小社頭人uongu-peongsi，相遇於途，有所磋商後，阿里山鄒族乃對日人的入社未產生反感而排斥之。……阿里山鄒族在日人初據台灣時，「總頭目」為uonngu，一八九五年六月曾率領鄒人六十餘人前往雲林民政部出張所，表明願意歸順。㉘

　　日據時代所採用的警察間接統治，由於鄒族之強固的部落組織，以及未與日人有過正面的接觸衝突，到後來並以歷史傳說的maya族比附於日人，促使其傳統的社會組織維持原有狀況而未造成重大變遷；部落首長依舊保有其重要的地位，執行社群整合的功能。㉙

　　尹建中《台灣山胞各族傳統神話故事與傳說文獻編纂研究》載〈thuou族的祖先與日本人〉：㉚

　　　　從前，新高山上有一戶人家四周濱海，不像現在看得到山丘，但不知何時，水漸退去，形成山及平地。

　　　　那時祖先之中有人想此地缺水，欲移居到廣大的地方，一隊往知母勝，一隊前往日本。

　　　　告別時，取出一隻弓做為重逢的信物，乃將弓從中折斷，往知母勝拿走上半部，另一隊則拿下半部。因此日本人乃我族祖先。

本則傳說故事情節要述如下：

一、　當祖先生活在新高山（玉山）時，因為此地缺水，欲移居到廣大的地方，一隊往知母勝，一隊前往日本。

二、　他們告別時，將一隻弓從中折斷做為重逢的信物，往知母勝拿走上半部，另一隊則拿下半部。

三、　鄒族認為日本人乃當年分散的我族祖先。

《蕃族調查報告書：鄒族阿里山蕃四社蕃簡仔霧蕃》（1983），引自《鄒族信仰體係與宗教組織》（1988），佐山融吉著，余萬居譯：㉛

> 太古時祖先住在玉山（bantunkoa）頂上，起初人口很少，隨著子孫的繁衍，便分社到tebula（tohuya知母勝）去，還有一部人去了日本，臨行時竹弓分作兩半信物。

> 到tebula的人，一部分到tapang去居住在tapang的lulunana，在從事狩獵時發現namahabana一地肥沃平坦，於是便率妻女搬來，又繼續住了幾年，又遷居三次，分別到bautagana、fofobo、shihi lianaowahugu。到此時人口已經很多，足夠組織一個大社，名為「hosa」亦即是大社的意思。

從本則傳說故事可以看出鄒族人之觀念，認為日本人就是他們的分支祖先，因此他們與日本人互為友善。

至於日本人是否為鄒族分支的馬雅人，當然是存疑的。浦忠成《台灣鄒族的風土神話》載〈馬雅和族人〉：㉜

> 當時瑪雅帶領多數的社人同行，之後卻只剩下極少數的人。而昔日分別的瑪雅與今日的日本人服裝迴然不同，從容貌至體格，與我們卻一點也沒有改變，真正是瑪雅，令我們極為懷念。

浦忠成《台灣鄒族的風土神話》載〈馬雅和族人〉：㉜

> 和昔日分別的瑪雅及今日的日本人，在服裝方面全然不同，就連容貌以至體格，也不盡相同，因此，了解了真正的瑪雅後，懷舊之情實難以堪。

陸、鄒族勇敢的長毛老祖父傳說故事

《台灣鄒族的風土神話》，浦忠成：㉞

　　從前有一位梁氏婦人生了三十個小孩，那些小孩長大，仗著人多欺侮他們的外祖父，外祖父生氣詛咒，結果他們統統生病，相繼死去。那位梁氏婦人過著孤伶伶的生活。

　　一日風雨後，婦人至河邊網魚，但一直未獲，卻再三的撈到了一根小木棒，只好將之帶回欲作柴薪，但回家後煮飯時卻發現棒不見了。

　　翌晨，她的腹部已經腫大，不多時便感疼痛，生下個渾身長毛，牙齒長齊，且會坐的男孩。經五日那男孩便長大成人。

　　那男孩十分善獵，母親也因此獲得他人的敬重。之後那男孩就經常率領部落武士狩獵作戰，據說他在夜裡作戰時全身發光，讓敵人兩眼昏眩，衝進敵社時，全身也會發火，燒掉屋舍，所以都是大獲全勝。全社的人也因此推他為社長。

　　他死後靈魂留在生前休息時喜歡坐的石頭。人們只要客氣的叮嚀請他幫忙，他都會做得好，若不客氣他就不庇佑。現在那塊石頭在特富野社的家倉庫。

　　因為他全身長毛，所以大家稱他為akeejamumuma，意思是渾身長毛的老祖父。

本則傳說故事情節要述如下：

一、從前有一位梁氏婦人生了三十個小孩，那些小孩長大，仗著人多欺侮他們的外祖父。

二、外祖父生氣詛咒他們統統生病，相繼死去。

三、孩子統統死後，梁氏婦人過著孤伶伶的生活。

四、婦人至河邊網魚，未獲魚卻再三的撈到了一根小木棒。

五、婦人將木棒帶回欲作柴薪，但回家後煮飯時卻發現棒不

見了。

六、第二天早晨，婦人腹部腫大，生下渾身長毛，牙齒長齊，且會坐的男孩。

七、婦人生下的那男孩五天便長大成人了。

八、男孩十分善獵，經常率領部落武士狩獵作戰。

九、男孩夜裡作戰時全身發光，讓敵人兩眼昏眩，衝進敵社時，全身也會發火，燒掉屋舍，都是大獲全勝，全社人推他為社長。

十、他死後靈魂留在生前休息時喜歡坐的石頭庇佑族人。

十一、因為他全身長毛，所以大家稱他為akeejamumuma，意思是渾身長毛的老祖父。

浦忠成《台灣鄒族的風土神話》載〈長毛公公阿給雅木麻的故事〉：㉟

從前有位梁氏婦人，她一共生了三十個男孩。後來這些孩子慢慢長大，仗著人多勢大，行為漸漸放肆起來。

有一天，他們看見外公靜靜坐在一旁，便對他說：「外公，您到這裏來，讓我們拔你的頭髮。」他們就一起惡作劇，竟然把外公的頭髮全拔光了。頭髮拔光之後，他們的外公就一面吐口水，一面咒詛這些惡劣的外孫們。

過了不久，這三十個兄弟統統都生病，接著也一個個的死去了，剩下他們的母親孤伶伶的一個人過日子。

在一次大風大雨之後，這個婦人到河邊，趁著河水混濁的時候去網魚，她網了很久，都網不到一條魚。後來她撈到一根短小卻很光滑平整的小木棒，她從網裏拾起這根小棒，向下游丟去，再移到上游去網魚，不多

久，又撈到那根小棒子，一連幾次都這樣，她惱火了，
隨手把那根棒子放進褲袋裡，心想著回家後丟到火爐
裡。那次網魚連一條魚都網不到，她只好回家。

回到家裡，趕緊就升火煮飯，這個時候想把那根棒
子丟入火中，她伸手入口袋裡，發現那根棒子已經遺失
了，正在納悶的時候，感覺到自己的身體不太舒適。

第二天早晨起床，要繫上腰帶，她發現腰腹已經脹
大，不久就覺得腹部疼痛難忍，只好又回到床上休息。
經過一番陣痛之後，她生下一個男孩。

這個男孩渾身長毛，一生下來，就能坐著，引起旁
人一陣笑聲，他看見旁人笑，也張口笑著，只見他的兩
排牙齒都已長齊。

經過五天，他就長大成人，可是他的母親怕別人欺
負，只把他藏著，因此社裏大多數的人並不知這件事。

他很會打獵，捕捉大熊就如同捉一隻雞，怒吼一
聲，聲音也能震動出林。每回獵獲野獸，他的母親會分
些獸肉給鄰近的親友，由於這些親友並不知道這麼一個
強壯而勇敢的人，所以總是以嘲弄的語氣說：「妳又在
那裏找到死野獸啊？怎麼老是送這種別人不要的肉呢？」
他的母親不想辯解，只是難過的回去了。

有一次他的孩子又要上山打獵，她問他：「你有沒
有辦法活捉一隻大的山豬回來？」孩子回答：「我想那
是沒有問題的。」她就交待他捉到獵物回來之後，就把
活抓的獵物抬到男子所。

她的孩子果然捕捉到一隻又大又凶猛的山豬，他把
這隻山豬綑起來，抬到男子會所裡，那裏正好聚集著社
裏的武士們，他把綑綁山豬的繩索解開，再把大山豬丟

進男子會所裡，裏面的武士們紛紛取出佩刀想殺死這隻
山豬，但是牠已經傷了許多人，眾人卻仍然沒有辦法制
服牠。這個時候他才現身，輕易的就殺死這隻凶猛的山
豬，當時大家才認識了這位傑出的英雄。

　　社裏的男子原本對寡居而孤苦伶仃的這位婦女是非
常瞧不起的，他們經常把垃圾拋進她的家裡，甚至有人
會在她家裏的柱子塗上糞便，由於孤單一人，她也只有
默默的忍受。

　　當天眾人們知道她家出了一位值得尊敬的人，便有
許多人自動前來，打掃並洗刷屋子內外，母子二人從此
過著非常舒適的日子。

　　他以後就經常領著社裏的武士狩獵、作戰。他在夜
裏作戰的時候，全身會發出亮光，讓敵人的兩眼昏眩，
衝進敵社，全身也會發火，燒掉敵人的房舍，因此每回
出征，都是大獲全勝。

　　由於他的英勇表現以及過人的智謀，全社的人就推
舉他擔任首長。大家都以爲他是那麼樣的令人尊重，一
定不會死去。但年紀大了，他還是一樣死了，只是他的
靈魂還留在生前休息時喜歡坐著的石頭上。

　　每到家裏的人要上山工作的時候，就在穀倉裏升火
烘乾粟米，臨走的時候說：「老祖父啊！我們要上山工
作了，請您在這裏看著我們烘的粟米。」他們就安心的
上山工作去了，回來的時候，粟米已經烘乾了，而火爐
裏的柴火仍然像離家的時候一樣。

　　後來，家裏的年輕人正打掃家裏內外，掃到他常常
坐著的石頭旁邊時，有一個人竟然用輕蔑的語氣大聲的
說：「老祖父啊！你滾開這裏吧！你不要礙著我們掃

地！」他聽後輩的子弟那樣放肆，一氣之下就離開了。

從此以後，家裏有什麼事，再也不能請他幫忙，但是大家相信他的英靈仍然保護、庇佑著全社。

那塊他常坐的石頭，現在還在特富野社酋長家的穀倉裡，有一次要移動它的時候，許多強壯的男子合力抬起，卻一絲一毫也不能移動它，後來請年長的老人在那裏灑酒，並且恭敬的說著：「老祖父啊！我們不得已要遷移您的座位，請您起身一下，讓我們能夠搬動它。」說完了，石頭便很輕易的能移動。

由於他渾身都長毛，而且一直受到眾人的尊敬，所以大家都恭敬的稱呼他akeejamumuma，阿給雅木麻，意思就是「渾身長毛的老祖父」。

本則傳說故事情節要述如下：

一、梁氏婦人生了三十個男孩，長大後仗著人多勢大，行為漸漸放肆起來。

二、有一天，他們一起惡作劇把外公的頭髮全拔光。

三、外公咒詛這些惡劣的外孫們。不久，這三十個兄弟統統都生病死去了，剩下他們的母親孤伶伶的一個人過日子。

四、婦人到河邊網魚，一連網到同一小木棒，只好把那根棒子放進褲袋裡準備回家後丟到火爐裡。

五、回家煮飯找不到那根棒子，卻感到身體不適。

六、次晨腹部經過一番陣痛之後，她生下一個男孩。

七、男孩渾身長毛，一生下來，就能坐著，引起旁人一陣笑聲，他看見旁人笑，也張口笑著，只見他的兩排牙齒都已長齊。

八、男孩生下五天就長大成人，可是母親怕別人欺負，把他

藏著，因此社裏大多數的人並不知這件事。

九、男孩善獵，每回獵獲野獸，其母親會分些獸肉給鄰近的親友。

十、母親交待他活捉大山豬回來，就把獵物抬到男子會所。

十一、男孩把活抓的山豬抬到男子會所裡，聚集著的武士們紛紛取出佩刀想殺死這隻山豬，但是牠傷了許多人眾人卻仍然沒有辦法制服牠。此時男孩現身輕易殺死山豬，當時大家才認識了這位傑出的英雄。

十二、社裏的人原本瞧不起他們的家，經常把垃圾拋進家裡，甚至在家裏的柱子塗上糞便，她的母親只有默默的忍受。

十三、社人得知她家出了一位值得尊敬的人，便自動前來打掃洗刷屋子內外，母子二人從此過著非常舒適的日子。

十四、孩子以後經常領著社裏的武士狩獵、作戰。他在夜戰全身發出亮光，讓敵人的兩眼昏眩；全身也會發火燒掉敵舍，每回出征都是大獲全勝。全社的人就推舉他擔任酋長。

十五、他後來死了，他的靈魂還留在生前休息時喜歡坐著的石頭上。

十六、他保佑著家人，家人上山工作，他看顧著烘的粟米。

十七、後來，家裏的年輕人打掃家裏內外，竟用輕蔑的語氣大聲的說：「老祖父啊！你滾開這裏吧！你不要礙著我們掃地！」石頭一氣就離開了。從此家裏有什麼事，再也不能請他幫忙，但是大家相信他的英靈仍然保護、庇佑著全社。

十八、據說那塊石頭，現在還在特富野社酋長家的穀倉裡。

十九、有一次許多強壯的男子合力抬起要移動它，卻絲毫不能移動，後來年長的老人灑酒說：「老祖父啊！我們不得已要遷移您的座位，請您起身一下，讓我們能夠搬動它。」說完石頭便很輕易的能移動。

二十、他因為渾身都長毛，大家都恭敬的稱呼他akeejamumuma，阿給雅木麻，意思就是「渾身長毛的老祖父」。

柒、鄒族束腹傳說故事

浦忠成《台灣鄒族的風土神話》「束腹」的傳說故事：㊱

　　從前達古布雅烏社有一個男孩上山，聽見小孩哭鬧聲，向前一看是一條大蛇捲著一個小孩子，蛇舔孩子，孩子變成蛇，再舔一下又變成了人。

　　那人便把孩子帶回家，他先後用地瓜、小米餵孩子，孩子都不肯吃，最後用米粉，他才肯吃；孩子長大後十二、十三歲時社中已無人可與他比。

　　有一天敵社來襲，社裡去溪中汲水之人均被殺，並割去頭顱。大家均匆忙上陣，只有他不急不緩的用八條藤繩束腰腹，但藤繩均斷，他又再次束腰，直至藤繩不斷，就如狂風出追上先行的社眾，當敵人要殺他時候，他忽然變成大蛇，殺死敵人後回復人形，敵人不能抵抗，全被消滅了。

　　這是一則束腹勇士的故事，大概從此鄒族男子就開始有束腹的習俗了。

本則傳說故事情節要述如下：

一、達古布雅烏社有一個男子上山，聽見小孩哭鬧聲，原來是一條大蛇捲著一個小孩子，蛇舔孩子，孩子變成蛇，

再舔一下又變成了人。

二、這個男子把小孩帶回家養育，小孩子長大至十二、十三歲時社中的武力已無人可與他相比。

三、有一天敵社來襲，社裡去溪中汲水之人均被殺，並割去頭顱。

四、他用藤繩束腰，敵人殺他時，他忽然變成大蛇殺死敵人後回復人形，敵人不能抵抗，全數被消滅。

《鄒族山胞之傳說與禁忌》（1951），引自《鄒族信仰體系與宗教組織》（1988），張振發，亦載：㊲

　　昔時有一男子入山打獵，聞一幼兒哭聲，循聲視之，發現一蛇捲一幼兒，以舌舔之，其舔時幼兒忽變為蛇，稍後又為人形，男子見其可憐便將他帶回社內撫養。幼兒長大後，勇猛過人。

　　一日他社來犯，社眾整裝出擊，唯他落後，但從容不迫取出八條藤繩由高處躍下，再取十條藤繩束其腹部試之，藤未斷，於是追趕急如風，趕上早先出發的社民，作為先鋒，敵人欲殺其死，即變為大蛇刀矛不入，而他殺人時仍為人，眾敵不能抗拒皆被殺滅。

捌、鄒族競速與馘首傳說故事

《台灣鄒族的風土神話》，浦忠成：㊳

　　從前有一個叫雅皮謝亞西烏古的人，他跑步的速度很快。工作完後常到玉山下亞馬西雅那溪洗頭，回到家時頭還是溼的，而這段路程常人要花二天的時間。

　　另外一人也跑得很快，達古布雅努人，經常與雅皮謝比快，不過每次總是雅皮謝贏。

　　後來兩人在拉拉烏雅底下的「竹腳」相遇，便相約

誰若誰過這些石壁爲獲勝，可割下對方的頭。

　　比賽開始雅皮謝吸足了氣，一溜煙似的跑過了石壁，而達古布雅努人，只跑到了一半昏倒在地，依約他割下了對手的人頭。

　　後來達古布雅努人一直想報仇，但雅皮謝跑得太快而苦無機會。

本則傳說故事情節要述如下：

一、有一個叫雅皮謝亞西烏古的人，他跑步的速度很快。另外一位達古布雅努人也跑得很快。

二、兩人在拉拉烏雅底下的「竹腳」相遇，便相約誰若誰過這些石壁爲獲勝，可割下對方的頭。結果達古布雅努人只跑到了一半昏倒在地，依約雅皮謝亞西烏古割下了對手的人頭。

【註釋】

① 王嵩山《阿里山鄒族的歷史與政治》，台北，稻鄉出版社，1990.10。

② 高淵源《台灣高山族》，台北，香草山出版有限公司，1997。

③ 尹建中《台灣山胞各族傳統神話故事與傳說文獻編纂研究》，1994.4。

④ 同③。

⑤ 同③。

⑥ 轟甫斯基著，白嗣宏、李福清、浦忠成譯《台灣鄒族語典》，台北，台原出版社，1993.7。

⑦ 浦忠成《台灣鄒族的風土神話》，台北，台原出版社，1993.6。

⑧ 同③。

⑨ 同③。

⑩ 同③。

⑪ 同③。

⑫ 同⑦。

⑬ 同⑦。

⑭ 同③。

⑮ 同③。

⑯ 陳千武譯述《台灣原住民的母語傳說》，台北，台原出版社，1995.5。

⑰ 同⑦。

⑱ 同⑦。

⑲ 同⑦。

⑳ 同③。

㉑ 同③。

㉒ 同③。

㉓ 同⑯。

㉔ 同③。

㉕ 林道生編著《原住民神話故事全集（二）》，台北，漢藝色研文化事業有限公司，2002.1。

㉖ 同⑦。

㉗ 同⑦。

㉘ 同①。

㉙ 同①。

㉚ 同③。

㉛ 同③。

㉜ 同⑦。

㉝ 同⑦。

㉞ 同③。

㉟ 同⑦。

㊱ 同③。

㊲ 同③。

㊳ 同③。

台灣原住民系列
47

鄒族神話與傳說

著者	達 西 烏 拉 彎 ‧ 畢 馬
文字編輯	薛 尤 軍
美術編輯	柳 惠 芬

發行人	陳 銘 民
發行所	晨星出版有限公司
	台中市407工業區30路1號
	TEL:(04)23595820　FAX:(04)23597123
	E-mail:service@morning-star.com.tw
	http://www.morning-star.com.tw
	郵政劃撥：22326758
	行政院新聞局局版台業字第2500號
法律顧問	甘 龍 強 律師
製作	知文企業（股）公司　TEL:(04)23581803
初版	西元2003年7月31日

總經銷	知己實業股份有限公司
	〈台北公司〉台北市106羅斯福路二段79號4F之9
	TEL:(02)23672044　FAX:(02)23635741
	〈台中公司〉台中市407工業區30路1號
	TEL:(04)23595819　FAX:(04)23597123

定價300 元
（缺頁或破損的書，請寄回更換）
ISBN 957-455-457-0
Published by Morning Star Publishing Inc.
Printed in Taiwan
版權所有‧翻印必究

國家圖書館出版品預行編目資料

鄒族神話與傳說／達西烏拉彎・畢馬著.；－－
　初版.－－臺中市：晨星，2003〔民92〕
　　面；　　公分.－－（台灣原住民系列；47）
　　著者漢名：田哲益

　　ISBN 957-455-457-0（平裝）

539.529　　　　　　　　　　　92009271

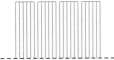
更方便的購書方式：

(1) **信用卡訂閱**　填妥「信用卡訂購單」，傳真至本公司。
　　　　　　　　或　填妥「信用卡訂購單」，郵寄至本公司。

(2) **郵政劃撥**　帳戶：晨星出版有限公司　帳號：22326758
　　　　　　　　在通信欄中填明叢書編號、書名、定價及總金
　　　　　　　　額即可。

(3) **通　　信**　填妥訂購人資料，連同支票寄回。

◉如需更詳細的書目，可來電或來函索取。
◉購買單本以上9折優待，5本以上85折優待，10本以上8折優待。
◉訂購3本以下如需掛號請另付掛號費30元。
◉服務專線：(04)23595819-231　FAX：(04)23597123
　E-mail:itmt@ms55.hinet.net

◆讀者回函卡◆

讀者資料：

姓名：_____　　　　性別：□ 男　□ 女

生日：　／　　／　　　　　　身分證字號：_____

地址：□□□ _____

聯絡電話：　　　　　（公司）　　　　　　　　（家中）

E-mail _____

職業：□ 學生　　　□ 教師　　　□ 內勤職員　□ 家庭主婦
　　　□ SOHO族　□ 企業主管　□ 服務業　　□ 製造業
　　　□ 醫藥護理　□ 軍警　　　□ 資訊業　　□ 銷售業務
　　　□ 其他_____

購買書名：_____

您從哪裡得知本書： □ 書店　□ 報紙廣告　□ 雜誌廣告　□ 親友介紹
□ 海報　　□ 廣播　　□ 其他：_____

您對本書評價：（請填代號 1. 非常滿意　2. 滿意　3. 尚可　4. 再改進）

封面設計_____版面編排_____內容_____文／譯筆_____

您的閱讀嗜好：

□ 哲學　　　□ 心理學　□ 宗教　　□ 自然生態 □ 流行趨勢 □ 醫療保健
□ 財經企管 □ 史地　　□ 傳記　　□ 文學　　　□ 散文　　□ 原住民
□ 小說　　　□ 親子叢書 □ 休閒旅遊 □ 其他_____

信用卡訂購單（要購書的讀者請填以下資料）

書　　　　名	數　量	金　額	書　　　　名	數　量	金　額

□VISA　　□JCB　　□萬事達卡　　□運通卡　　□聯合信用卡

●卡號：_____　●信用卡有效期限：_____年_____月

●訂購總金額：_____元　●身分證字號：_____

●持卡人簽名：_____（與信用卡簽名同）

●訂購日期：_____年_____月_____日

填妥本單請直接郵寄回本社或傳真(04)23597123